Das große Deutsch-Übungsbuch
8. – 10. Schuljahr

Bange Verlag

Die Autoren:

Thomas Brand, Thomas Möbius, Suzanne Schäfer,
Katrin Schößler, Klaus Scyrba (†), Eckehart Weiß

Impressum:
1. Auflage 2008
ISBN 978-3-8044-1534-8

Lektorat: Michael Banse, Leipzig
Umschlagfoto: Photostudio Maurer, Bamberg
Zeichnungen: Peter Thulke, Berlin
Herstellung: imprint, Zusmarshausen
Druck und Weiterverarbeitung: Finidr, s. r. o., Český Těšín

Inhaltsverzeichnis

Vorwort

Aufsatz und Rechtschreiben sind die Schwerpunkte in diesem Arbeitsbuch für die letzten drei Jahre der Sekundarstufe I. **Knapp 300 Übungen** und **43 Diktate** zu Aufsatz, Grammatik und Rechtschreibung stehen dir zum Üben und Vertiefen zur Verfügung.

Als Hilfsmittel, um erfolgreich mit dem Buch zu arbeiten, schaffst du dir am besten ein Wörterbuch zum Nachschlagen an. Wenn ihr zu Hause ein Synonymwörterbuch habt, in dem du sinnverwandte Wörter und Ausdrücke finden kannst, hilft dir das beim Bearbeiten der Übungen zu Wortfeldern und Wortfamilien. Außerdem legst du dir extra ein Heft oder einen Ordner an. Dann kannst du alle Übungen gesammelt ablegen, die gut gelungenen und die weniger gut gelungenen. Übungen, die dir weniger gut gelungen sind, solltest du nach einiger Zeit noch einmal bearbeiten.

Neben dem Ausfüllen von Lücken und dem Verfassen eigener schriftlicher Arbeiten sollst du manchmal selbst Sätze bilden und sogar noch abschreiben. Bitte verachte das Abschreiben nicht, es ist nicht nur eine Übung für Grundschüler. Was man selbst aufgeschrieben hat, bleibt besser im Gedächtnis haften. Diese Erfahrung hast du sicher selbst schon gemacht. In anderen Übungen sollst du Wörter zusammensetzen, Begriffe suchen (hier kommen Wörterbücher zum Einsatz) oder Begriffe zuordnen. Dazu legst du am besten eine Tabelle in deinem Heft oder Ordner an. – Querverweise führen dich in den Lösungsteil.

Im **Kapitel 1** geht es um den **Aufsatz** mit allen wichtigen Formen dieser Schuljahre:
Informierende, berichtende und kommentierende Textsorten, die Reportage, die lineare und dialektale Erörterung, die Charakteristik von Figuren und das Erschließen von poetischen Texten. Dein Training geht vom Lösen einzelner Teilaufgaben bis zum Formulieren kompletter Aufsätze. Es werden auch Aufsatzmuster vorgestellt. Analysiere sie genau, setze die Randbemerkungen in Bezug zum Text. Studiere die Gliederungen; sie sind das Gerüst für den später zu verfassenden Aufsatz. Setze auch hier Gliederung und Aufsatz in Beziehung zueinander. Arbeite in diesem Buch mit Marker und Stift.

Nicht alles an Grammatikstoff aus den ersten drei Schuljahren der Sekundarstufe I wird im Kopf behalten: Damit du auch immer **fit in Grammatik** bleibst, findest du in **Kapitel 2** in einer Auswahl eine Übersicht zu den Satzgliedern und den Frageformen danach, eine Wiederholung zu Nebensatzarten und eine Wiederholung zum Konjunktiv.

Das **Kapitel 3** zur **Rechtschreibung und Zeichensetzung** ist als Wiederholung zum gezielten Üben von Problemfällen, also das, was meist aus den ersten drei Jahren wieder vergessen worden ist, gedacht. In Kap. 3.2 findest du dazu eine Übersicht. Seitenverweise führen dich gezielt zu den Diktaten und Übungen zum Problemfeld. Auch die Kommasetzung ist auf diese Weise zu erschließen. Lass dir die Texte von deinen Eltern diktieren. Geht das nicht, kannst du dir in Partnerarbeit mit deiner Freundin oder deinem Freund die Texte vorlesen lassen. In Einzelarbeit wird am besten der Text Satz für Satz vorher abgedeckt, dann Satz für Satz aus dem Kopf hingeschrieben und anschließend überprüft. Die daran anschließenden Übungen helfen, Rechtschreibung zu trainieren und den eigenen Wortschatz zu verbessern. Damit wiederum verbesserst du deine Aufsatzleistung.

Übrigens: Schaust du im Lösungsteil vorher nach, bevor du die Übung bearbeitet hast, hilft dir das nichts; du betrügst dich nur selbst! Also, versuch es immer erst selbst.

Legende
Diese Logos helfen dir, dich besser im Übungsbuch zurechtzufinden.

Diktat | Info | Lesetext | Übung | Aufgabe | Gliederung | Musteraufsatz

▶ Querverweis in den Lösungsteil

1. Aufsatz

1.1 Informierende, berichtende und kommentierende Textsorten

Im Verlauf der 8. – 10. Klasse wirst du vermutlich das Thema ‚Zeitung' mit den Textsorten Nachricht, Reportage, Kommentar und Glosse behandeln. Mögliche Klassenarbeiten dazu sind die Untersuchung einer Nachricht nach Aufbau und Sprache, das Schreiben eines Kommentars und einer Glosse zu einem bestimmten Sachverhalt oder einer aktuellen Nachricht sowie das Verfassen einer Reportage auf der Grundlage eines Nachrichtentextes.

Diese Formen kannst du auf den nächsten Seiten trainieren.

1.1.1 Die Nachricht

Lies dir die folgende Meldung gründlich durch:

Verkehr: Brandenburg führt Todesbilanz an

Bei sinkender Tendenz 314 Tote im ersten Halbjahr 1997
Wissmann kündigt erneut Maßnahmen gegen Raser an

Potsdam (dpa). **Die Zahl der Verkehrstoten in Deutschland hat in der ersten Hälfte dieses Jahres weiter abgenommen, auch in Brandenburg. Insgesamt starben auf deutschen Straßen von Januar bis Juli 3902 Menschen, teilte das Statistische Bundesamt gestern in Wiesbaden mit. 314 Verkehrsteilnehmer fanden auf den Straßen in Brandenburg den Tod. Dies sind sechs Prozent weniger als im Vorjahreszeitraum.**
Doch mit einem Spitzenwert von 123 Toten pro Million Bürger steht das Alleenland Brandenburg weiter an der Spitze der Verkehrsopferstatistik. Mecklenburg-Vorpommern folgt mit 105. Unter den alten Ländern weist Bayern mit 58 Toten pro Million Bürgern die meisten Verkehrsopfer auf. Einen besonders starken Rückgang bei den tödlich Verunglückten im ersten Halbjahr gab es in Bremen (minus 44 Prozent) und in Berlin (minus 31 Prozent). Zuwächse ermittelten die Statistiker für das Land Hamburg (plus 20 Prozent). Der noch immer gravierende Unterschied zwischen Ost- und Westdeutschland sei allerdings bereits geringer geworden. Noch immer sterben in den neuen Ländern im Verhültnis zu den Einwohnerzahlen weit mehr Menschen im Verkehr als im alten Bundesgebiet. Pro Million Bürger seien in Ostdeutschland 73 und in Westdeutschland 42 Verkehrstote gezählt worden, sagte ein Sprecher des Bundesamtes gestern.

Bei den durch Verkehrsunfälle Verletzten gab es im Bundesgebiet gegenüber den Toten im Vergleich zu 1996 einen Anstieg um 3,5 Prozent auf 235.000. Nach Ansicht der Statistiker sind technische Neuerungen wie Airbags mögliche Ursachen für weniger Todesfälle. Gleichzeitig sei die Zahl der Unfälle mit Verletzten insgesamt um 3,9 Prozent auf knapp 178.000 gewachsen.

Raser müssen künftig mit längeren Fahrverboten und deutlich höheren Bußgeldern rechnen. Das kündigte Bundesverkehrsminister Matthias Wissmann (CDU) gestern erneut in Berlin an. Er schlug vor, die Probezeit für jüngere Fahranfänger bis zum 22. Lebensjahr um zwei auf vier Jahre zu verlängern. „Die unangepasste Geschwindigkeit ist nach wie vor Unfallursache Nummer eins", sagte Wissmann.

Märkische Oderzeitung, 22.8.1997

Übung

Übung 1

Notiere dir stichwortartig den Aufbau der Nachricht. Kannst du einzelnen Teilen eine bestimmte Funktion zuweisen?

▶ Lösung Seite 233

Übung

Übung 2

Es handelt sich bei der abgedruckten Nachricht um eine Meldung von mittlerer Länge, die Haupt- und Zusatzinformationen enthält. Welches sind deiner Meinung nach die Haupt-, welches die Zusatzinformationen?

▶ Lösung Seite 233

Übung

Übung 3

Forme die Nachricht um in eine Kurzmeldung. (Diese sollte nicht einfach mit dem fett gedruckten Anfang, dem Vorspann, identisch sein.)

▶ Lösung Seite 233

Info

Eine Nachricht mittlerer oder größerer Länge ist meist nach einem bestimmten Schema aufgebaut:
Die erste Information, in Sekundenschnelle zu erfassen, liefern *Schlagzeile* und *Untertitel*. Die wichtigsten Informationen enthält der *Vorspann*, oft zu Beginn des Nachrichtentextes fett gedruckt.
Die Nachricht selbst lässt sich unterteilen in

- *Leitinformation*, d. h. Angaben zu Geschehen, beteiligten Personen, Ort und Zeit *(Was? Wer? Wo? Wann?)* und
- *zusätzliche Informationen (Wie? Warum? Welche Quelle?)*

Man nennt diesen Aufbau den *Lead-Stil*, da am Anfang die Leitinformation steht, die durch Zusatzinformationen ergänzt wird. Die Zeitform der Nachricht ist meist das Präteritum, die Sprache ist sachlich knapp und informierend.

Übung 4

Hier sind die einzelnen Informationen für die Nachricht durcheinander geraten. Bringe sie in die richtige Ordnung.

▶ Lösung Seite 233 f.

Großbrand zerstört vier Dachstühle in Reinickendorf

keine Verletzten, aber Evakuierung der Mieter des gesamten Straßenzugs – möglicherweise Auswirkungen auf die gesamte Siedlung, da alle Häuser die gleichen Dachgeschosse haben – 11 Uhr: Meldung bei der Feuerwehr, vier Dachstühle in einer Reinickendorfer Siedlung in Flammen – Kritik am Brandschutz: keine Brandwände, daher Übergreifen des Brandes möglich – Löscharbeiten durch starken Wind und Hitze erschwert – 14 Uhr: Einsatzkräfte haben Lage unter Kontrolle, müssen aber noch bleiben – betroffene Gesamtfläche: 800 m^2 – Ursache: vermutlich technisches Versagen, da Ausbrechen des Feuers in unbewohntem Dachstuhl – viele weitere Glutherde – 16 Uhr: Besichtigung des Ortes durch Brandkommissariat: Prüfung wegen vielleicht nicht gebauter Brandwände

Übung 5

Gestalte aus der Kurzmeldung „Autodiebe landeten in einer Sackgasse" eine Nachricht mittlerer Länge. Die notwendigen zusätzlichen Informationen musst du dir selbst überlegen. Achte darauf, dass trotz des spannenden Inhalts aus deinem Text keine ‚Räuberpistole' wird (Gebot der Sachlichkeit).

Autodiebe landen in einer Sackgasse

LICHTENBERG (weso). In einer Sackgasse in Friedrichsfelde endete gestern früh gegen 3.20 Uhr für zwei Insassen eines gestohlenen Autos eine Verfolgungsjagd mit der Polizei. Die Beamten hatten zuvor an der Eitelstraße das in Erkner gestohlene Fahrzeug entdeckt. Als dessen Fahrer die Beamten bemerkte, gab er Gas, raste über die Rummelsburger Straße und bog in eine Straße ab, die sich aber als Sackgasse herausstellte. An deren Ende bremste er, riss die Tür auf, rannte in eine angrenzende Grünanlage und entkam. Die beiden anderen Wageninsassen, ein 19-jähriger Mann und eine gleichaltrige Frau, wurden festgenommen.

Der Tagesspiegel, 21.8.1997

1.1.2 Der Kommentar

Viele Nachrichten provozieren eine Meinung – nicht nur beim Leser, sondern auch bei den Redakteuren einer Zeitung selbst. So haben die Zeitungen bestimmte Rubriken, manchmal sind es sogar ganze Seiten, auf denen die Redakteure oder Gast-Autoren zu bestimmten Ereignissen oder Nachrichten mit einem Kommentar Stellung nehmen.

Lies dir zunächst noch einmal die Meldung „Verkehr: Brandenburg führt Todesbilanz an" durch.

Übung 6

Der Artikel selbst enthält nicht nur Informationen, sondern auch eine Meinungsäußerungen welcher Stelle ist das der Fall?

▶ Lösung Seite 234

Sieh dir noch einmal die berichteten Fakten – ohne die genauen Zahlen und Vergleichsziffern – an:

1) Die Zahl der Verkehrstoten ist gesunken.
2) Die Zahl der Opfer in Ost- und Westdeutschland ist sehr unterschiedlich.
3) Brandenburg liegt mit 314 Verkehrstoten im 1. Halbjahr 1997 an der Spitze.
4) Ursache für die im Allgemeinen gesunkene Anzahl der Verkehrstoten sind v. a. technische Neuerungen, z. B. der Airbag.
5) Raserei ist die Hauptursache der meisten Unfälle mit Todesfolge.
6) Der Verkehrsminister will gegen Raser härtere Strafen erlassen.

Übung 7

Formuliere zu jeder dieser Teilnachrichten deine Meinung in einem Satz nach dem Beispiel (zu Satz 1):

▶ Lösung Seite 234

Die sinkende Zahl der Verkehrstoten ist ein gutes Zeichen dafür, dass auf den Straßen vernünftiger gefahren wird.

Die Zahl der Verkehrstoten ist trotz des Rückgangs immer noch zu hoch und zeigt, dass nach wie vor zu viele unvernünftig fahren.

Übung 8

Natürlich kann, so lange man Gründe findet, auch die Gegenmeinung vertreten werden. Formuliere zu den von dir aufgeschriebenen Meinungssätzen die jeweilige Gegenmeinung.

▶ Lösung Seite 234 f.

Der Kommentar enthält die Meinung des Verfassers zu bestimmten Nachrichten oder Beobachtungen. Seine Absicht ist es, entweder andere zu überzeugen oder, sofern sie derselben Meinung sind wie der Verfasser, sie in ihrer Meinung zu bestärken. Besondere inhaltliche und sprachliche Mittel des Kommentars sind: Hintergrundinformationen (Zahlen, Fakten), Argumente, Urteile, sachliche Sprachebene, Zeitform: Präsens. Die Nachricht selbst sollte im Kommentar noch einmal, allerdings nur kurz, erwähnt werden, damit jeder Leser weiß, worauf du dich beziehst.

Übung 9

Lies den folgenden Kommentar und beantworte die anschließenden Fragen:

▶ Lösung Seite 235

Landesweiter Lausitz-Ring?

Eine gute und eine schlechte Nachricht kamen gestern vom Statistischen Bundesamt in Wiesbaden. Die gute: Die Zahl der Verkehrsunfälle und der tödlich Verunglückten nimmt ab. Die schlechte: Immer noch ist das Land Brandenburg einsamer ‚Spitzenreiter'. 314 Tote gab es im ersten Halbjahr 97 auf den Straßen unseres Landes.

Nun geht wieder die Suche nach den Ursachen los. Die einen wollen am liebsten den Führerschein erst ab 30 erteilen, die anderen würden nur allzu gern alle Alleebäume abhacken.

Es mag ja sein, dass die Bäume für manchen Fahrer zum tödlichen Hindernis geworden sind und dass unsere alten Straßen zu eng geworden sind für den Massenverkehr unserer Tage. Auf der anderen Seite gilt: Wenn – vor allem jugendliche – Fahrer den Lausitz-Ring[1] auf die Landstraße verlegen wollen, muss man hier den Hebel ansetzen. An 65 % aller schweren Verkehrsunfälle waren Fahrer unter 26 Jahren beteiligt (der Prozentsatz der 36–40-Jährigen liegt bei 18); die größte Zahl der zu beklagenden Todesopfer geht auf das Konto jugendlicher Raserei.

1 Lausitz-Ring: Rennstrecke im Süden Brandenburgs

Die Ursachen mögen verschieden sein: jugendlicher Übermut und Überschätzung der eigenen Kraft und Kontrolle über das Fahrzeug, 20 Alkohol, illegale Wettrennen oder einfach Spaß am Krach. Ganz gleich, worum es sich handelt – die Gemeinschaft kann das nicht länger hinnehmen. Deshalb ist es ein richtiger Schritt, wenn der Bundesverkehrsminister jetzt härtere Strafen für Raser angekündigt hat. Es wird sich zeigen, ob das genügt. Denkbar wären Vorstrafen, etwa in Form eines Arbeitseinsatzes in einem Heim für querschnittsgelähmte Unfallopfer. Wenn den PS-Zahlen keine Grenzen gesetzt werden, dann auch nicht den Überlegungen, wie man die Raser zur Vernunft bringt. Wie hieß das Motto einer großen Kampagne zur Verkehrssicherheit: „Brandenburg soll besser fahren!"

- Wo bezieht sich der Verfasser auf die Nachricht?
- Inwieweit hat er die Nachricht gekürzt und warum wohl?
- Worin sieht er die Hauptursache für die hohe Zahl der Verkehrstoten?
- Welche Formulierungen deuten an, was der Kommentator beim Leser erreichen will?
- In seinen Vorschlägen übertreibt der Verfasser ein wenig. Wo und warum tut er das?

Übung 10

Kommentare enthalten oft Formulierungen, die den Leser vereinnahmen und mit denen der Kommentator den Leser auf seine Seite ziehen möchte. Zeige auf, wo das am Beispiel „Landesweiter Lausitz-Ring?" der Fall ist.

▶ Lösung Seite 235

Beim Schreiben eines Kommentars gehst du ähnlich vor wie bei der begründeten Stellungnahme und der (steigernden) Erörterung.

Übung 11

Ordne den Arbeitsschritten die rechts vom weißen Balken stehenden Fragen zu:

▶ Lösung Seite 235

1. Nachrichtenwert klar machen	a) Warum vertrete ich diese (und nicht etwa die entgegengesetzte) Meinung?
2. Eigene Meinung klären	b) Wie lege ich meine Gründe am überzeugendsten dar?
3. Gründe nennen	c) Worin besteht der Kern, das Besondere der Nachricht?
4. Argumentation sinnvoll aufbauen	d) Was will ich mit meinem Kommentar bewirken?
5. Guten Schluss finden (Appell, Wunsch, etc.)	e) Wie stehe ich persönlich zu dem Sachverhalt?

Übung 12

Verfasse auf der Grundlage der Meldung „Verkehr: Brandenburg führt Todesbilanz an" jeweils einen Kommentar, der die Ansicht vertritt:

„Es ist schön, dass die Zahl der Verkehrstoten sinkt. Offensichtlich lernen die Menschen jetzt besser und rücksichtsvollerfahren."
und
„Die angekündigten Maßnahmen gegen die Raser sind ein Schritt in die richtige Richtung, reichen aber nicht aus, um das Problem in den Griff zu bekommen."

Übung 13

Verfasse einen Kommentar, der sich mit den Ursachen für die hohe Zahl der Verkehrstoten auseinander setzt.

1.1.3 Die Glosse

Zur Nachricht über die hohe Anzahl der Verkehrstoten in Brandenburg wurde ein weiterer Beitrag geschrieben:

Heimtückische Bäume

Wir haben's ja schon immer gewusst – die Eichen sind schuld. Oder die Buchen oder die Platanen oder welcher Art auch immer die Bäume am Straßenrand sind. Heimtückisch lauern sie uns auf, wenn wir im Moment des höchsten Glücksgefühls über die Straßen preschen. Stellen sie sich uns in den Weg und sagen: „Stopp! Finito!“

314 Verkehrstote in Brandenburg im ersten Halbjahr 1997. Die Bäume haben uns den Krieg erklärt. Auch das satteste Grün kann ihre Absicht nicht tarnen: Sie wollen das Leben unserer Fahrer, besonders der jüngeren. Zur Verschleierung ihres Vorhabens haben einige ihrer Verbündeten das Gerücht in die Welt gesetzt, die baumbestandenen Straßen seien eine Naturschönheit, einmalig in Deutschland! Brandenburg – Alleenland.

Aber lassen wir uns nicht täuschen. Freie Fahrt für freie Bürger! Wir werden schon sehen, wer am längeren Hebel sitzt. Leute, holt die Sägen aus dem Keller! Wenn wir jetzt handeln, ist Tempo 150 auf den Landstraßen keine Utopie mehr.

Und im nächsten Halbjahr sind es dann vielleicht nur noch 300 Verkehrstote.

Übung 14

Was hat dieser Text mit dem Kommentar „Landesweiter Lausitz-Ring?“ gemeinsam, worin unterscheiden sich die beiden Texte?

▶ Lösung Seite 235

Übung 15

Was fällt dir am Text „Heimtückische Bäume“ sprachlich auf?

▶ Lösung Seite 235

Als Glosse bezeichnet man eine *ironisch-kritisierend* zugespitzte *Meinungsäußerung* in einer Zeitung. Das vorherrschende Stilmittel ist die *Ironie*. Dabei meint man ungefähr das Gegenteil von dem, was man sagt. So soll der Leser eigenständig auf die zu kritisierenden Gesichtspunkte aufmerksam werden. Im Gegensatz zu einem Kommentar ist die Glosse durch ihre ironische Gestaltung immer angreifend.

Sprachliche Mittel der Glosse sind: *Wortneubildungen, Anspielungen (die z. T. nur eingeweihte Leser verstehen), sprachliche Bilder, Doppeldeutigkeiten* sowie *die Mischung von verschiedenen Sprachschichten.*

Übung 16

Die folgende Glosse „Gesegnete Mahlzeit“ bezieht sich auf einen Vorschlag, die Berliner Landesregierung, den Senat, von 10 auf 7

Mitglieder zu verkleinern. Die Verfasserin hält das offensichtlich für keinen besonders guten Vorschlag.
Lies die Glosse aufmerksam. Wenn dir einzelne Wörter nicht bekannt sind, schlage sie im Lexikon nach.
Stelle im Text die glossentypischen Mittel heraus und versuche, ihre Funktion zu bestimmen.
▶ Lösung Seite 235 f.

Lesetext

Gesegnete Mahlzeit!

von Brigitte Grunert

Nach Jahren der Fettlebe steht leichte Kost auf dem Speisezettel der Staatskantine. Nur zu mit der Verwaltungs- und Bezirksreform, mit der Verkleinerung des Parlaments. Abspecken ist gesund. Im Politikerdeutsch nennt man so etwas Strukturreformen. Der Sand im Getriebe stört, nicht bloß der finanzielle Aufwand für die Verwaltungsmaschinerie. Aufgaben werden neu geordnet, Gesetze und sonstige Vorschriften entrümpelt, damit das volle Menschenleben nicht erstickt. Weniger kann mehr sein, das Führungspersonal eingeschlossen. Doch auch in der politischen Küche werden manche Zutaten so lange malträtiert, bis die Speisen ungenießbar sind. Das führt die sonst so wackere Reform-SPD gerade vor. Es ist erst ein paar Jahre her, dass die Verkleinerung des Senats von höchstens 16 Senatoren neben dem Regierenden Bürgermeister auf zehn festgeschrieben wurde. Nun will die SPD nach dem Motto „Zehn kleine Negerlein ..." drei weitere ins Etatloch stopfen. Dann wären's nur noch sieben – höchstens. Gesegnete Mahlzeit! Das Rezept ist eigentlich fade. Würzen wir also nach. Ändern wir doch die Berliner Verfassung alle Nase lang und verkleinern wir den Senat so lange, bis es keinen mehr gibt. Probieren wir zur Abwechslung die Diktatur einer Vollversammlung von Politkommissaren aus, die ehrenamtlich in irgendeinem Volkspark bis zum Konsens über die Geschicke der Stadt diskutieren. Das wäre absolut transparent und kostenfrei.
Eine Schnapsidee, sagen Sie? Wieso? Verkleinerung ist bloß halbherzig und obendrein teuer. Sie vergrößert den ohnehin üppigen Kranz persönlicher Hilfsarbeiter, ohne die heutzutage schon kein Staatssekretär mehr auskommt. Die Parteien unterscheiden sowieso nicht mehr zwischen politischer Verantwortung der Verfassungsorgane und Willensbekundungen politischer Gruppen. Wir vermuten, Regierungen kämen leichter und schneller zu fundierten Entscheidungen, wenn sie sich nicht vorher, sondern hinterher von ihren Fraktionen und Parteien dafür verantworten müssten. Den aktuellen Beweis liefert gerade eine Scheinklausur des Senats namens Koalitionsrunde, die unermüdlich am Haushaltsentwurf 1998 herumdoktert. Im Ernst: Die SPD sollte in ihrem Eifer populistischen Unsinn nicht als Strukturreform verkaufen. Wie sagen die Genossen immer? Gerade kleine Leute brauchen den starken Staat. Wir empfehlen also der SPD, bei sich selbst zu beginnen und das Dickicht ihrer eigenen Beschlüsse zu lichten. Das wäre ein echter Reformansatz.

Der Tagesspiegel, August 1997

Info

Wenn du selbst eine Glosse auf der Grundlage einer Nachricht schreiben sollst, musst du im Grunde ähnlich vorgehen wie beim Kommentar:

1. Erfasse die *Inhalte* der Nachricht.
2. Suche dir einen Aspekt, den man kritisch kommentieren kann. Finde deinen *„Angriffspunkt"*.
3. Überlege dir die *Gründe* für deine kritische Ansicht zu dem jeweiligen Punkt.
4. Suche nach Möglichkeiten der *sprachlichen Umsetzung. Bei der Glosse ist nicht die sachlich-berichtende oder ausgewogen-kommentierende Sprache gefragt, sondern die „spitze Feder"*. Versuche, ironisch zu schreiben, z. B. durch gezielte Übertreibungen.
5. Achte insgesamt auf *Kürze* und sprachliche Zuspitzung. Am Ende sollte entweder ein *„Aha-Effekt"* stehen, oder du bringst knapp deine *wirkliche Meinung* zum Ausdruck.

1.1.3.1 Kleines ‚Ironie-Training'

Bei der Glosse den richtigen Ton zutreffen, ist nicht gerade leicht. Ironisches Sprechen kennst du mit Sicherheit bereits aus dem Alltag.

Übung

Übung 17

Erkläre die möglichen Bedeutungen der folgenden Äußerungen.

▶ Lösung Seite 236

1) „Sauber habt ihr gespielt!", rief der Trainer.
2) „Ich kann's kaum abwarten", sagte Peter vor der Mathe-Arbeit.
3) „Mit meinem Chef komme ich wirklich sehr gut klar", meint Ina.
4) „Das war eine wirkliche Höchstleistung von dir", kommentierte der Lehrer.

Info

In der Alltagssprache erkennt man am Tonfall, ob eine Äußerung ernst gemeint ist oder ironisch ist, d. h. eigentlich das Gegenteil ausdrücken will. Das ist beim Schreiben schwieriger. Es gibt aber einige Hilfsmittel, die die Ironie erkennbar machen sollen:

- der Einsatz von *Übertreibungen*,

- die Anwendung eines *durchgehenden sprachlichen Bildes (etwa das der Küche in der Glosse „Gesegnete Mahlzeit")*,
- die Wahl einer *ungewöhnlichen Perspektive*, die gleich erkennen lässt, dass es sich nicht um einen sachlichen Kommentar handelt.

Für die Glosse musst du allerdings darauf achten, nicht sinnlos zu übertreiben, denn ein überzogener Text verfehlt seine Wirkung; auch muss der Bezug zur Wirklichkeit, die hinter dem Text steht, erkennbar bleiben. Die ironische Schreibweise sollte also mit realistischen Eindrücken gemischt werden.

Lies den folgenden Artikel über ein Konzert der *Backstreet Boys* in Berlin.

Lesetext

Hysterisches Kreischen und flatternde Mädchen-Herzen

Pop-Quintett „Backstreet Boys" auf Deutschland-Tournee

Berlin (AP). Das so genannte BSB-Fieber befällt vorwiegend junge Mädchen und äußert sich durch Kreischen, Stimmbandreizung sowie wildes Hüpfen. Die Ursache: fünf junge Männer aus Florida – die Backstreet Boys. Gestern fegten sie nach dem Auftakt der Deutschland-Tournee in Hannover über die Berliner Waldbühne.

Wie bei Konzerten der Backstreet Boys üblich stammte auch in Berlin der ohrenbetäubende Lärmpegel nicht von den Boxen auf der Bühne, sondern aus den Kehlen tausender, zumeist weiblicher Fans. Und wie immer hatten diese auch Geschenke für ihre Helden dabei: Gummibärchen, Plüschtiere, Liebesbriefe. Die einzigen Arme, in denen viele der Mädchen in der Waldbühne dann wirklich zu liegen kamen, waren allerdings die der zahlreichen Ordner, denn bei Hunderten von Teenagern machte der Kreislauf schon vor Beginn der Show schlapp.

Die bot dann außer ein bisschen Feuerwerk und etwas Laserstrahlen nichts Spektakuläres. Es wäre eh verschwendet. Die Augen der Kinder hängen nur an den fünf Sängern mit der unglaublichen Tanzkondition. Ein bisschen langweilig vielleicht das Ganze, zu perfekt und klinisch. Lebendigen Charme entwickeln die Jungs nur, wenn doch mal einer aus der Reihe tanzt. Dennoch: Die Kinder sind begeistert. Im Publikum blitzen die Fotoapparate, brennen Wunderkerzen. Hoch gereckte Arme und heisere Rufe, als die Hits „I'll never break your heart", „Anywhere for you" und natürlich „Quit playing games" an der Reihe sind. Die Zugaberufe sind dann zur Abwechslung eher leise. Die Boys kommen trotzdem für zwei Zugabenblöcke zurück. Und dann, pünktlich fünf vor zehn, ein letztes „We love you" in der Waldbühne – Feierabend, Jugendschutzgesetz.

Märkische Oderzeitung, 25.8.1997

Schon der Artikel selbst nimmt an manchen Stellen eine ironisch-kritische Sichtweise zum Konzert und dem Drumherum ein. Aber auch danach fühlten sich Leute veranlasst, das Ereignis kritisch zu kommentieren:

Lesetext

Text 1 (Leserbrief):

Boygroup-Hysterie

Vor dem verderblichen Einfluss der Boygroup-Hysterie kann man nur warnen. Die jungen Mädchen geben viel Geld aus, um Stars anzuhimmeln, die sich in keiner Weise um sie kümmern, sondern nur ans Geld denken. Haben die Mädchen denn ihren Verstand komplett verloren? Sie schwänzen die Schule, um in der Schlange ganz vorn zu stehen. Sie lassen sich von ihren Eltern Hunderte Kilometer durch ganz Deutschland fahren, um ihren Stars nahe zu sein. Sie riskieren ihre Gesundheit, wenn sie bei Regenwetter im Freien, nur unter einer dünnen Plastikplane, auf die Öffnung der Pforten warten.

Im Stadion selbst leisten sie militärischen Gehorsam, wenn sie den strengen Anweisungen der Ordner Folge leisten. Und wenn die Stars dann auf der Bühne sind, kreischen sich die Mädchen die Seele aus dem Leib, sodass sie von der – höchst mittelmäßigen – Musik gar nichts hören. Oder sie werden ohnmächtig.

Von Kunstgenuss kann dabei wohl keine Rede sein. Viel Geschäft, Hysterie und unerfüllte Liebe – man sollte die Jugendlichen davon fernhalten.

Kurt Rothe, Hermannsdorf

Text 2 (Glosse):

Alles für die Boys

Da behaupte noch jemand, unsere Jugend sei nicht mehr engagiert und begeisterungsfähig! Als Sanitäter in der Waldbühne bekommt man da andere Eindrücke. Sie sollten die schmachtenden Teenageraugen sehen! Einige warten schon seit zwei Tagen. Worauf? Auf die Backstreet Boys natürlich. Eine jener Boygroups, die die Herzen unserer Teenys in Aufruhr versetzen. Millionen Mädchen sind wirklich verliebt – in die fünf Boys aus Florida. Schule ist da nicht so wichtig, und Vatis Tank ist immer voll. So ist man schon einen Abend vorher da und harrt notfalls auch im Regen aus – um am Ende doch von den Ordnern platziert zu werden, wo es ihnen passt.

Blinde Liebe hat ihre Vorteile, zweifellos. Den Anweisungen der Ordner wird widerspruchslos Gehorsam geleistet: In Zweierreihen Hand in Hand der ‚Gänsemutter' hinterher, jeder auf seinen ihm zugewiesenen Platz. Ja, das hätten die Lehrer in den Schulen wohl auch gern, doch die sitzen, in bestimmten Klassenstufen zumindest, vor halb leeren Reihen. Kuscheltierweitwurf ist nur auf Kommando erlaubt. Wenn die Jungs dann auf die Bühne kommen, stehen denen Spaß und Uneigennützigkeit geradezu ins Gesicht geschrieben. Und wenn's am schönsten ist, in Ohnmacht fallen. Etwas merkwürdig ist das schon mitanzuschauen. Sechzig Euro für zwei Stunden mittelmäßiger Show – für die Teenager eigentlich kein nennenswerter Betrag. Aber seien wir ehrlich – war's nicht damals bei Elvis, bei den Beatles, und wie sie alle hießen, ganz genauso?

Übung 18

Was kritisiert der Leserbrief? Stelle die einzelnen Kritikpunkte stichwortartig heraus.

▶ Lösung Seite 236

Übung 19

Welche Haltung zu dem Konzert nimmt der zweite Text ein?

▶ Lösung Seite 236

Übung 20

Wie behandeln beide Texte die folgenden Aspekte des Ereignisses? Stelle in einer Tabelle die jeweiligen Formulierungen einander gegenüber.

▶ Lösung Seite 236 f.

Kritikpunkt	**Text 1**	**Text 2**
1) Kosten für das Konzert 2) Stars denken nur ans Geld 3) Aufwand für das Konzert 4) Gehorsam im Stadion 5) unechte Gefühle, unerwiderte Liebe 6) Qualität der Show	„viel Geld"	„eigentlich kein nennenswerter Betrag"

Übung 21

Beide Texte vertreten eine ähnliche Meinung. Warum ist der zweite vermutlich etwas angenehmer zu lesen?

▶ Lösung Seite 237

Übung 22

Suche neben den in der Tabelle aufgelisteten noch andere ironische Wendungen aus dem Text heraus.

▶ Lösung Seite 237

Übung 23

An einer Stelle in der Tabelle liegt auch in Text 2 keine Ironie vor. Um welche Stelle handelt es sich? Warum sagt der Verfasser hier, was er wirklich meint?

▶ Lösung Seite 237

Übung 24

An welchen Stellen im Text sagt der Verfasser noch, was er wirklich denkt?

▶ Lösung Seite 237

Übung 25

Verfasse eine eigene Glosse aus der Sicht eines betroffenen Vaters oder einer Mutter.
(Stell dir vor, deine Tochter hätte dich so lange genervt, bis du ihr einen kleinen Zuschuss für das Eintrittsgeld gegeben hast und sie bereitwillig in die über 50 km entfernte Stadt gefahren und sie dort in der Nacht auch wieder abgeholt hast.)

Zum folgenden Bericht sollten Schüler einen Kommentar und eine Glosse verfassen.

Skrupellos-gerissene Unwesen werden Tamagotchi-Nachfolger

Neuentwicklung löst Diskussionen aus / Gefahr für die Psyche?

VON KRISTIN PALITZA

Der japanische Spielzeughersteller Bandai hat zwei neue virtuelle Wesen erschaffen. Ein Monster und ein Dinosaurier erobern seit zehn Wochen die Herzen der Japaner. Bittere Konkurrenz für das Computerküken Tamagotchi (zu deutsch: liebliches Ei), das seit Ende vergangenen Jahres allein in Japan über zehn Millionen Mal verkauft wurde.

Anfang 1998 sollen die neuen virtuellen Haustiere auch in Deutschland auf den Markt kommen. Preis: etwa 30 Mark[1]. Deutsche Händler bestellten bereits eine Million Exemplare. Der deutsche Name der Cybertiere ist noch geheim. Ziel des neuen Spiels ist, die virtuellen Unwesen zur Bösartigkeit zu erziehen. Musste das Tamagotchi noch gefüttert und gehätschelt werden, um eingut erzogenes „Haustier“ heranzuziehen, gilt für die neueste Bandai-Kreation das Gegenteil: je gerissener und skrupelloser, desto besser. „Verstand soll über Kraft siegen“, beschreibt Marcus Abt, Bandai-Vertreter in Deutschland, das Konzept.

Die Unwesen, diesmal auf rechteckigem Bildschirm, können außerdem in Kontakt treten. Steckt man zwei ver schiedenfarbige Spielzeuge aneinander, führen Monster und Dino Krieg. Sie kämpfen und bewerfen sich mit Steinen, bis der Verlierer aufgibt oder stirbt. Dann wird entweder ein neues Digitaltier aufgezogen oder das verletzte Wesen geheilt und für die Revanche trainiert. Das neue Spiel hat in Japan noch größere Hysterie ausgelöst als sein Vorgänger. „Sogar ältere Damen prügeln sich um das letzte Spiel“, weiß Abt. Dino, Monster und Küken sind fast immer ausverkauft. In der Hoffnung, ein virtuelles Haustier zu ergattern, brechen Tamagotchi-Liebhaber in Geschäfte ein. Auch in Deutschland spielen sich ähnliche Szenen ab: Bandai-Mitarbeiter mussten Firmenschilder von ihren Autos entfernen.

> Das neue Spiel verursacht noch größere Hysterie

1 ca. 15 €

Die Wagen wurden sonst aufgebrochen. „Die Diebe waren nur am Tamagotchi interessiert. Handy und Laptop blieben liegen", sagt Abt. Der aggressive Nachfolger des Digital-Eis reagiert offenbar auf Tendenzen des Marktes. Besitzer fanden Spaß daran, ihre Küken nicht mehr zu pflegen, sondern verenden zu lassen. Daraufhin entbrannten heftige Diskussionen über mögliche, schädliche Einflüsse auf die Kinder-Psyche. Die Jungen und Mädchen könnten eine falsche Einstellung zu Leben und Sterben bekommen, hieß es.

„Es gibt keinen Grund zur Panik", schwächt Dr. Wolfgang Droll, Obmann der Berliner Kinder- und Jugendpsychiater, die Vorwürfe ab. Höchstens auf Kinder mit bereits vorhandenen emotionalen Störungen könne sich das digitale Spielzeug negativ auswirken. „Das Tamagotchi ist ein Lernspiel. Es verdeutlicht Erziehung auf einfachster Ebene", erklärt er. Kinder würden die Konsequenzen ihres Umgangs mit dem virtuellen Wesen vereinfacht und zeitlich verdichtet sehen und lernten so durch das Piepsen des Eis – Signale für Hunger oder Langeweile – kontinuierliche Pflichten in ihren Alltag einzubauen.

„Kinder können sehr wohl zwischen realem Tier und Computertier unterscheiden", sagt Droll. Nur im Alter von bis zu drei Jahren sei eine solche Differenzierung noch nicht möglich. Eltern müssten auch nicht besorgt sein, wenn ihr Kind sein Küken absichtlich verenden lasse.

„Das ist kein Zeichen von Grausamkeit. Die Kinder verdrehen nur die Regeln eines Spiels." Extreme Tamagotchi-Fürsorge, wie die Einrichtung von Krankenstationen oder die Anstellung von Babysittern, seien hingegen bedenklich.

Der Tagesspiegel, 22.8.1997

Zunächst einige Aufgaben zum Inhalt des Artikels und zu möglichen Ansatzpunkten für Kommentar und Glosse:

Übung 26

Worin besteht der Kern des Berichts?

► Lösung Seite 237

Übung 27

Was hältst du von den Tamagotchis allgemein? Besteht für dich ein Unterschied zu den ‚Kampf-Tamagotchis', von denen der Text berichtet?

Übung 28

Formuliere – unabhängig von deiner eigenen Meinung – je eine These, die für bzw.gegen die Kampf-Tamagotchis Stellung bezieht, als Grundlage für einen Kommentar bzw.eine Glosse.

► Lösung Seite 238

Übung 29

Überlege dir für jede der beiden Positionen mögliche Gründe.

► Lösung Seite 238

Nun kannst du noch einmal die sprachlichen Mittel trainieren.

Übung

Übung 30

Stell dir vor, du möchtest die folgenden Ansichten öffentlich vertreten und Leser von dieser Meinung überzeugen. Du weißt aber, dass deine Meinung mehr Anhänger findet, wenn du sie nicht mit starrem Ernst, sondern humorvoll-ironisch vermittelst.

▶ Lösung Seite 238

Versuche, die folgenden Meinungen in ironischer Form auszudrücken. Verwende dazu nicht nur das Mittel der Ironie selbst, sondern arbeite mit Übertreibungen, verschiedenen Satzarten (Fragen!), persönlichen Anreden an die Leser etc. Setze für jedes Beispiel ca. 2–3 Sätze an.

1) Die neuen Tamagotchis sind keine ‚Haustiere', sondern furchtbare Kampfmaschinen.
2) 15 € sind viel Geld für ein Spielzeug, das nach wenigen Wochen nicht mehr benutzt wird und in die Ecke fliegt.
3) Kampf-Tamagotchis machen die Kinder aggressiv.
4) Kinder und Erwachsene sind nach diesem Spiel süchtig und daher davor zuschützen.
5) Tamagotchis sind umweltschädlich.

Abschließend kannst du zwei Aufsätze miteinander vergleichen:

Lesetext

Diese kleinen Konsumidioten

Vor den Spielzeuggeschäften in Deutschland ist seit einiger Zeit viel zu beobachten. Man sieht gutmütige Mütter mit ihren Sprösslingen hineingehen und mit einem piepsenden Ding wieder herauskommen. Zu Hause heißt es dann für den kleinen Racker, er solle doch bitte sein Zimmerchen aufräumen. Man kann drei Stunden später wieder nach ihm gucken und es hat sich nichts geändert, denn das Kind sitzt und spielt weiter mit dem piepsenden Ding. Man kann ihn bitten, er solle doch bitte den Hund ausführen, der jaulend in der Ecke sitzt. Einige Stunden später hat der Hund sein Geschäft mitten auf dem Teppich gemacht.

Beim nächsten Elternsprechtag in der Schule erfahren die sonst so positiv denkenden Eltern, dass sich ihr kleiner Sprössling abkapselt, im Unterricht nicht aufpasst, Hausaufgaben oft nicht macht und nervös ist. Aber dem Lehrer fällt nebenbei noch auf, dass es bei mehreren aus der Klasse so sei.

Dieses piepsende Ding, worunter jeder ein Tamagotchi versteht, wurde allein in Japan zehn Millionen Mal verkauft. Dabei sind die Japaner in der Schule doch allgemein sehr strebsam. Doch wenn ihre Eltern ihnen aus der Fabrik ein Tamagotchi mitbringen, kann sich das auch auf die Psyche des Kindes auswirken.
Die gute Nebenwirkung bei einem Tamagotchi ist der wachsende Mutterinstinkt.
Aber mal ehrlich, die Japaner müssen doch verrückt sein – kleine, immer wieder geborene, piepsende Computer als Ersatz für ein Haustier zu schaffen!

Spielzeug der neuen Dimension

Endlich! Darauf hat die Welt schon lange gewartet. Kleine skrupellose und gefährliche Kampfdinos oder Kampfmonster werden bald in den Geschäften zu haben sein. Nicht mehr so langweilige Tamagotchi-Küken, die pünktlich nach dem Sandmann ins Bett müssen oder die man womöglich auch noch füttern muss. Das hat jetzt ein Ende. Unsere Kleinen werden zu knallharten Box- oder Karatetrainern, denn im alles entscheidenden Kampf zwischen dem Tamagotchi-Monster vom Banknachbarn in der Schule und dem eigenen hochgetrimmten Dino geht es ja um Leben und Tod. Aber was so klein anfängt, breitet sich womöglich aus. Ganze Weltmeisterschaften, wo dann der kleine Tommy vom Nachbarhaus mit einer ganzen Mannschaft erscheint und seine gerissenen Kämpfer in die Arena schickt, werden bestimmt in Bälde folgen, denn die Tamagotchi-Kämpfer wollen sich ja auch mit anderen aus anderen Ländern messen.
Trotzdem, die Tamagotchispielsucht hat auch Vorteile. In der U-Bahn zum Beispiel, die Kinder schreien nicht mehr oder trampeln laut, nein, jetzt sitzen sie in der Ecke und hetzen ihre Dinos aufeinander, und die Mama daneben feuert an.
Wie will man das noch stoppen? Womöglich mit einem Trainingslager oder Profitipps aus der Fanzeitung? Unendliche Möglichkeiten, aber warten wir erst einmal auf unsere neuen Freunde, ob es wirklich so atemberaubend wird, sie erst wochenlang großzuziehen und sie dann in fünf Minuten sterben zu sehen. Also, abwarten und Tee trinken, nein, nicht Tee trinken, gemeine Taktiken ausdenken.

Übung 31

Vergleiche die beiden Glossen, indem du die folgenden Teilaufgaben bearbeitest.

▶ Lösung Seite 239

- Welche Glosse geht auf den Kern des Berichts, die Kampf-Tamagotchis, ein?
- Was kritisieren die beiden Glossen?
- Wo wird ein Sachverhalt mit ironischen Mitteln angegriffen?
- Wo kommen ironische Mittel nicht genügend zum Einsatz? Verbessere diese Stellen.

Welche Glosse hältst du für gelungener?
Verfasse abschließend eine eigene Glosse zu dem Bericht.

1.1.4 Abschlussübung: Nachricht – Kommentar – Glosse

Heutzutage ist es für viele Jugendliche schwer, einen Ausbildungsplatz, vor allem im gewünschten Beruf, zu bekommen. Das hat verschiedene Ursachen und für die Betroffenen ist es kein leichtes Schicksal. Auf der anderen Seite wird von Politikern, Betrieben, Gewerkschaften und anderen allerhand unternommen, um mehr Ausbildungsplätze zu schaffen und den Jugendlichen gute Zukunftsaussichten zugeben.
Dieses Thema war auch Gegenstand eines Interviews, das eine Redakteurin der Zeitschrift CHANCE mit dem Bundesbildungsminister Rüttgers führte.
Lies dir dieses Interview zunächst sorgfältig durch.

Lesetext

„Die Flinte nicht ins Korn werfen"

Mehr als 275.000 Jugendliche, die eine Lehrstelle suchen, konnten bis Ende Juni noch nicht vermittelt werden – das sind über 14 Prozent mehr als im Vorjahr. Bei den freien Stellen ist es genau umgekehrt: Rund 111.000 Stellen sind noch unbesetzt, das sind fast neun Prozent weniger. So lautet die Lehrstellenbilanz der Bundesanstalt für Arbeit. Und was sagt der Bundesbildungsminister dazu? CHANCE-Redakteurin Andrea Behnke hat Jürgen Rüttgers befragt.

CHANCE: Betrachtet man die Lehrstellenbilanz, die die Bundesanstalt für Arbeit vorgelegt hat, zeichnet sich folgendes Bild: Mehr Bewerberinnen und Bewerbern stehen weniger Ausbildungsplätze zur Verfügung. Erschüttert Sie das?

RÜTTGERS: Ja. Eine Gesellschaft, die jungen Menschen am Beginn ihres Arbeitslebens keine Chance gibt, ist keine menschliche Gesellschaft. Junge Menschen ohne Ausbildung sind morgen ohne Job. Deswegen müssen wir alle Hebel in Bewegung setzen, um die Situation am Lehrstellenmarkt zu verbessern.

CHANCE: Was empfehlen Sie Abiturienten: Ist es überhaupt sinnvoll, sich um eine Lehrstelle zu bemühen, oder ist es besser, ein Studium aufzunehmen? Was halten Sie von der „Doppelqualifikation“, die früher als Erfolgsgarant galt?

Rüttgers: Die Entscheidung muss jeder selbst treffen, dafür kann es keine Patentrezepte geben. Ich finde es aber nicht gut, wenn Abiturienten vorsorglich einen Ausbildungsplatz „buchen“ und dann doch ein Studium aufnehmen. Wer seinen Lehrvertrag unterschreibt und dann im Anschluss doch studiert, der nimmt dem Klassenkameraden eine Lehrstelle weg. Eine Doppelqualifikation – erst Lehre, dann Studium – klingt gut, hat aber Haken: Ein Bankkaufmann, der an seine Lehre noch ein BWL-Studium anhängt, mag gegenüber anderen Studienanfängern einen Vorsprung haben. Aber dadurch wird man beim Studienabschluss älter sein als die Mitbewerber. Und man kann wichtige Berufserfahrungen auch während des Studiums machen, zum Beispiel durch Praktika.

Chance: Es gibt viele Initiativen, auch seitens der Politik, die Situation zu entschärfen. Sehen Sie es als realistisch, dass in diesem Jahr alle Bewerber eine Lehrstelle finden? Müssen wir uns in Zukunft auf eine schlechtere Lehrstellensituation einstellen?

Rüttgers: Die Situation am Lehrstellenmarkt ist nach wie vor unbefriedigend. Es wäre eine Katastrophe für unser Land, vor diesen Schwierigkeiten zu kapitulieren. Ich halte an dem Ziel fest, dass jeder ausbildungswillige Jugendliche eine Ausbildungschance bekommen muss. Wir können es auch in diesem Jahr wieder schaffen. Denn es gibt auch Ermutigendes: Mit Bundeswirtschaftsminister Rexrodt habe ich 5.000 Briefe an Großunternehmen geschrieben. Jetzt ist in vielen Unternehmen Ausbildung wieder Chefsache: Wir können davon ausgehen, dass die Großunternehmen in diesem Jahr ihr Lehrstellenangebot um vier Prozent, das sind 4.000 Ausbildungsplätze, steigern werden.

„Ich kämpfe um jede Lehrstelle.“

Chance: Was schlagen Sie vor, um mehr Betriebe zur Schaffung von Ausbildungsplätzen zu bewegen? Stellt für Sie die „Ausbildungsplatzabgabe“ eine geeignete Lösung dar?

Rüttgers: Da gibt es eine Reihe von Maßnahmen. Wichtig dabei: Ausbilden muss sich für die Betriebe auch lohnen. Deshalb sollte der zweite Berufsschultag im zweiten und dritten Lehrjahr wegfallen und Ausbildungsbetriebe müssen von den Kammergebühren entlastet werden. Wir brauchen: Regelungen für mehr Lehrstellen in allen Tarifverträgen, sofortige Umsetzung der 14 neuen Ausbildungsberufe in Lehrstellenangeboten, gezielten Einsatz von Lehrstellenentwicklern in Betrieben, die von ausländischen Selbstständigen in Deutschland geführt werden – immerhin rund 250.000. Die Politik hat ihre Hausaufgaben gemacht: Seit 1. August gibt es 23 völlig neue Berufsbilder und über 50 modernisierte Ausbildungsberufe. Das ist der größte und schnellste Modernisierungsschub seit Inkrafttreten des Berufsbildungsgesetzes 1969.
Von einer Ausbildungsplatzabgabe halte ich nichts. Die schafft keine einzige neue Lehrstelle, sondern nur neue Bürokratie. Was soll daran gerecht sein, dass der Existenzgründer, der noch gar nicht ausbilden kann, der Großbank die Lehrlinge mitfinanziert?

Chance: Was können Sie Schulabgängern mit auf den Weg geben, die bisher noch keine Lehrstelle gefunden haben? Gibt es Nischen, in die Abiturienten schlüpfen können?

Rüttgers: Wer jetzt noch ohne Lehrstelle ist, sollte nicht die Flinte ins Korn werfen und nicht nur nach der Traumlehrstelle um die Ecke schielen. Mein Tipp: Neue Berufe sind neue Chancen. Allein die vier top-modernen Computerberufe seit August bringen nach den Ankündigungen der Wirtschaft schon in diesem Jahr 5.000 neue Lehrstellen.

Chance 8-9/1997

Übung 32

Unterstreiche die wichtigsten im Vorspann und im Gespräch genannten Fakten und schreibe sie stichwortartig heraus.

▶ Lösung Seite 239

Übung 33

Verfasse auf der Grundlage dieser Fakten eine Nachricht mittlerer Länge.

▶ Lösung Seite 239

Übung 34

Welche der folgenden Sätze erscheinen dir als Meinung für einen Kommentar geeignet?

a) Die Regierung tut zu wenig gegen die Jugendarbeitslosigkeit.
b) Der Bundesbildungs- und der Wirtschaftsminister haben 5.000 Briefe an Unternehmen geschrieben.
c) Wenn sie nur auf ihren Traumberuf warten, sind die Lehrstellenbewerber, die nichts gefunden haben, selber schuld.
d) Dass die Unternehmen viel zuwenig Ausbildungsplätze bereitstellen, ist unverantwortlich.
e) Die Betriebe haben neue Ausbildungsplätze zur Verfügung gestellt.
f) Die Schaffung neuer Ausbildungsberufe ist ein guter Schritt in die richtige Richtung.

▶ Lösung Seite 239

Übung 35

Verfasse einen Kommentar auf der Grundlage des Interviews und der Nachricht, die du in Übung 33 verfasst hast, unter einer der drei folgenden Überschriften:
„Lehrstellenbewerber, gebt nicht auf!"
„Lehrstellennotstand – reichen die bisherigen Maßnahmen?"
„Ausbildungsplatzabgabe statt leerer Worte"

Übung 36

Wenn du eine Glosse schreiben sollst (vgl. o., S.16), setzt das einen kritischen Standpunkt voraus. Zum Übungszweck gehen wir jetzt hier einmal davon aus, unabhängig von deiner persönlichen Meinung. – Was wären deiner Ansicht nach geeignete Angriffspunkte für die Glosse? Streiche die unpassenden Sätze aus.

a) Die Klagen von Lehrstellen-Bewerbern, die angebotene Stellen nicht annehmen, weil es sich nicht um ihren Traumberuf handelte, sind unglaubwürdig.
b) Der Minister ist unsympathisch.
c) Die Worte des Ministers, die Jugendlichen sollten die Flinte nicht ins Korn werfen, sind nett gemeint, wirken aber auf lehrstellensuchende Jugendliche wie Hohn.
d) Lehrstellensuche durch Briefeschreiben ist für die Möglichkeiten eines Ministers nicht angemessen und wirkt lächerlich.
e) Wer eine Lehrstelle gefunden hat, kann froh sein.
f) Das zahlenmäßige Verhältnis von Suchenden und Angebot sagt alles über die wirkliche Situation.

► Lösung Seite 240

Übung 37

Verfasse eine Glosse zu einer der übrig bleibenden Meinungen.

1.2 Musteraufsatz: Aus Nachrichten werden Erzählungen

Wer aufmerksam Zeitung liest, findet insbesondere in den Polizeiberichten mitunter kuriose Ereignisse, die sich vorzüglich für Erzählungen eignen. Die Aufgabe des Schreibers besteht darin, die Informationen in eine Erzählstruktur umzubauen und sprachlich auszugestalten. Die Handlung muss sich chronologisch auf einen Höhepunkt zu entwickeln. Nicht immer, aber oft, stehen bei Nachrichten die wichtigsten Informationen am Anfang. In der Regel muss die Informationsfolge daher umgekehrt werden.

Lesetext

Hilfsschäfer in stockfinsterer Nacht (Frankenpost)

STRASSDORF – Wahrlich nicht mit Schlafproblemen zu kämpfen hatten zahlreiche Feuerwehrleute und zwei Polizeistreifen, obwohl sie in stockfinsterer Nacht Schäfchen zählen mussten. Acht Schafe hatten sich in der Nacht auf Donnerstag aus ihrer umzäunten Weide davongemacht und tippelten auf der Straße zwischen Göhren und Straßdorf umher.

Um nicht auch noch den Straßenverkehr auf der nahen Bundesstraße zu gefährden, blieb Feuerwehrleuten und Polizei nichts anderes übrig, als gemeinsam die Schafe fast sechs Stunden lang in der Wiese im Zaum zu halten. Dieses Unterfangen war äußerst schwierig, da die Tiere in alle Richtungen auseinanderstoben, sobald sich einer näherte. Die Autofahrer rings um Schwarzenbach und auf der nahen Bundesstraße wurden durch eine Durchsage im Rundfunk von der drohenden Gefahr durch die herrenlose Schafherde gewarnt.

Am frühen Donnerstagmorgen hatten Polizeibeamte endlich den Besitzer ausfindig gemacht. Er traf gegen 6.30 Uhr ein und siehe da – seine Schäfchen folgten ihm lammfromm aufs Wort. Die vielen Hilfsschäfer konnten nach dem tierischen Abenteuer und einer durchwachten Nacht wieder abrücken.

Frankenpost, 10.03.2007

Info

Schreibplan

Sinnvoll ist es, zuerst einen Schreibplan zu erstellen, um sich über den Aufbau der Erzählung im Klaren zu sein. Ein guter Schreibplan ordnet nicht nur das Geschehen, sondern enthält auch die Stimmungen, die die einzelnen Erzählschritte begleiten. Adjektive, die die Stimmung beschreiben, sollten in der Erzählung umgesetzt werden, in lebendige Redeeinführungen, in Beschreibung von Mimik und Gestik. Damit verbildlichst du die Adjektive, indem du beispielsweise einen Gesichtsaudruck beschreibst oder dir die Handlungen der hütenden Polizisten oder des gelassenen Schäfers vorstellst.

Zuerst musst du die Handlungsschritte dem Erzählaufbau zuordnen.

Gliederung

Gliederung

A. Warnmeldung der Polizei	A. Guter Einstieg mit wörtlicher Rede
B. Hilfsschäfer in stockfinsterer Nacht	B. Hauptteil mit Spannungssteigerung
I. Rückblende – Telefonanruf bei der Polizei: ausgebrochene Schafe zwischen Göhren und Straßdorf	Kurze berichtende Rückblende einbauen
II. Anrücken von zwei Polizeistreifen und der Feuerwehr um Mitternacht *(gelassen, lässig, frohgemut)*	Jetzt Namen nennen, zwei Polizisten, Feuerwehrleute
III. Das Hüten der acht Schafe – sechs Stunden *unsicher* *hektisch* *verkrampft* *verbissen* *hohe Konzentration*	Hier steckt die eigentliche Geschichte – der Kampf der Feuerwehrmänner mit den Schafen in dunkler Nacht; dies gut ausgestalten
IV. Höhepunkt *Der Schäfer und die lammfrommen Ausreißer* *Der Schäfer: gelassen, verwundert, lächelnd* *Die Feuerwehrleute: überrascht, todmüde, bewundernd, wütend*	Erschöpfung, Bewunderung
C. Abrücken der Polizei und der Feuerwehr	C. Schluss knapp

Schülerbeispiel: Hilfsschäfer in stockfinsterer Nacht

Muster-aufsatz

„An alle Autofahrer, die im Gebiet Straßdorf unterwegs sind: Auf der Straße zwischen Göhren und Straßdorf befinden sich Schafe auf der Fahrbahn. Bitte fahren Sie vorsichtig oder umfahren Sie das Gebiet weiträumig." So tönte es in der Nacht von Mittwoch auf Donnerstag aus dem Verkehrsrundfunk.	A. Einleitung Wörtliche Rede für das zentrale Ereignis
Ein nächtlicher Spaziergänger hatte kurz vorher die ausgebrochenen Schafe bemerkt und die Polizei informiert. Aufgeregt hatte er ins Telefon gestottert: „Schafe auf der Fahrbahn, zwischen Göhren und Straßdorf, kommen Sie schnell, bevor noch etwas passiert!"	B. Hauptteil I. Erster Handlungschritt: Rückblende, Notruf Vermittlung der aufgeregten Stimmung durch die Redeeinführung

„Die paar Viecher können wir doch locker in Zaum halten", scherzte Dieter Müller, der in dieser Nacht die Einsatzleitung in der Polizeiinspektion hatte. Er informierte die Feuerwehr und machte sich mit drei Kollegen sogleich auf den Weg zu den Unruhe stiftenden Tieren. Dem Kollegen, der in der Wache blieb, rief er zu: „In einer halben Stunde sind wir wieder da!" Auf dem Weg beschwerte sich Streifenpolizist Herbert Huber genervt: „Das sind doch nur acht Schafe, und deswegen mussten wir unsere Wache verlassen! In einer Stunde ist Dienstschluss."
„Ach was", beruhigte ihn sein Chef, „die haben wir gleich wieder eingefangen. Die Feuerwehrleute sollen so einen Zaun mitbringen, bei dem man die Stecken in die Erde rammen kann, und schon sind die Schafe gefangen."

II. Zweiter Handlungschritt
Anrücken der Polizei und Feuerwehr
Vermittlung der Gefühle durch wörtliche Rede, Adverbien, Adjektive, Gedanken
Hier: der eine zuversichtlich, der andere überheblich, genervt

Als die Polizisten aus den Autos ausstiegen, rannte die kleine Schafherde sofort weg. Allmählich verschwand das Lächeln im Gesicht der Männer. „Die hauen ja alle ab, sobald sich einer von uns nähert", rief Müller. Huber stampfte auf den Boden und rief: „Ihr müsst die Herde zusammenhalten, Männer." Mit ernsten Mienen versuchten die Polizisten und die inzwischen eingetroffenen Feuerwehrleute, die Schafe zusammenzutreiben. Den gewünschten mobilen Zaun hatten sie aber auf die Schnelle nicht auftreiben können. Immer wieder büxte eines der Tiere aus, sodass die Männer langsam der Geduldsfaden riss. Müller schimpfte ärgerlich: „Wann kommt denn dieser elende Schäfer?"

III. Dritter Handlungsschritt
Das Hüten der acht Schafe
Lebendigkeit durch Wörtliche Rede
Gestik
Mimik
Beschreibende Elemente

Die Einsatzkräfte wurden immer unruhiger, mussten aber ihre Arbeit konzentriert erledigen, um die davonrennenden Schafe von der Straße fern zu halten. So verging Stunde um Stunde, ohne dass der Besitzer der Herde auftauchte.

Insgesamt gute Entwicklung durch Beschreibung der Erwartungshaltung der Männer und der Stimmungsänderung

Die tapferen Männer mussten die ganze Nacht die Schafe hüten. Erst nach sechs Stunden gab die Zentrale eine Meldung durch: „Der Besitzer der Herde wurde ausfindig gemacht. Er wird in zehn bis zwanzig Minuten eintreffen." „Na endlich", freuten sich die Beamten im Chor.

Ein alter, erfahren aussehender Mann mit Schlapphut kommt lässig auf die Männer zu. Im Mund klemmt eine rauchende Pfeife, neben ihm laufen zwei Hirtenhunde. „Was ist denn hier los?", lacht er die Hilfsschäfer an. „Was machen Sie denn mit meinen Schafen?" „So ein arroganter Typ. Wir müssen die ganze Nacht seine doofen Viecher hüten, und der lacht uns auch noch aus", ärgert sich Huber.

IV. Höhepunkt
Historisches Präsens oder Erzählpräsens

Schäfer amüsiert, Polizist verärgert

Die unfreiwilligen Hilfsschäfer zogen sich zurück und sahen erstaunt und bewundernd, wie die acht störrischen Schafe ihrem Herrn aufs Wort folgten und ihm langsam hinterher trotteten. Ohne Widerstand ließen sie sich aus dem Bereich der Landstraße fortführen.

Rückkehr zur Erzählzeit
Präteritum am Ende des Höhepunkts

„Diese Nacht werde ich so schnell nicht vergessen", stöhnte ein übermüdeter Feuerwehrmann. Zu guter Letzt fuhren die Polizisten und Feuerwehrleute erschöpft, aber auch erleichtert zurück. „Ich habe ja schon viel erlebt", seufzte Dieter Müller im Auto, „aber so was." Er schmunzelte dem immer noch mürrischen Huber zu: „Wenn ich das meiner Frau erzähle, die lacht sich krank."

C. Schluss – Rückkehr zur gelösten Stimmung am Anfang der Haupthandlung

1.3 Die Reportage

1.3.1 Die Anforderungen

Marc ist für die Schülerzeitung mit der Fußballmannschaft der Schule zur Endausscheidung auf Landesebene gefahren. Natürlich ist klar, was seine Mitredakteure von ihm erwarten: einen ausführlichen und spannenden Bericht, möglichst vom Endspiel mit Beteiligung der eigenen Mannschaft. Als Marc zurückkommt, sind die Redaktionsmitglieder gleich doppelt enttäuscht. Zum einen ist das Team der Schule nicht bis ins Endspiel gekommen, doch das ist natürlich nicht Marcs Schuld; aber auch der Artikel, den Marc geschrieben hat, gefällt den anderen nicht besonders:

„Wie schon 1996 wurde auch in diesem Jahr die Mannschaft der Robert-Koch-Schule aus Bad Weilersdorf wieder Landesmeister im Fußball der Jungen in der Sekundarstufe I. In einem guten Spiel schlugen sie die Mannschaft des Gymnasiums Nordstadt aus Helmbrechtshofen mit 2:1. Das Siegtor schoss Jürgen Gerber allerdings erst fünf Minuten vor Spielende.
Unsere Jungs kamen trotz der aufmerksamen Betreuung von Herrn Heckner nur bis ins Viertelfinale. Dort war das Team von der Ottmarshausener Rats-Schule einfach zu stark und gewann mit 3:1. Da können wir nur sagen: Schade. Aber im nächsten Jahr werden wir bei der Endausscheidung hoffentlich wieder mit von der Partie sein."

Bianca ist mit dem Artikel überhaupt nicht zufrieden: „Total langweilig." „So wie das geschrieben ist, werden die meisten nach dem ersten Satz aufhören zu lesen . . . Dass unsere es nicht bis ins Endspiel geschafft haben, weiß sowieso fast jeder. Da hätten sie dann vielleicht doch andere Sachen interessiert", ergänzt Jörg. „Was denn?", fragt Marc zurück.
„Na, wie es zu der Niederlage kommen konnte. Was der Trainer sagt, was die Spieler, ‚Bomber' Fischer zum Beispiel, der reißt seine Klappe ja immer recht groß auf, wenn ein Spiel bevorsteht." „Du solltest halt eine Reportage schreiben, vom Spiel und vom ganzen Drumherum", erklärt Bianca.
„Verstehst du, so ein Bericht, wie du ihn geschrieben hast, ist ganz gut als Zusammenfassung der Ereignisse, wenn man sich schnell über die

wichtigsten Dinge informieren will, aber von einer Reportage wird mehr erwartet."
„Die sollte noch interessant sein, selbst wenn man das Ergebnis schon kennt."

Übung 1

Was bemängeln die Schülerzeitungsredakteure an Marcs Artikel?

▶ Lösung Seite 240

Übung 2

Warum möchten sie für ihre nächste Ausgabe keinen Bericht, sondern eine Reportage haben?

▶ Lösung Seite 240

Übung 3

Was erwarten sie von einer Reportage?

▶ Lösung Seite 240

Übung 4

Die Erwartungen, die sie Marc gegenüber äußern, sind recht allgemein gehalten. Kannst du etwas genauer ausdrücken, was sie damit meinen?

▶ Lösung Seite 240

Übung 5

Versuche, Marcs Bericht so umzuschreiben, dass er mehr den Vorstellungen von Bianca und Jörg entspricht.(Dazu benötigst du mehr Hintergrundinformationen, die du dir ausdenken kannst.)

▶ Lösung Seite 240 f.

Anders als ein Bericht versucht eine Reportage, lebendig und anschaulich über einen Sachverhalt zu informieren. Der Verfasser hebt dabei hervor, was er an dem berichteten Ereignis für besonders wichtig hält oder wovon er glaubt, dass es die Leser besonders interessiert. Um die Reportage besonders lebendig erscheinen zulassen, werden die eigentlichen Fakten der Nachricht mit persönlichen Erlebnissen und Beobachtungen verbunden. Das ist interessanter zulesen und gibt dem Leser in etwa das Gefühl, bei dem Berichteten selbst dabei gewesen zu sein.

1.3.2 Nachricht und Reportage

Im Folgenden findest du eine kurze Nachricht und eine Reportage zum selben Thema, nämlich der Schadensregulierung nach einer Hochwasserkatastrophe an der Oder in Brandenburg, bei der es zu großen Schäden gekommen war.

Lesetext

Großzügige Schadensregulierung zugesagt

Auch Versicherte ohne Hochwasserversicherung dürfen hoffen

Frankfurt. Eine großzügige Regulierung der durch die Hochwasserkatastrophe vom Juli und August entstandenen Schäden hat der Verband der Versicherungswirtschaft gestern angekündigt. Auch Versicherte, die in den letzten zwei Jahren ihre Wasserschadensversicherung gekündigt haben, können nach dieser Ankündigung mit Schadenserstattung rechnen.

Auf einer Pressekonferenz in Frankfurt teilte der Sprecher des Verbandes der Versicherungswirtschaft (VVW), Hermann Kemper, gestern mit, die einzelnen Unternehmen würden jetzt Vertreter in die Krisenregion an der Oder entsenden, die die Schäden aufnehmen. „Jeder Versicherte, der sich bei einem der unserem Verband angeschlossenen Büros gemeldet hat, wird demnächst Besuch von einem Sachverständigen erhalten. Dieser hat die Aufgabe, den durch die Wassermassen entstandenen Schaden aufzunehmen und über die mutmaßliche Regulierung zu informieren.“

Dabei können auch solche Versicherte auf Ersatzleistungen hoffen, deren Hochwasserversicherung während der letzten zwei Jahre nach geändertem Recht aus der Hausratsversicherung gestrichen wurde und die keine gesonderte neue Versicherung abgeschlossen haben. So können die Bewohner der Ziltendorfer Niederung und des Oderbruchs mit Zuversicht an die Aufräumarbeiten gehen, die jetzt beginnen können, nachdem der Pegelstand der Oder wieder sinkt.

Lesetext

Hoffentlich gut versichert – in Ziltendorf die letzte Hoffnung

Nach der Flut kommen nun die Schadensregulierer in die überschwemmten Häuser

Ziltendorfer Niederung: Nach einem wuchtigen Tritt schwingt die Wohnungstür auf. „Kommen Sie ruhig rein, hier können Sie nichts mehr schmutzig machen“, sagt Adolf Latocha und bittet in seine Wohnung. Modriger Gestank verschlägt den Atem. Unter den Gummistiefeln schwabbelt der nasse Teppichboden. Die Couchgarnitur durchtränkt mit ekliger Oderbrühe. Im Schrank durchweichte Dokumente. Die Tapeten nass und in Fetzen. Grüngrauer Schimmel an der Wand. Für Detlef Mewes ist die Sache klar: „Totalschaden“, sagt er nach einem Rundgang durch die von Hochwasser verwüstete Wohnung des 70-jährigen Latocha.

Mewes ist Schadensregulierer bei der Allianz-Versicherung. Gestern waren die Versicherungsvertreter gern gesehene Besucher in der Ernst-Thälmann-Siedlung. Sie begutachten und schützen die Hochwasserschäden und verteilen bei Bedarf auch gleich Schecks. Rund 50.000 Mark[1] hat Mewes allein an den ersten Tagen an Kunden, die noch aus DDR-Zeiten gegen Hochwasserschäden versichert sind, ausgereicht. Nach dem Besuch in der Thälmann-Siedlung dürfte diese Summe erheblich steigen. „Die Couch war erst ein halbes Jahr alt, die Auslegware neu. Wir haben erst vor kurzem renoviert." Adolf Latocha ist verzweifelt. Der alte Mann sieht zum ersten Mal nach der Flut sein Haus wieder. Seiner Frau hat er den Anblick der verwüsteten Wohnung noch erspart. Als die Polizei die Evakuierung durchsetzte, konnten sie nur das Nötigste zusammenraffen und zur Tochter nach Eisenhüttenstadt flüchten. Jetzt denkt Latocha an die Rückkehr: „Ich bin auf dem Land aufgewachsen, wohne seit 1948 in diesem Haus, da kann ich doch nicht alles stehen lassen und davonlaufen." So wie Adolf Latocha denken wohl die meisten in der Thälmann-Siedlung. Noch steht brackiges Wasser in den Straßen. Die Gärten sind mit schleimigem Morast überzogen. An den getünchten Wänden hat die braune Flut ihren Pegel gezeichnet. Fäulnisgeruch liegt über der ganzen Niederung. Tausende Mücken surren durch die Sommerhitze. Die Luft steht. Die Menschen aber arbeiten. Günter Jordan kämpft tapfer mit den Tränen, während er schimmelige Tapetenfetzen von der Wand reißt. Doch immer wieder überwältigen ihn seine Gefühle. „Ich geh hier nicht weg und wenn ich jede Stufe einzeln renovieren muss." Seit 1948 lebt er in der Thälmann-Siedlung. „Das Haus haben meine Frau und ich mit den eigenen Händen gebaut ..."; wieder versagt die Stimme des alten Mannes. Seine Frau, erzählt er später, ist vor zwei Jahren an Krebs gestorben. Jetzt bleibt ihm nur noch das Haus. Auch Jordan wartet auf den Allianz-Vertreter. „Hoffentlich bin ich auch wirklich gegen Hochwasser versichert." Verunsichert blickt er über den feuchten Haufen Sperrmüll, der einst seine Einrichtung war und jetzt in der heißen Sommersonne vor dem Haus ausdampft. Bei einer ersten Aufstellung der beschädigten Gegenstände ist Jordan auf über 21.000 Mark[2] gekommen. Viel Geld für einen Rentner. Zu viel. Allianz-Mann Mewes ist inzwischen bei Margot Meyer eingetroffen. Die rüstige 77-Jährige ist fest entschlossen, sich vom Hochwasser nicht unterkriegen zu lassen. Doch auch ihr Haus ist hin. Der Parkettboden im Flur wubbelt wie der Wackelboden in einem Spukhaus. Das alte Schlafzimmer – ein schon beinahe antikes Erbstück der Eltern – ein Raub der Fluten. „In nur einer halben Stunde mussten wir raus, mit etwas mehr Zeit hätten wir alles nach oben schleppen können", kritisiert auch sie die übereilte Evakuierung der Niederung. Jetzt ist ihr Inventar ein Fall für die Versicherung. In Mewes Kopf muss es aussehen wie in einem Versandhauskatalog. Problemlos rattert er die Preise für Kühlschränke, je nach Modell versteht sich, Zwiebelmuster-Geschirr, selbst Handtücher oder Kleidung herunter. „Nur bei einem Kartoffeldämpfer aus den 50er Jahren musste ich passen", erzählt Mewes. Für ihn und seine Kollegen ist die möglichst genaue Schadensermittlung vor Ort auch ein Stück „Berufsethik, schließlich bin ich seit 1982 bei der Versicherung", erzählt Mewes, der aus Halle zur Verstärkung des Versicherungsteams in die Oderregion abkommandiert wurde. „Wenn man ein Möbelstück in seiner Wohnung hat und noch benutzt, dann gilt im Prinzip

1 ca. 25.000 €
2 ca. 10.500 €

Neuwert", erklärt er. Nur bei älteren Elektrogeräten wird der Zeitwert vergütet. „Wir sind hier, um schnell zu helfen", sagt Mewes. Sollten noch weitere Kosten – etwa bei der Beseitigung der Bauschäden – auftreten, werde nachvergütet.
Auch Margot Meyer wird ihr Haus wieder aufbauen. Vielleicht zu Weihnachten, wahrscheinlich aber erst nächstes Jahr Pfingsten soll das Haus wieder bewohnbar sein. Dennoch ist sie optimistisch: „Ich habe sechs Jahre Krieg mitgemacht, da werde ich auch das hier überleben."
Märkische Oderzeitung, 14.8.1997

Vergleiche Nachricht und Reportage, indem du die folgenden Aufgaben bearbeitest.

Übung

Übung 6
Welche allgemeinen Unterschiede fallen dir auf? Was steht inhaltlich im Mittelpunkt der Nachricht, was im Mittelpunkt der Reportage?
▶ Lösung Seite 241

Übung

Übung 7
Versuche, für die Reportage eine andere Überschrift zu finden.
▶ Lösung Seite 241

Übung

Übung 8
Gliedere die Reportage in inhaltliche Abschnitte und gib ihnen Überschriften. Kannst du eine bestimmte Abfolge im Aufbau der Reportage erkennen?
▶ Lösung Seite 241

Übung

Übung 9
Die Reportage wirkt im Vergleich zur Nachricht lebendiger.Erkläre allgemein und anhand des Beispieltextes, wie das erreicht wird.
▶ Lösung Seite 241

Übung

Übung 10
Finde weitere Beispiele für den reportagetypischen Satzbau und die entsprechende Wortwahl.
▶ Lösung Seite 242

1.3.3 Stilmittel der Verlebendigung

Die Reportage erreicht ihre lebendige, anschauliche Wirkung durch Abwechslung im Satzbau, den Einsatz von Zitaten und wörtlicher Rede, einer besonderen Sichtweise auf das Geschehen (Perspektivik) und einer abwechslungsreichen Wortwahl. Diese Stilmittel wirst du nun im Einzelnen kennen lernen und Gelegenheit haben, sie zunächst einzeln und dann im größeren Zusammenhang zu trainieren.

1.3.3.1 Satzbau

„Durch die Flut wurden 135 Häuser zerstört."

„Allein in Ziltendorf zerstören die Fluten der Oder 135 Häuser."

Übung 11

Beschreibe die inhaltlichen und grammatischen Unterschiede beider Sätze, die sich auf dasselbe Ereignis beziehen. Welche Wirkung ist mit der unterschiedlichen Gestaltung der Sätze verbunden?

▶ Lösung Seite 242

Übung 12

Forme folgende eher nachrichtentypische Sätze nach dem vorgegebenen Beispiel um in Sätze, die für eine Reportage geeigneter sind:

▶ Lösung Seite 242

1) Die helfenden Soldaten wurden von der Bevölkerung verabschiedet.
2) Schäden entstanden vor allem an den älteren Häusern.
3) Die Bürger wurden nach Eisenhüttenstadt evakuiert.
4) Viele Menschen sind verunsichert, ob die Versicherung ihre Schäden übernehmen wird.

Vergleiche auch die folgenden Beispiele:

„Die Couchgarnitur ist von Wasser vollgesogen. Im Schrank liegen nasse Dokumente. Auch die Tapeten sind nass geworden."

„Die Couchgarnitur durchtränkt mit ekliger Oderbrühe. Im Schrank durchweichte Dokumente. Die Tapeten nass und in Fetzen."

Übung

Übung 13

Beschreibe die unterschiedliche Wirkung der beiden Textauszüge.

▶ Lösung Seite 242

Übung

Übung 14

Wie hat die Reportage die eher berichtenden Sätze des ersten Textes umgeformt?

▶ Lösung Seite 242

Übung

Übung 15

Forme die folgenden Sätze um. Versuche dabei, in einem mehrere Hauptsätze aneinander reihenden Stil (Parataxe) zu schreiben. Erprobe die Möglichkeit von verkürzten oder prädikatlosen Sätzen.

▶ Lösung Seite 243

1) Die Soldaten waren Tag und Nacht im Einsatz, um die Säcke zu stapeln. Am Ende der Schicht war jeder vollkommen erschöpft. In ihren Unterkünften schliefen sie sofort ein.
2) Als der Rentner Georg Beerfeld sein Haus betrat, traute er seinen Augen nicht. Die Flut hatte das gesamte Erdgeschoss verwüstet. Die Schränke waren vom Wasser aufgequollen und sind nicht mehr zu gebrauchen, was natürlich auch zum größten Teil auf den Inhalt zutrifft.
3) Überall, wohin der Versicherungsvertreter kommt, wird er mit großen Erwartungen empfangen, denn für die Rentner in der Siedlung, die oft alles verloren haben, ist er die letzte Hoffnung.
4) Viele Menschen trauten sich nicht, zu den Hilfsorganisationen zu gehen und nach Unterstützung aus Spendengeldern zu fragen, weil sie sich schämten, als verarmt und eine Art Bettler zu erscheinen. So mussten die Vertreterin des DRK und andere Beauftragte in die Siedlung fahren um ihrerseits nachzuforschen, wo Not am Mann war.

Info

Achtung: Der parataktische und verkürzte Satzbau ist zwar ein Stilmittel der Reportage, darf aber (wie jedes einzelne Mittel) nicht überstrapaziert werden, da der betreffende Text sonst etwas gekünstelt und aufgesetzt wirken kann. Setze dieses Stilmittel nur an besonders geeigneten, ‚dramatischen' Stellen ein.

1.3.3.2 Zitate und wörtliche Rede

Vergleiche folgende Sätze:

„Die Spendengelder werden in Zusammenarbeit mit dem Gemeinderat verteilt."

„Das Geld sollte nicht ohne den Rat der Gemeindevertreter an die Betroffenen ausgegeben werden: ‚Wir kennen genau den Grad der Hochwasserschäden und wissen, wer das Geld am dringendsten braucht.'"

Übung 16

Beschreibe die Wirkung des Zitats im zweiten Beispiel.

▶ Lösung Seite 243

Übung 17

Forme die wörtliche Rede in die indirekte Rede um.

▶ Lösung Seite 243

Übung 18

Bearbeite in ähnlicher Weise wie beim Beispiel die folgenden Sätze. (Passende Zitate musst du dir ausdenken.)

▶ Lösung Seite 243 f.

1) Die Versicherungsvertreter vor Ort leisteten harte Arbeit.
2) Die Bevölkerung von Ziltendorf war den Hilfe leistenden Soldaten sehr dankbar.
3) Die Polizei hat nach Ansicht der Bewohner der Siedlung die Evakuierung zu schnell und rücksichtslos durchgesetzt.
4) Frau Meyer will ihr Haus auf jeden Fall wieder aufbauen.

1.3.3.3 Die Sichtweise (Perspektivik)

Vergleiche die beiden Textauszüge:

Lesetext

„Um die Regulierung des entstandenen Schadens bemüht, bereisten zahlreiche Vertreter der großen Versicherungsgesellschaften das Gebiet in der Ziltendorfer Niederung. Die Betroffenen mussten sich in den Büros der Bezirksdirektion melden, woraufhin der Sachbearbeiter zu ihnen nach Hause kam, den Schaden registrierte und über die mutmaßliche Versicherungsleistung Auskunft gab. Für ein benutztes Möbelstück soll der Neuwert ersetzt werden, für ältere Elektrogeräte allerdings nur die Hälfte."

„Nach einem wuchtigen Tritt schwingt die Wohnungstür auf. ‚Kommen Sie ruhig rein, hier können Sie nichts mehr schmutzig machen', sagt Adolf Latocha und bittet in seine Wohnung. Modriger Gestank verschlägt den Atem. Unter den Gummistiefeln schwabbelt der nasse Teppichboden. Die Couchgarnitur durchtränkt mit ekliger Oderbrühe. Im Schrank durchweichte Dokumente. Die Tapeten nass und in Fetzen. Grüngrauer Schimmelan der Wand. Für Detlef Mewes ist die Sache klar: ‚Totalschaden', sagt er nach einem Rundgang durch die vom Hochwasser verwüstete Wohnung des 70-jährigen Latocha."

Übung

Übung 19

Formal sind beide Texte in der 3. Person, der so genannten „Er-Perspektive" geschrieben. Dennoch unterscheidet sich die Sichtweise (Perspektivik) erheblich.
Welche Sicht wird im ersten, welche im zweiten Text eingenommen? Welche Wirkung ist damit verbunden?

▶ Lösung Seite 244

Übung

Übung 20

Warum kann eine Nachricht nicht durchgehend aus der Sicht einer der am jeweiligen Geschehen beteiligten Personen verfasst werden?

▶ Lösung Seite 244

Übung 21

Übung

Aus welchen Gründen ist es in einer Reportage zulässig und üblich, eine Sichtweise einzunehmen, die einer der am Geschehen beteiligten Personen entspricht?

▶ Lösung Seite 244

Übung 22

Übung

Forme die folgenden zwei Textauszüge um in Texte mit personaler Berichtsperspektive. (Dein Text sollte dann etwas länger sein als das jeweils vorgegebene Beispiel; zusätzliche Angaben und Informationen musst du dir gegebenenfalls ausdenken.)

1) Die Soldaten schichteten in sieben Tagen und Nächten Zehntausende von Sandsäcken zu einem künstlichen Deich auf. Dabei waren die Arbeitenden nicht nur von Erschöpfung gezeichnet, sondern es gab auch Spaß, und es herrschte Kameradschaftsgeist. Dass die Barriere gegen das Wasser gehalten hat, freut die Soldaten vermutlich ebenso sehr wie die Bevölkerung. Trotz der insgesamt guten Stimmung werden die meisten von ihnen aber froh sein, wenn sie in einer Woche wieder an ihren Heimatstandort zurückkehren können.
2) Die Soldaten wurden von der Bevölkerung mit einem großen Fest auf dem Messegelände freundlich verabschiedet. Zu dem Fest kam ein Großteil der Wiesenauer Bevölkerung. Es fand ein Fußballspiel des einheimischen Teams gegen eine Auswahl der Soldaten statt, für das leibliche Wohl sorgte eine Gulaschkanone, und abends gab es eine richtige Fete mit Musik und Tanz.

▶ Lösung Seite 244

Info

Die personale Perspektive im Bericht ist eine Mischung aus sachlich-distanziertem Berichten und persönlich erlebtem Erzählen. Äußerlich wird die 3. Person beibehalten, inhaltlich aber die Sicht einer oder mehrerer am Geschehen beteiligter Personen eingenommen. Dadurch sollen beim Leser Anteilnahme und der Eindruck von Unmittelbarkeit erreicht werden. Damit entspricht sie in etwa der personalen Erzählperspektive bei erzählenden Texten.

1.3.3.4 Wortwahl

Da die Reportage, wie du schon in den vorangegangenen Absätzen gesehen hast, auf Spannung (nicht in jedem Fall gleichzusetzen mit *action*) und Miterleben zielt, spielt die Wortwahl eine große Rolle. Du solltest, ähnlich wie du es zu den verschiedenen Formen des Erzählens in vergangenen Klassenstufen gelernt hast, besonders auf *Abwechslung* sowie *Lebendigkeit* und *Anschaulichkeit* in deiner Wortwahl achten. Das gilt prinzipiell für alle Wortarten. An je zwei Beispielen aus der Reportage soll dir der Unterschied von herkömmlichem und lebhaft-anschaulichem Sprechen klarwerden:

die Wohnungstür *geht* auf	– die Wohnungstür *schwingt* auf
er *zählt* die Preise *auf*	– problemlos *rattert* er die Preise *herunter*
mit *dickem* Oderschlamm	– mit *ekliger* Oderbrühe
mit einer *geschlossenen Schicht*	– mit *schleimigem* Morast überzogen
unangenehmer Geruch liegt ...	– *Fäulnisgeruch* liegt über der ganzen Siedlung
in der *Sonne*	– in der heißen *Sommersonne* vor dem Haus

Übung 23

Suche aus der Reportage „Hoffentlich gut versichert" Beispiele anschaulicher Wortwahl heraus und stelle dem die entsprechenden alltagssprachlichen Wörter gegenüber.

► Lösung Seite 244

Übung 24

Versuche nun umgekehrt, andere Wörter und Wortgruppen aus dem Text in anschaulicher Weise umzuformen.

► Lösung Seite 244 f.

1.3.4 Aufbau der Reportage

Vergleiche den Aufbau von Nachricht und Reportage am Beispiel der beiden Texte zur Schadensregulierung nach der Hochwasserkatastrophe.

Übung 25

Stelle den Aufbau von Nachricht und Reportage stichwortartig in Tabellenform nebeneinander.

▶ Lösung Seite 245

Übung 26

Eine Nachricht wird selten mit einem Einzelfall beginnen, eine Reportage dagegen häufig. Warum wohl?

▶ Lösung Seite 245

Übung 27

Neben der Darstellung von persönlichen Schicksalen präsentiert auch die Reportage sachliche Informationen. An welchen Stellen ist das im Beispieltext konkret der Fall?

▶ Lösung Seite 245

Übung 28

Der Kern der sachlichen Information steht bei der Reportage entweder in der Mitte oder sogar erst gegen Ende des Textes. Warum ist das oftmals so?

▶ Lösung Seite 245

Übung 29

Vergleiche das Ende von Nachricht und Reportage. Warum bietet es sich an, die Reportage mit einem persönlichen Beispiel anstatt z. B. mit einer allgemeinen Schlussfolgerung zu beenden?

▶ Lösung Seite 246

Übung 30

Schreibe einen eigenen Schluss für die Reportage „Hoffentlich gut versichert".

▶ Lösung Seite 246

1.3.5 Übung: Das Verfassen einer Reportage

Im Folgenden findest du einen mittellangen Zeitungstext, der sich mit der aktuellen Lehrstellensituation und den Schwierigkeiten, einen Ausbildungsplatz zu bekommen, auseinander setzt. Lies ihn dir zunächst sorgfältig durch, unterstreiche dir wichtig erscheinende Stellen oder notiere dir ein paar Stichworte dazu.

Lesetext

Erneute Bewerbung für die Lehrstelle lohnt jetzt

Ein Sonderprogramm von Bund und Ländern wird gestartet

Noch suchen etwa 10.000 Lehrlinge in Berlin und Brandenburg eine Lehrstelle. Das wird sich in den kommenden Wochen deutlich ändern, hofft das Landesarbeitsamt.

Bis zum Schuljahresende hatten sich viele Firmen noch nicht entschieden, ob und wie viele Jugendliche sie ausbilden werden. Jetzt ist Bewegung in die Lehrstellenvergabe gekommen. Sogar in interessanten Berufen wie den klassischen kaufmännischen lohnt sich eine erneute Bewerbung, meint Manfred Roosch von der Abteilung Berufsberatung im Landesarbeitsamt. Jugendliche, die sich mehrfach beworben haben, sagen nun ab. Betriebe haben genauer geplant. Nur bei den Bankkaufleuten wird über Bewerbungen schon sehr frühzeitig entschieden (Ein Tipp für die jetzigen zehnten Klassen!). Mittlerweile gibt es kaum mehr Berufe, die geringer nachgefragt werden. Früher waren beispielsweise Bäcker und Fleischer beinahe noch sichere Tipps. Heute nimmt man hier auch nicht mehr jeden, hat allerdings noch einige freie Stellen. Bei den neuen Berufen gibt es noch wenig Chancen. So sind die neun Lehrstellen für Mediengestalter oder die zwölf Lehrstellen für Systemelektroniker längst vergeben. Hier steigt erst in den nächsten Jahren das Angebot.

Zuschüsse

Zurzeit fehlt noch ein genauer Lehrstellenüberblick im Handwerk, denn dort laufen die Bewerbungen recht spät. Den erwartet das Landesarbeitsamt Ende September. Anfang September beginnt das reguläre Ausbildungsjahr. Ende August startet das Sonderprogramm von Bund und Ländern, mit dem noch über 2.000 Lehrstellen geschaffen werden sollen. Etwa 500 Stellen davon entstehen bei berufsbildenden Schulen, die anderen in Betrieben, die dann teilweise aus Bundesmitteln finanziert werden.

Der Lehrvertrag wird auch nicht allein mit dem Ausbildungsbetrieb abgeschlossen, sondern meistens über einen anderen Träger, der die Verantwortung übernimmt. Diese Stellen hat der Senat noch nicht bewilligt. Ab Ende August soll aber vermittelt werden. Der Tag des Ausbildungsplatzes am 18. Juni hat zwar viel Aufmerksamkeit in den Medien gefunden, brachte aber nicht den erwarteten Erfolg. So wurden in Berlin 2.485 Betriebe besucht und dabei für 1997 266 und für 1998 181 Ausbildungsstellen gefunden. Nebeneffekt: 195 zusätzliche Arbeitsstellen. In Brandenburg gab es 2.633 Betriebsbesuche mit 479 neuen Ausbildungsstellen für 1997 und 252 für 1998. Außerdem spürte man 494 Arbeitsstellen auf.

Mehr Schulabgänger

Das Landesarbeitsamt rät den Jugendlichen, die noch eine Lehrstelle suchen, sich gerade jetzt nicht entmutigen zu lassen. Bei einem durchschnittlichen Zeugnis reichen bis zu fünf Bewerbungen kaum aus, um erfolgreich zu sein. Wenn man beispielsweise auch in kleineren Betrieben persönlich nachfrage, könne es durchaus sein, dass man dort vielleicht doch noch eine Lehrstelle einrichte. Auch wäre mehr Mobilität eine Alternative. Doch man muss schon relativ weit wegziehen, um Erfolg zu haben. So ist die Lehrstellensituation in Bayern, Nordrhein-Westfalen, Rheinland-Pfalz oder Baden-Württemberg nicht so angespannt wie hier. Auch gibt es dort Berufe, die hier weniger bekannt sind.

Schließlich ist ein höherer Schulabschluss auch eine Alternative. Wer die Voraussetzungen hat, sollte darüber nachdenken, empfiehlt Herr Roosch. Das betrifft jetzt eher die Schüler der zehnten Klassen, denn im nächsten Jahr steigt die Zahl der Schulabgänger weiter. Wer in den nächsten Wochen nichts findet, kann seine Kenntnisse in berufsvorbereitenden Bildungsmaßnahmen vervollkommnen. Er erhält ein Jahr lang in den gewünschten Berufsfeldern praktischen und theoretischen Unterricht. Das erhöht die Chancen in der nächsten Bewerbungsrunde. gg

Berliner Zeitung, 13.8.1997

Übung 31

Zunächst einige Fragen zur Sicherung des Textverständnisses:

- Warum lohnt es sich nach den Angaben des Arbeitsamtes wieder, sich um eine Lehrstelle zu bewerben?
- Bei welchen Berufen sollte man sich aus welchen Gründen möglichst frühzeitig bewerben?
- Welches Ergebnis brachte der ‚Tag des Ausbildungsplatzes'?
- Was wird von Bewerbern um eine Lehrstelle zunehmend erwartet?
- Was wird den nicht erfolgreichen Bewerbern empfohlen?

▶ Lösung Seite 246

Übung

Übung 32

Welche Personen/Personengruppen werden in dem Artikelgenannt?

▶ Lösung Seite 246

Übung

Übung 33

Wenn du einen stärker atmosphärischen Eindruck von der Lehrstellensuche und allem, was damit zusammenhängt, geben möchtest, unter welchen Aspekten oder genaueren Fragestellungen würdest du das Thema angehen? (Die beteiligten Personen[gruppen] können dazu ein guter Anhaltspunkt sein.)

▶ Lösung Seite 246

Übung

Übung 34

Verfasse auf der Grundlage des Zeitungsberichts eine Reportage (1,5 bis 2 Seiten) zu einem der von dir aufgestellten Themen.

1.3.6 Analyse und Verbesserung einer Klassenarbeit zum Thema ‚Reportage'

Martin hatte die Aufgabe, in einer Klassenarbeit auf der Grundlage des folgenden Zeitungsberichts „Nasse Nacht für Berlins Feuerwehr", eine Reportage zu schreiben. Lies dir zunächst den Bericht und den Aufsatz durch.

Nasse Nacht für Berlins Feuerwehr

Absperren und pumpen:
Der Dauerregen überflutete Straßen und Keller/Nahverkehr gestört

BERLIN (jmn). Land unter in der Hauptstadt. Der erste richtige Wolkenbruch des Jahres setzte Teile Berlins unter Wasser. Keller, U-Bahn-Schächte und Autotunnel liefen voll, Straßen wurden unterspült. An der Moltkebrücke in Tiergarten wurde eine zehn Meter unterhalb des Spree-Wasserstandes liegende Baustelle überflutet. Die Pumpen konnten die heranströmenden Wassermassen nicht mehr bewältigen. Öl und Diesel seien ausgelaufen, teilte die Feuerwehr mit.

Undichte Dächer waren da für viele noch das geringste Problem. Am unglücklichsten traf es die Bewohner eines Hauses in der Friedenauer Görresstraße. Als sich dort gegen 23 Uhr eine angrenzende Baugrube langsam mit Regen aufgefüllt hatte und das Wasser in die Fundamente des Gebäudes geströmt war, sperrte die Bauaufsicht das Areal, und die Mieter mussten bei Bekannten unterkommen.

Der Tagesspiegel (1996)

Nasse Nacht für Berlins Feuerwehr

Ich befinde mich hier an der Moltkebrücke in Tiergarten, einem Stadtteil der Hauptstadt Berlin.

Die zehn Meter unterhalb des Spree-Wasserstandes liegende Baustelle ist von den gewaltigen Wassermassen überflutet worden … Sogar die Pumpen schaffen es nicht, dieses Wasserspektakel zu bewältigen. Öl und Diesel sind ebenfalls ausgelaufen, wie uns die Feuerwehr vorhin mitteilte.

Für viele Hausbewohner sind die undichten Dächer das geringste Problem.

Ich möchte nicht an der Stelle der Feuerwehr oder der Hausbewohner sein, denn es regnet aus allen Wolken, und es ist furchtbar finster. Da kann man doch froh sein, wenn man ein Dach über dem Kopf hat. Doch dies können sich die Bewohner eines Hauses in der Friedenauer Görresstraße nur wünschen, denn Herr Schnabel berichtete uns: „Gegen 23 Uhr hatte sich eine angrenzende Baugrube langsam mit Regen aufgefüllt, und nun ist das Wasser in die Fundamente geströmt.“ Bei diesen Worten zitterte er immer noch, denn der 74-jährige Herr Schnabel muss nun, wie auch seine anderen Mitmieter, bei Bekannten unterkommen.

Ich kann Ihnen sagen, ich empfinde Mitleid für diese Leute, aber ich bewundere die mutigen Feuerwehrleute, die sich immer wieder aufs Neue in die Wassermassen stürzen.

Die Baugrube, von der hier eben die Rede war, ist sofort von der Bauaufsicht gesperrt worden. Aber nicht nur hier in Tiergarten zerstört der Regen die Häuser, auch ganze Teile von Berlin stehen unter Wasser. Keller, U-Bahnschächte und Autotunnel laufen voll. Der Nahverkehr ist bis auf Weiteres gestört, da einzelne Straßenteile unterspült werden.

Wie ich vorhin schon sagte, man kann die Feuerwehrhelfer und die freiwilligen Helfer nur bewundern. Was haben diese Leute nur für einen Mut!

Ich bekomme hier gerade eine Nachricht, nach Aussage der Meteorologen ist dies der erste richtige Wolkenbruch des Jahres, der so vielen Angst und Schrecken bereitet. Ich wünsche allen, die heute ohne eine trockene und warme Wohnung sind, alles Gute und viel Glück. Damit schalte ich zurück nach Hamburg.

Die Kritik an diesem Aufsatz bezog sich vor allem auf zwei Aspekte:

- zu enge Bindung an die Vorlage,
- die Form der Radio-Live-Reportage, die die schriftliche Verarbeitung und Präsentation von Informationen erschwert.

Übung 35

Suche die Stellen heraus, in denen der Charakter einer Live-Übertragung besonders deutlich wird und berichtige sie im Sinne einer schriftlichen Reportage.

▶ Lösung Seite 246 f.

Übung 36

Denke dir zu den einzelnen Punkten aus dem Bericht, Moltkebrücke, Haus in Friedenau, Autobahntunnel, U-Bahnschächte, weitere und genauere Hintergrundinformationen aus.

Übung

Übung 37

Versetze dich in die Lage eines Feuerwehrmanns. Was könnte er berichten?

▶ Lösung Seite 247

Übung

Übung 38

Versetze dich in die Lage eines Hausbewohners. Was könnte erberichten?

▶ Lösung Seite 247

Übung

Übung 39

Gestalte den 2.–4. Absatz neu und berichte, ohne äußerlich die 3. Person zu verlassen,

a) aus der Sicht von Herrn Schnabel,

b) aus der Sicht eines Feuerwehrmanns.

Ein Trick: Stell dir vor, du würdest ‚hinter' der betreffenden Person stehen und so das Geschehen miterleben und berichten.

Übung

Übung 40

Verfasse eine zusammenhängende eigenständige Reportage zum Thema „Nasse Nacht für Berlins Feuerwehr".

1.3.7 Weitere Übungsmöglichkeiten

Nachfolgend findest du zwei weitere Zeitungsartikel, die sich zur Erstellung einer Reportage eignen. Gehe alle bis hierher im Einzelnen erarbeiteten Schritte nun im Zusammenhang durch:

Info

1. Mache dir den Inhalt des Artikels klar. Worum geht es? Notiere dir die wichtigsten Aspekte in Stichworten.
2. Überlege, was zusätzlich über das in der Nachricht Wiedergegebene hinaus an diesem Thema interessant sein könnte. Stelle mögliche Zusatzfragen und überlege dir Hintergrundinformationen.
3. Überlege dir den Aufbau deiner Reportage. Es ist sinnvoll, mit einem konkreten, persönlichen Beispiel anzufangen. Deine Reportage sollte durchaus eine gewisse ‚Dramaturgie' haben.
4. Denke an die Anforderung einer lebendigen und anschaulichen Sprache. Stell dir vor, du möchtest die Leser nicht nur informieren, sondern sie am Geschehen teilhaben lassen.

5. Verwechsle aber nicht Lebendigkeit mit ‚action'. Bedenke, was du mitteilen möchtest.
6. Runde deine Reportage am Ende so ab, dass ein Bezug zum Anfang erkennbar bleibt.

Lesetext

Großbrand zerstärt vier Dachstühle in Reinickendorf

Zweifel an Brandsicherungen in der Siedlung

Vier Dachstühle sind gestern in einer Wohnsiedlung in Reinickendorf ausgebrannt. Bei dem Feuer wurde niemand verletzt. Das Brandkommissariat und die Bauaufsicht haben die Ermittlungen zur Brandursache aufgenommen.

Kurz nach elf Uhr ging bei der Feuerwehr die erste Meldung über Rauchentwicklung in der Klienhorststraße 17 ein. Als die Feuerwehr vor Ort eintraf, hatte das Feuer bereits auf die Dachstähle der anliegenden Häuser übergegriffen. Flammen loderten aus den fast vollständig aus Holz gebauten Dachaufbauten. Über 800 Quadratmeter standen in Flammen. Probleme bereiteten der Feuerwehr der starke Wind und die Hitze. Mehrere Feuerwehrleute mussten wegen Kreislaufproblemen behandelt werden.

Gegen 14 Uhr hatten die Einsatzkräfte die Lage unter Kontrolle. Sie mussten jedoch noch mehrere Stunden vor Ort bleiben, weil der gesamte Holzdachstuhl voller kleiner Glutherde war. Insgesamt waren an dem Einsatz vier Löschzüge und über 90 Beamte beteiligt. Verletzt wurde niemand, die Polizei hatte noch vor Eintreffen der Feuerwehr die Mieter des ganzen Straßenzugs aus ihren Wohnungen evakuiert.

Kurz nach den Löscharbeiten wurde Kritik an der Brandsicherung laut. Die Sicherheitsbestimmungen beim Bau der Dachgeschosse seien nicht eingehalten worden, hieß es. In der gesamten Siedlung waren 1993 auf die Häuser Dachaufgeschosse gebaut worden. Den Feuerwehrleuten fiel bei ihrer Arbeit auf, dass die gesetzlich vorgeschriebenen Brandwände zwischen den angrenzenden Häusern nicht vorhanden waren. Dadurch konnten sich die Flammen innerhalb weniger Minuten durch die Dächer fressen.

Gegen 16 Uhr – die Flammen waren gelöscht – begutachteten Beamte des Brandkommissariats der Polizei und der Bauaufsicht den Brandort, um die Ursache des Feuers zu ermitteln. Da der Brand in einem unbewohnten Dachgeschoss ausgebrochen war, gehen die Ermittler von einem technischen Defekt aus. Außerdem werde geprüft, ob die Brandwände bei den Löscharbeiten zerstört worden sind oder tatsächlich nicht vorhanden waren.

Falls sich der Verdacht bestätigt, hätte das große Auswirkungen auf die gesamte Siedlung. Alle Häuser in dem Wohngebiet sind mit identischen oder ähnlichen Dachgeschossen ausgebaut worden. Diese müssten dann innerhalb von kürzester Zeit saniert werden. Die Ergebnisse der Untersuchungen werden frühestens am Freitag vorliegen.

Berliner Zeitung, 29.8.1997

1.4 Die Erörterung

1.4.1 Die lineare Erörterung

1.4.1.1 Das Problem

Claudia hat in der letzten Zeit viel mit ihren Freundinnen über Drogen diskutiert. In einem Buch findet sie die folgende Bildergeschichte, über die sie zuerst lachen muss, die sie dann aber doch nachdenklich werden lässt.

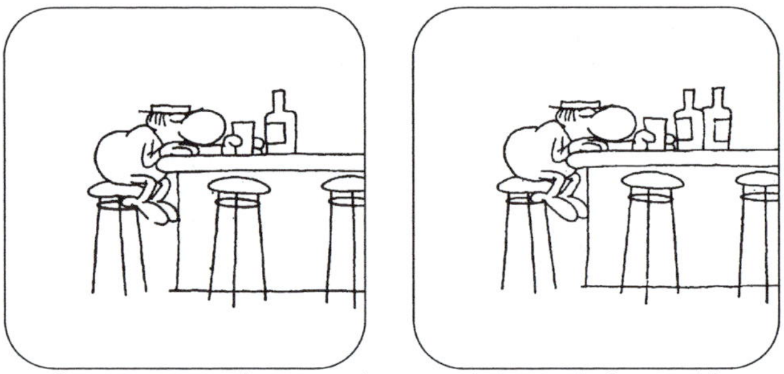

Er nimmt Drogen, der Bengel. Damit löst er keine Probleme!

Ich hab' auch meine Probleme... nehme ich etwa Drogen?!

Übung 1

Fasse die Bildergeschichte kurz zusammen.

▶ Lösung Seite 247

Übung 2

Was versteht der Mann wohl unter „Drogen"?

▶ Lösung Seite 247

Übung 3

Zählt er Alkohol zu den Drogen?

▶ Lösung Seite 248

Übung 4

Welche Mittel können deiner Meinung nach zur Droge werden?

► Lösung Seite 248

In den Übungen 1–3 hast du ein gestelltes Problem erkannt, in der Übung 3 hast du eigene Gedanken dazu geäußert. Damit hast du mit der Erfassung des Problems und der Formulierung von eigenen Gedanken bereits zwei wichtige Aufgaben der Erörterung kennen gelernt.

Erörtern bedeutet „abhandeln, verhandeln, behandeln, auseinander setzen, darstellen, darlegen, untersuchen, diskutieren, disputieren, die Klingen kreuzen, sich streiten über, debattieren, zur Debatte/Diskussion bringen, zur Diskussion stellen, zur Sprache bringen (...)". [Duden. Die sinn- und sachverwandten Wörter, S. 215]
Man unterscheidet im Deutschunterricht die *lineare* von der *dialektischen Erörterung*. In diesem Kapitel lernst du die *lineare Erörterung* kennen.

Claudia bringt die Bildergeschichte mit in die Schule und zeigt sie ihren Klassenkameraden. Die meisten lachen über die Geschichte, aber plötzlich entwickelt sich eine Diskussion über die Frage, warum vor allem Jugendliche zu Drogen greifen:

Sonja: „Vielleicht haben manche ja auch Probleme mit den Eltern. Und mit Drogen können sie die Streitereien besser aushalten, denken sie zumindest."
Klaus: „Nee, glaub' ich nicht. Die nehmen das doch bloß, um anzugeben!"
Alexander: „Und weil sie neugierig sind. Die haben gesehen, wie ihre Freunde das Zeug nehmen, denken, das musst du auch mal probieren, weil die Freunde immer so davon schwärmen." Klaus: „Stimmt! Die Clique kann da ganz schön beeinflussen. Wenn du nicht mal 'nen Joint geraucht hast, kannst du dir gleich andere Freunde suchen."
Sonja: „Das versteh' ich nicht. Warum lassen die sich auf so was ein? Die ganzen Auf klärungskampagnen, z. B. „Keine Macht den Drogen" und so, die müssen die doch auch kennen. Dann lieber andere Freunde suchen."
Alexander: „Dieses ganze Auf klärungszeug nutzt doch eh nix. Wenn dein Kumpel zu dir sagt: ‚Da, nimm' mal nen Zug, is nicht gefährlich,

schau mich an, ich mach's auch schon lange', dann ist ja wohl das ganze ‚Keine Macht den Drogen'-Geschwätz vergessen." Claudia: „Ich denke aber auch, dass das Problem noch tiefere Ursachen hat: Ursachen, die in der Gesellschaft liegen: Der Stress in der Schule und dann keine Lehrstelle finden, ist doch klar, dass die Kids zu Drogen greifen!"

Übung 5

Welche Argumente werden genannt? Formuliere sie jeweils in einem Satz!

▶ Lösung Seite 248

Übung 6

Kann man die Argumente nach bestimmten Kriterien ordnen?

▶ Lösung Seite 248

Übung 7

Versuche, weitere Gründe zu finden!

▶ Lösung Seite 248

Übung 8

Welche Argumente hältst du für mehr und für weniger wichtig? Ordne alle Gründe!

▶ Lösung Seite 248

> Die lineare (steigernde) Erörterung will überzeugen. Du kannst den Leser von deinen Argumenten am besten überzeugen, wenn du die Argumente sinnvoll aufeinander aufbaust, sodass die Leser deinen Standpunkt nachvollziehen, als logisch begreifen und ihn im Grunde auch annehmen müssen. Bei der linearen (steigernden) Erörterung empfiehlt es sich, die Argumente nach ihrer Wichtigkeit zu ordnen, z. B. vom weniger wichtigen Argument zum wichtigen Argument oder vom persönlichen zum gesellschaftlichen Argument. So kommt eine gewisse Steigerung der Argumente zu Stande, daher auch der Name: lineare oder steigernde Erörterung.

Die Überzeugungskraft einer Erörterung ist abhängig von der Argumentationsweise und von der Wahl der Argumente. Es ist daher notwendig, gut argumentieren zu können. Eine Argumentationskette besteht aus:

These (Behauptung)	Rauchen muss verboten werden, …
Argument (Begründung)	… weil es gesundheitsschädlich ist.
Beweis oder Beispiel („Stütze“)	Nach neuesten Forschungsergebnissen ist das Rauchen für 85 % aller Lungenkrebserkrankungen und etwa 30 % aller Todesfälle durch Krebs verantwortlich.
Folgerung	Der Gesetzgeber müsste also daraufhinarbeiten, dass die Menschen durch ein Rauchverbot vor solch negativen Folgen geschützt werden.

Die einzelnen Teile der Argumentationskette werden durch so genannte *Signalwörter* eingeleitet:

Argument (Begründung)	da, weil, denn, nämlich
Beweis oder Beispiel („Stütze“)	dies beweist, z. B., beispielsweise
Folgerung	daher, sodass, also, folglich, somit

Übung 9

Bestimme in den folgenden Argumentationsketten jeweils These, Argument, Beweis oder Beispiel, Folgerung:

▶ Lösung Seite 248 f.

- Ich finde, dass jeder Mann heutzutage einen Bügelkurs besuchen sollte, da diese Fähigkeit beim Führen eines Haushaltes hilfreich sein kann.
- Viele Leute meinen, dass Frauen schlechtere Autofahrer seien als Männer. Sie würden sich nämlich oft im Spiegel schminken und könnten so nicht auf den Verkehr achten. Gestern habe ich selbst eine Autofahrerin beobachtet, die während des Fahrens ihren Lippenstift aufgetragen hat, sodass sie in diesem Moment nicht bemerkte, dass von rechts ein Auto kam, das Vorfahrt hatte.

- Dass Frauen schlechtere Autofahrer seien als Männer, stimmt einfach nicht, denn gerade Autofahrerinnen sind wesentlich weniger in Unfälle verwickelt als ihre männlichen Kollegen. Dies beweist die Unfallstatistik des ADAC, außerdem bekommen Frauen bei KFZ-Versicherungen einen Rabatt und müssen weniger bezahlen als Männer. Somit muss doch wohl etwas daran sein, dass Frauen besser Auto fahren als Männer!

Übung 10

Schreibe vollständige Argumentationsketten zu den folgenden Thesen!

- Viele fordern, dass Schüler ihre Schule selbst putzen sollen ...
- Man sollte Alkohol und Zigaretten weiter erheblich verteuern ...

► Lösung Seite 249

Übung 11

Entscheide, ob die folgenden Argumente gut oder schlecht sind! Begründe deine Entscheidung!

Schüler sollen ihre Schule selbst putzen,

- weil sie sowieso so wenig arbeiten.
- weil das für ihre spätere Berufstätigkeit sinnvoll ist.
- weil sie so umweltbewusstes Verhalten lernen.
- weil das die einzige Möglichkeit ist, wo sie lernen, mit Lappen und Besen umzugehen.
- damit es ihnen in der Schule besser gefällt.
- weil das die Lehrer freut.
- weil sie sonst in ihrem eigenen Müll versinken.
- weil sie ihre Schule selbst putzen sollen.
- weil die Putzfrauen dadurch entlastet werden.
- weil das so in der Schulordnung steht.
- weil sie dann nicht so gedankenlos mit ihrem Müll umgehen.

► Lösung Seite 250

> Gute Argumente beziehen sich auf gesetzliche Regelungen, wissenschaftliche Erkenntnisse, verallgemeinerbare Erfahrungen, allgemeine Wertvorstellungen.

Das Thema „Drogen" beschäftigt Claudia noch am nächsten Tag. Beim Frühstück liest sie in der Zeitung einen Artikel über Alkohol.

Alkohol

Die Deutschen konsumierten 1992 durchschnittlich den meisten Alkohol weltweit. Seit 1950 ist dieser Konsum um etwa das Vierfache gestiegen. Rund 2,5 Mio. Menschen sind in Deutschland so alkoholabhängig, dass sie einer Behandlung bedürf(t)en. Ca. 40.000 Menschen sterben jährlich an den Krankheitsfolgen übermäßigen Alkoholkonsums (Krebs, Lebererkrankungen usw.). Alkohol war auch bei Verkehrsunfällen im Spiel, bei denen 1994 etwa 55.000 Personen zu Schaden kamen – darunter ca. 2.000 Getötete und ca. 33.000 Schwerverletzte. Durch solche Folgen von Alkoholmissbrauch erleidet die deutsche Volkswirtschaft jährlich Schäden in Höhe von mehr als 30 Mrd. DM[1] (Schätzung). (Quellen: DHS; Statistisches Bundesamt; Medikament und Meinung) Menschen zerstören ihr eigenes Leben durch Alkoholsucht, Familien zerbrechen an alkoholabhängigen Angehörigen. Besonders Kinder und Jugendliche leiden unter alkoholabhängigen Eltern und greifen selbst in zunehmend jungem Alter zum Alkohol, sei es, um im Freundeskreis stark zu erscheinen oder sich über andere Probleme „hinwegzutrinken". Aber Alkohol löst kein einziges Problem, er schafft allenfalls neue. (Aus: Feick, Jürgen und Herbert Uhl (Hrsg.): Aktualitätendienst 1996, Stuttgart 1995, S. 66)

Lesetext

Übung 12

Welche Folgen des Alkoholkonsums werden genannt?

▶ Lösung Seite 250

Übung

Übung 13

Überlege dir weitere Folgen!

▶ Lösung Seite 251

Übung

„Aber wie soll man Suchtkranken denn helfen?" Claudia diskutiert mit ihren Eltern. Der Vater weist sie auf einen Leserbrief in der Zeitung hin. Er meint zu ihr, dass in dem Brief ein sehr eigenwilliger Vorschlag gemacht werde, wie man Drogensüchtigen helfen kann.

Lesetext

„Drogensüchtige sind alles Faulenzer, die unserem Staat auf der Tasche liegen. Meiner Meinung nach sollte man sie alle einsperren, damit sie unsere Kinder nicht mehr zum Drogenkonsum verführen können. Im Gefängnis können sie dann arbeiten. Arbeit hat noch niemandem geschadet, also wird sie auch den Drogenabhängigen gut tun. Außerdem können sie mit der Arbeit auch die Kosten ihres Gefängnisaufenthaltes selbst bezahlen und würden dem Steuerzahler nicht auf der Tasche liegen. Schluss mit teuren Entzugsprogrammen oder Psychotherapien! Drogensüchtige haben sich be-

1 ca. 15 Mrd. €

wusst zu Außenseitern gemacht, also sollen sie auch dafür arbeiten, dass die Gesellschaft sie wieder aufnimmt. Und wenn sie's nicht schaffen, von der Droge wegzukommen, bleiben sie halt ihr ganzes Leben im Gefängnis – auf eigene Kosten selbstverständlich."
Alfons M., Heidelberg

Übung 14

Fasse die Argumente des Leserbriefschreibers zusammen.

▶ Lösung Seite 251

Übung 15

Sind seine Argumente stichhaltig?

▶ Lösung Seite 251

Übung 16

Entwirf stichwortartig eine Sammlung von Argumenten, wie man Drogensüchtigen helfen könnte!

▶ Lösung Seite 251

Übung 17

Claudia ist über die Vorschläge des Lesers entrüstet. Sie beschließt, ihm mit einem eigenen Leserbrief zu antworten. Formuliere aus deinen Argumenten aus Übung 16 den Leserbrief Claudias!

▶ Lösung Seite 251 f.

Der Erörterungsaufsatz verlangt zumeist die Behandlung mehrerer Fragen. In unserem Fall würde die Aufgabenstellung lauten:

Immer mehr Jugendliche nehmen Drogen. Welche Gründe sind dafür verantwortlich zu machen? Welche Folgen hat diese Entwicklung für den Einzelnen und die Gesellschaft? Was könnte man gegen diese Entwicklung tun?

Die Aufgabenstellung einer linearen Erörterung erkennt man daran, dass sie zumeist mit einer W-Frage eingeleitet wird. Außerdem wird bei der linearen Erörterung nur die Darstellung einer Seite eines Problems verlangt, z. B. „Warum ist es sinnvoll, in der Schule Drogenaufklärung zu betreiben?" Beachte dagegen: Die dialektische Erörterung verlangt die Darstellung beider Seiten, z. B. „Welche Vorteile und Nachteile hat Drogenaufklärung in der Schule?" oder „Ist es sinnvoll, Drogenaufklärung in der Schule zu betreiben?"

1.4.1.2 Wie anfangen? Die Stoffsammlung

Wenn du eine Erörterung schreiben sollst, hast du zunächst die Aufgabe, möglichst viele Argumente zu sammeln. Dazu musst du versuchen, dir klar zumachen, welche verschiedenen Aspekte zu der dir gestellten Fragestellung gehören, und welche Argumente dazu passen könnten. Das gelingt dir, wenn du die Fragestellung in ihre einzelnen Bestandteile „zerlegst" und zu diesen Bestandteilen nach erläuternden Fragen suchst, etwa:

Welche Gründe gibt es, dass immer mehr Jugendliche zu Drogen greifen?

Gründe	**Jugendliche**	**Drogen**
mangelnde Liebe	Alter?	Was ist „Droge"?
Langeweile	Freundeskreis?	Was kann „Droge" werden?
Neugierde	Orte: Schule, Straße	
Einsamkeit		
Clique		
Leistungsdruck		
Perspektivlosigkeit		

Welche Folgen hat diese Entwicklung für den Einzelnen und die Gesellschaft?

Folgen	**Entwicklung**	**Der Einzelne**	**Gesellschaft**
individuell	zwangsläufige Entwicklung?	Drogenabhängiger	Arbeitgeber
sozial	oder aufhaltbar?	Familienangehörige	Schulen
familiär		Freunde	Kommunen
beruflich			Länder

Was kann man gegen diese Entwicklung tun?

Was tun?	**Man**
Abhilfe?	Wer?
Resozialisierung?	Der Drogenabhängige?
Therapien?	Schule, Eltern, Staat?
Aufklärung?	

Übung 18

Untersuche die folgenden Fragestellungen auf ihre Bestandteile!
▶ Lösung Seite 252 f.

- Immer mehr Bürger machen Schulden.
  Welche Gründe führen dazu, dass immer mehr Menschen Schulden machen?
  Welche Folgen kann dieser Umstand haben?

- „Der schöne Körper boomt! Davon können Fitnessstudios und Kosmetikhersteller, Bodybuilder oder plastische Chirurgen ein Lied singen." (Aus: Badische Neueste Nachrichten, Nr. 35, vom 11712.02.95).
  Warum wünschen sich immer mehr Menschen einen perfekten Körper?
  Welche Gefahren sind mit dieser Entwicklung verbunden?

1.4.1.3 Die Einleitung

Die Einleitung hat die Aufgabe, den Leser an das Thema der Erörterung heranzuführen. Weil man nicht voraussetzen kann, dass sich der Leser von vornherein für die jeweilige Fragestellung interessiert, soll die Einleitung das Interesse des Lesers wecken.

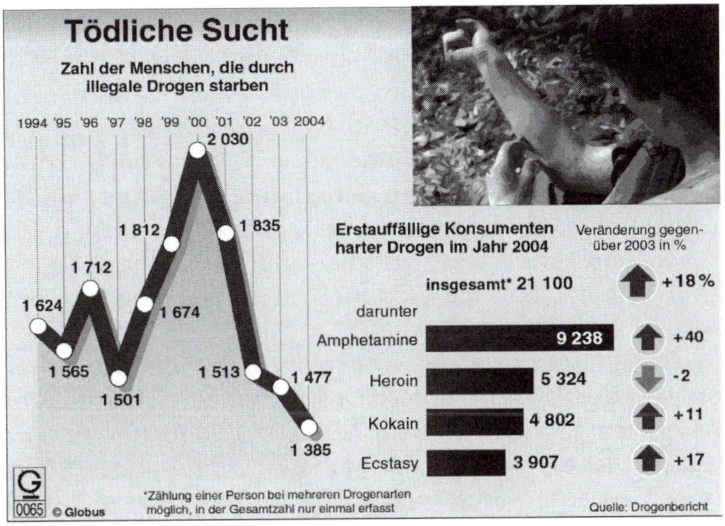

Übung 19

Beschreibe das obenstehende Diagramm!

▶ Lösung Seite 253

Übung 20

Auf der Grundlage dieses Diagramms wurden die folgenden Einleitungen geschrieben. Bestimme, welche Einleitung gelungen ist und begründe deine Entscheidung.

▶ Lösung Seite 253

- In der Tendenz sterben immer weniger Menschen durch illegale Drogen an der tödlichen Sucht. Aber die Zahl der erstauffälligen Konsumenten ist stark angestiegen. Das ist sehr schlimm. Aber es ist halt nun mal so. Da kann man nichts machen.
- Die Statistiken oben über „Tödliche Sucht" und erstauffällige Konsumenten harter Drogen beweisen, dass seit Anfang dieses Jahrtausends die Zahl der Menschen, die überhaupt an Suchterkrankungen sterben stark zurückgegangen ist. Aber die Zahl derjenigen, die erstmals harte Drogen nehmen, steigt dagegen an: Auffällig dabei ist die Wahl: Mit Amphetaminen, Kokain und Ecstasy wird der erste Schritt in die „Drogenkarriere" getan. Nur zu Heroin als Einstiegsdroge wird etwas weniger gegriffen. Aus welchen Gründen sie Drogen nehmen und welche Folgen das hat, möchte ich im folgenden Aufsatz zusammen mit Vorschlägen zur Abhilfe erörtern.

- In Mannheim fiel es mir in der letzten Zeit auf, dass anscheinend weniger Drogenabhängige herumsitzen. Diese Beobachtung wird von der Statistik bestätigt, in der es heißt, das die Zahl der Menschen, die an illegalen Drogen starben in den letzten Jahren stark zurückgegangen ist. Andererseits fällt mir bei Diskothekenbesuchen auf, dass die Zahl derjenigen, die gerne mal Drogen probieren und die einen deswegen ansprechen, mehr geworden sind. Es sind zum Teil welche, die sogar noch jünger als ich sind. Die Ursachen dieser Entwicklung will ich im Folgenden untersuchen.
- Die Präventivprogramme scheinen zu greifen; die Arbeit des Zolls und der Polizei, illegalen Drogenhandel aufzudecken auch. Immer weniger Menschen sterben an der Einnahme von Drogen. Dagegen ist der Anstieg der Einnahme von harten Drogen bei Erstkonsumenten umso bedenklicher. Dies beweist eine Veröffentlichung des Drogenberichts der Bundesregierung. Von 2000 bis 2004 fiel die Zahl der Drogentoten von 2.030 und 1.385. Damit fiel der Wert sogar unter die Zahlen der 90er Jahre. Dagegen wuchs der Prozentsatz von erstauffälligen Drogenkonsumenten bei Amphetaminen um 40, bei Kokain um 11 und bei Ecstasy um 17 Prozent. Nur bei Heroin fiel er um 2 Prozent.

Info

Die Einleitung kann auf verschiedene Art und Weise zum Thema hinführen, nämlich mit

- persönlichen Erfahrungen oder Gedanken
- Fakten zur jeweiligen Fragestellung
- einem aktuellen Ereignis oder einer Beobachtung
- einem treffenden Zitat oder
- einer deutlichen Erklärung der betreffenden Fragestellung.

Übung

Übung 21

Formuliere Einleitungen zu den folgenden Themen:

- Immer mehr Bürger machen Schulden.
  Welche Gründe führen dazu, dass immer mehr Menschen Schulden machen?
  Welche Folgen kann dieser Umstand haben?
- „Der schöne Körper boomt! Davon können Fitnessstudios und Kosmetikhersteller, Bodybuilder oder plastische Chirurgen ein Lied singen.“ (Aus: Badische Neueste Nachrichten, Nr. 35, vom 11./12.02.95). Warum wünschen sich immer mehr Menschen einen

perfekten Körper?
Welche Gefahren sind mit dieser Entwicklung verbunden?

▶ Lösung Seite 253 f.

1.4.1.4 Der Hauptteil

Im Hauptteil der Erörterung hast du die Aufgabe, die einzelnen Gesichtspunkte der Fragestellung systematisch darzustellen. Dazu müssen die Argumente in der Form von These – Begründung – Beweis/Beispiel („Stütze") und Folgerung möglichst schlüssig aufgebaut und angeordnet werden. Im Grunde hat der Hauptteil das Ziel, den Leser umfassend über die Problematik zu informieren und von deinen Schlussfolgerungen zu überzeugen.

Zu Hause findet Claudia einen Aufsatz, den ihr älterer Bruder in der 11. Klasse über das Drogenthema geschrieben hat. Der Hauptteil seines Aufsatzes hat folgenden Wortlaut:

Ein Grund, der Jugendliche erstmals zu Drogen greifen lässt, ist sicherlich die Neugierde. Man möchte auch einmal das ausprobieren, was nach den Erlebnisberichten der Freunde sehr abenteuerlich erscheint. Außerdem wollen Jugendliche in ihrem jeweiligen Freundeskreis akzeptiert sein. Wenn in einem solchen Freundeskreis Drogen konsumiert werden, so ist der Gruppendruck auf jeden Einzelnen sehr hoch. Um nicht als Außenseiter zu gelten, greift dieser Jugendliche dann auch zu Drogen.
Ein wichtiger Grund liegt in der Tatsache, dass Jugendliche heute viel zuwenig Aufmerksamkeit von den Erwachsenen bekommen. Viele Eltern haben in unserer Zeit viel zu viel mit sich selbst zu tun, als dass sie Zeit hätten, sich Gedanken um die Erziehung ihrer Kinder zu machen. Viele Kinder werden einfach vor den Fernseher „abgeschoben", Kinder werden nicht mehr oder zuwenig gelobt, vielmehr werden sie, was beinahe noch schlimmer ist, bei Misserfolgen zuwenig von den Eltern unterstützt. Manche Eltern verstärken das mangelnde Selbstwertgefühl der Kinder, indem sie ihnen suggerieren, dass sie ja ohnehin nichts zu Stande brächten. Häufig ist daran auch die berufliche oder private Unzufriedenheit der Eltern schuld, die dann auf die Kinder projiziert wird. Die Folge eines solchen Umgangs ist, dass Jugendliche ohne Selbstbewusstsein aufwachsen. Kommen sie in den falschen Freundeskreis, so sind sie leicht zu beeinflussen und greifen in diesem Zusammenhang möglicherweise auch zu Drogen. Die

Folgen des Drogenkonsums sind erschreckend. Hat man erst einmal probiert, so wird, sind die oben beschriebenen Probleme nicht aus der Welt geschafft worden, der Wunsch nach einem noch umfassenderen Eintauchen in die „heile" Welt immer stärker. Statistiken beweisen, dass fast alle über Amphetamine, Kokain oder Ecstasy den Einstieg in die Abhängigkeit gefunden haben. Greift der Jugendliche aber erst einmal dazu, so befindet er sich auf einem Weg, der bei vielen Abhängigen schon zum Tod geführt hat. Dennoch ist durch den Erfolg der Präventivprogramme insgesamt die Zahl der Drogentoten gesunken.
Die Geldreserven der jugendlichen Drogenkonsumenten sind meist nach kurzer Zeit aufgebraucht. Um sich das notwendige Geld zu beschaffen, müssen sie Straftaten begehen, wie z. B. Diebstähle oder Überfälle. Manche finanzieren sich ihre Sucht auch durch den Verkauf von Drogen an andere Abhängige, durch das so genannte „Dealen". Polizeistatistiken beweisen, dass Drogenkonsumenten ein ständig steigender Anteil an verübten Straftaten zur Last gelegt werden muss.
Dieser Gesichtspunkt muss auch weiterhin der Anlass dafür sein, darüber nachzudenken, wie man Drogenabhängigen aus ihrer Lage, aus der sie mit eigener Kraft kaum mehr herausfinden, helfen könnte. Therapeutische Einrichtungen, Entziehungskuren, aber auch die Entkriminalisierung der Drogenabhängigkeit bieten wichtige Ansätze, die im Einzelnen zu untersuchen wären. Wichtiger erscheint bei allen diesen Ansätzen aber die Bekämpfung des eigentlichen Problems, welches die Jugendlichen überhaupt erst zur Droge greifen ließ.
Zunächst müsste an die Eltern appelliert werden, sich mehr für ihre Kinder zu interessieren, mehr Verständnis für die Probleme der Jugendlichen zu zeigen und ihnen ein Gefühl für den eigenen Wert zu vermitteln. Eltern könnten sich z. B. die Zeit nehmen, um mit ihren Kindern Sport zu treiben oder mit ihnen über aktuelle Themen zu diskutieren. Auch die Lehrer sollten sich darum bemühen, die Schüler nicht einfach als Nummer, sondern als Menschen zu betrachten und entsprechend mit ihnen umzugehen. Eine Folge wäre, dass Schüler mit weniger Angst vor den Noten und mehr Freude aufs Lernen in die Schule gehen.

Übung 22

Welche Argumente werden verwendet?

► Lösung Seite 254

Übung 23

Markiere jeweils These, Argument, Beweis/Beleg („Stütze") und Folge mit unterschiedlichen Farben!

▶ Lösung Seite 254 ff.

Übung 24

Weitere Gesichtspunkte zu diesem Thema sind in der folgenden Übersicht angeordnet. Dabei sind Argument, Beweis/Beispiel („Stütze") und Folge durcheinander geraten. Ordne sie nach „Gründe für die Sucht", „Folgen der Sucht' und „Abhilfemöglichkeiten"!

Argumente	**Beweis/Beispiel („Stütze")**	**Folge**
Fernsehberichte, Buch *Wir Kinder vom Bahnhof Zoo*	Kriminalität, Prostitution, um Geld für Drogen zu verdienen	Drogensucht verstärkt Probleme der Jugendlichen
Jugendliche haben schlechte berufliche Perspektiven	Arbeitslosenzahl unter Jugendlichen besonders hoch	Droge als Flucht vor harter Realität der Beschäftigungslosigkeit
Leistungsdruck und große Klassen, steigende Schülerzahlen	Jugendliche bekommen zuwenig Aufmerksamkeit	weiteres Abrutschen in Drogensucht, erhöhte Aidsgefahr
Jugendlicher, der Ausbildung erfolgreich macht, fühlt sich von Gesellschaft akzeptiert und wird nicht drogenabhängig oder rückfällig	permanente Suche nach Geld und Suchtmitteln	Zeitungsbericht über ehemalige Drogensüchtige, die Schreinerlehre machen
hohe Glaubwürdigkeit, besser als abschreckende Filme oder Bücher	Apathie, Depression wegen ausweglos erscheinender Lage	Jugendliche fühlen sich alleingelassen und nehmen Drogen
ehemalige Drogenabhängige, die von ihren Erfahrungen berichten	Verstärkung der Aufklärungsarbeit	berufliche Perspektiven, Ausbildungsplätze

▶ Lösung Seite 256 f.

Übung

Übung 25

Formuliere die entsprechenden vollständigen Argumente aus!

▶ Lösung Seite 257 f.

Übung

Übung 26

Argumente können z. B. vom weniger wichtigen zum wichtigen Argument oder vom persönlichen zum gesellschaftlichen Argument angeordnet werden. Lies dir noch einmal alle Argumente zum Drogenthema durch und versuche herauszufinden, in welcher Reihenfolge sie gegliedert sind!

▶ Lösung Seite 259

Übung

Übung 27

Überlege dir, wie du die Argumente aus den Stoffsammlungen von Übung 96 gliedern könntest!

▶ Lösung Seite 259 ff.

1.4.1.5 Der Schluss

Info

Der Schluss bringt deine Meinung, die du auf Grund deiner Argumentation gewonnen hast, zusammenfassend zum Ausdruck. Dabei kannst du das für dich wichtigste Argument noch einmal kurz nennen. Der Schluss kann aber auch bestehen aus:

- einer zusammenfassenden „Bilanz“ der Argumente oder
- einer abschließenden persönlichen Stellungnahme oder
- einer Aufforderung, einem Appell oder
- einem Ausblick auf zu erwartende künftige Entwicklungen zur Thematik oder
- einem persönlichen, aber auf die Argumentation sich stützenden Wunsch, der sich auf die Thematik bezieht.

Zu dem Thema „Drogen“ sind verschiedene Schlüsse geschrieben worden:

Schluss Nr. 1:

Drogensucht ist nicht nur das Problem eines Einzelnen, sondern sie ist, wie aus den obigen Ausführungen deutlich wurde, maßgeblich gesellschaftlich bedingt. Daher müssen die Verantwortlichen aller gesellschaftlichen Gruppen, Arbeitgeber und Arbeitnehmer, Staat und Eltern, Lehrer und Erzieher, zusammenarbeiten, um Jugendlichen ein Selbstwertgefühl zu vermitteln, das sie gegen die Versuchung durch die Droge immunisiert. Auch neuen Ansätzen im staatlichen Umgang mit Drogenabhängigen, z. B. die Entkriminalisierung durch kontrollierte Drogenabgabe, sollte in diesem Zusammenhang eine Chance der Bewährung gegeben werden. Vor allem auf das Einstiegsalter Jugendlicher und die Wahl der Drogen muss verstärkt ein Auge geworfen werden.

Schluss Nr. 2:

Wie wir gesehen haben, sind die Gründe der Sucht sowohl individueller als auch gesellschaftlicher Natur. Beides bedingt einander. Wenn das Zweckdenken in unserer von wirtschaftlichen Interessen bestimmten Gesellschaft weiter voranschreitet und dadurch immer mehr Verlierer produziert werden, die nicht mehr mithalten können, dann befürchte ich, dass die Zahl der Erstkonsumenten harter Drogen auch in Zukunft nicht abnehmen wird und die Zahl der Alkoholabhängigen weiter ansteigen wird. Gesellschaftliches Umdenken ist gefragt!

Schluss Nr. 3:

Die Art und Weise, wie wir an das Suchtproblem herangehen, ist meiner Meinung nach falsch. Ich würde mir wünschen, dass man wirkliche Vorbeugung betreibt, anstatt an den Symptomen „herumzudoktern". Aufklärung und Ausbildung sind die wichtigsten und erfolgreichsten Mittel gegen Drogensucht.

Übung 28
Welche Form wurde jeweils verwendet?
▶ Lösung Seite 261

Übung 29
Welchen Schluss hältst du für gelungen, welchen für weniger gelungen? Begründe deine Entscheidung!
▶ Lösung Seite 261

Übung 30
Formuliere einen passenden Schluss zu den Themen aus Übung 18, Seite 58!
▶ Lösung Seite 261

1.4.1.6 Der vollständige Aufsatz

Der nachfolgende Aufsatz ist eine Möglichkeit der Behandlung des Themas. Analysiere genau den Aufbau mit Einleitung, Hauptteil, Schluss und achte besonders darauf, wie die einzelnen Überleitungen von der Einleitung zum Hauptteil und zwischen einzelnen Argumenten formuliert sind! Solche Überleitungen kannst du auch in deinem Aufsatz verwenden.

Musteraufsatz

Einleitung

Wenn ich die Tageszeitung durchblättere, denke ich manchmal daran, dass ich beim Lesen der Todesanzeigen auf einen bekannten Namen stoßen könnte. Es ist nämlich schlimm zu sehen, wie Menschen, die man noch aus dem Kindergarten kennt, tagtäglich an der Schwelle des Todes stehen, weil sie drogenabhängig sind. Doch wenn man sich mit dem Thema befasst, wird einem schnell klar, dass das nicht nur den eigenen Bekanntenkreis betrifft. Betrachtet man z. B. Berichte in den Zeitungen, kommt man zu dem erschreckenden Ergebnis, dass Drogen überall immer beliebter werden: Die Zahl der Erstkonsumenten harter Drogen war beispielsweise im vergangenen Jahr schon wieder höher als im Vorjahr. Was immer mehr Menschen, vor allem Jugendliche, dazu bringt, zu Drogen zu greifen und welche Folgen sich daraus ergeben, will ich im Folgenden zusammen mit möglichen Gegenmaßnahmen erörtern.

Überleitung

Ein Grund, der Jugendliche zu Drogen greifen lässt, ist sicherlich die Neugierde. Man möchte auch einmal das ausprobieren, was nach den Erlebnisberichten der Freunde sehr abenteuerlich erscheint. Außerdem wollen Jugendliche in ihrem jeweiligen Freundeskreis akzeptiert sein. Wenn in einem solchen Freundeskreis Drogen konsumiert werden, so ist der Gruppendruck auf jeden Einzelnen sehr hoch. Um nicht als Außenseiter zu gelten, greift dieser Jugendliche dann auch zu Drogen.

Hauptteil I. Gründe	Ein wichtiger Grund liegt in der Tatsache, dass Jugendliche heute viel zu wenig Aufmerksamkeit von den Erwachsenen bekommen. Viele Eltern haben in unserer Zeit viel zu viel mit sich selbst zu tun, als dass sie Zeit hätten, sich Gedanken um die Erziehung ihrer Kinder zumachen. Viele Kinder werden einfach vor den Fernseher „abgeschoben", Kinder werden nicht mehr oder zu wenig gelobt, vielmehr werden sie, was beinahe noch schlimmer ist, bei Misserfolgen zuwenig von den Eltern unterstützt. Manche Eltern verstärken das mangelnde Selbstwertgefühl der Kinder, indem sie ihnen suggerieren, dass sie ja ohnehin nichts zu Stande brächten. Häufig ist daran auch die berufliche oder private Unzufriedenheit der Eltern schuld, die dann auf die Kinder projiziert wird. Die Folge eines solchen Umgangs ist, dass Jugendliche ohne Selbstbewusstsein aufwachsen. Kommen sie in den falschen Freundeskreis, so sind sie leicht zu beeinflussen und greifen in diesem Zusammenhang möglicherweise auch zu Drogen. Auch in der Schule bekommen die Jugendlichen viel zuwenig Aufmerksamkeit. Die schwierige Arbeitsmarktsituation trägt die Konkurrenz um den Arbeitsplatz bis in die Schule hinein und äußert sich in hohen Leistungsanforderungen. Der menschliche Aspekt tritt häufig in die zweite Reihe, der Lehrer sieht den Schüler nur noch als Nummer, ohne seine individuellen Schwierigkeiten zu bemerken. Diese Entwicklung wird durch steigende Schülerzahlen und immer größere Klassen gefördert. Eine Folge der mangelnden Aufmerksamkeit ist, dass sich der Jugendliche allein gelassen fühlt und dass er den Mangel an menschlicher Zuwendung und den zunehmenden Leistungsdruck mit Drogen zu kompensieren versucht. Als den wichtigsten Grund für die Zunahme der Drogeneinnahme bei Erstkonsumenten sehe ich das Problem, dass die Jugendlichen von heute keine Perspektiven mehr haben. Immer mehr Jugendliche sind arbeitslos und manche suchen die Schuld dafür bei sich selbst. Sie liegen dann den Eltern auf der Tasche, sind enttäuscht, wissen mit ihrer Zeit nichts Sinnvolles

anzufangen. Sie fühlen sich überflüssig in einer leistungsorientierten Gesellschaft, weil ausgerechnet sie nichts Produktives leisten. Für viele ist diese ausweglos erscheinende Situation nicht zuertragen. Die Drogen ermöglichen eine Flucht aus der harten Realität in eine scheinbar schöne, heile Welt.

II. Folgen
I. Gründe

Die Folgen des Drogenkonsums sind erschreckend. Hat man erst einmal Drogen probiert, so wird, wenn die oben beschriebenen Probleme nicht aus der Welt geschafft worden sind, der Wunsch nach einem noch umfassenderen Eintauchen in die „heile" Welt immer stärker. Er äußert sich im Griff zu härteren Drogen, wie z. B. Ecstasy. Statistiken beweisen, dass fast alle über Amphetamine oder Kokain den Einstieg in die Abhängigkeit gefunden haben. Greift der Jugendliche aber erst einmal dazu, so befindet er sich auf einem Weg, der bei vielen Abhängigen schon zum Tod geführthat. Dennoch ist durch den Erfolg der Präventivprogramme insgesamt die Zahl der Drogentoten gesunken. Die Geldreserven der jugendlichen Drogenkonsumenten sind meist nach kurzer Zeit aufgebraucht. Um sich das notwendige Geld zubeschaffen, müssen sie Straftaten begehen, wie z. B. Diebstähle oder Überfälle. Manche finanzieren sich ihre Sucht auch durch den Verkauf von Drogen an andere Abhängige, durch das sogenannte „Dealen". Polizeistatistiken beweisen, dass Drogenkonsumenten ein ständig steigender Anteil an verübten Straftaten zur Last gelegt werden muss.
Viele, vor allem weibliche Drogenabhängige verdienen sich das Geld durch Prostitution. Besonders deutlich wird dieser Umstand nicht nur in Fernsehdokumentationen, sondern auch in Büchern, wie z. B. in Christiane F.s *Wir Kinder vom Bahnhof Zoo*. Prostituierte sind zudem leichte Opfer für Gewaltverbrechen, als Angehörige eines verachteten „Gewerbes" sind sie zudem gesellschaftliche Außenseiter. Auch die Gefahr einer Infektion durch AIDS ist bei ihnen sehr hoch.
Eine besonders gravierende Folge ist, dass der Drogenkonsum die eigentlichen Probleme der Jugendlichen keinesfalls löst, sondern sie im Gegenteil noch

verstärkt. Die permanente Suche nach Geld und dem Suchtmittel schließt den Abhängigen aus der Gemeinschaft der Nicht-Abhängigen aus, weil sich seine Gedanken nur noch um seine Abhängigkeit drehen. Vollständige Apathie, aber auch Depressionen bis hin zu Selbstmordversuchen können Ausdruck der für den Abhängigen ausweglos erscheinenden Lage sein.

III. Abhilfe

Dieser Gesichtspunkt muss auch weiterhin der Anlass dafür sein, darüber nachzudenken, wie man Drogenabhängigen aus ihrer Lage, aus der sie mit eigener Kraft kaum mehr herausfinden, helfen könnte. Therapeutische Einrichtungen, Entziehungskuren, aber auch die Entkriminalisierung der Drogenabhängigkeit bieten wichtige Ansätze, die im Einzelnen zu untersuchen wären. Wichtiger erscheint bei allen diesen Ansätzen aber die Bekämpfung des eigentlichen Problems, welches die Jugendlichen überhaupt erst zur Droge greifen ließ.

Zunächst müsste an die Eltern appelliert werden, sich mehr für ihre Kinder zu interessieren, mehr Verständnis für die Probleme der Jugendlichen zu zeigen und ihnen ein Gefühl für den eigenen Wert zu vermitteln. Eltern könnten sich z. B. die Zeit nehmen, um mit ihren Kindern Sport zu treiben oder mit ihnen über aktuelle Themen zu diskutieren. Auch die Lehrer sollten sich darum bemühen, die Schüler nicht einfach als Nummer, sondern als Menschen zu betrachten und entsprechend mit ihnen umzugehen. Eine Folge wäre, dass Schüler mit weniger Angst vor den Noten und mehr Freude aufs Lernen in die Schule gehen. Wichtig wäre auch, dass der Staat durch die Schaffung von Freizeiteinrichtungen, wie z. B. Jugendtreffs, oder die Durchführung von Projekten, z.B. dem Entwurf eines jugendgemäßen Stadtteils, die Jugendlichen in die soziale Verantwortung einbindet und ihnen ein Gefühl von Wichtigkeit vermittelt. Natürlich gehört auch die Wirtschaftspolitik in den Katalog der Abhilfemöglichkeiten, da die Politik die Bedingungen des Wirtschaftens so gestalten könnte, dass mehr Jugendliche Ausbildungs- und Arbeitsplätze finden.

Eine berufliche Perspektive zu vermitteln, ist eine der wichtigsten Maßnahmen, um Jugendliche vor dem Abgleiten in den Drogenkonsum zu bewahren. Ein Jugendlicher, der eine Ausbildung macht oder seiner geregelten Arbeit nachgeht, fühlt sich von der Gesellschaft akzeptiert und ist selbstbewusst. Somit ist die Gefahr gering, dass er zu Drogen greifen wird.

Schließlich sollte man die Aufklärungsarbeit in Schulen und Betrieben verstärken. Dabei sollten vor allem solche Experten eingesetzt werden, die besonders glaubwürdig sind. Das sind z. B. ehemalige Drogenabhängige, die eine erfolgreiche Entziehungskur bzw. Therapie hinter sich haben. Diesen Fachleuten werden die Jugendlichen sehr viel mehr Glauben schenken als jemandem, der seine Erfahrung nur aus Büchern oder Broschüren hat.

Schluss

Drogensucht ist nicht nur das Problem eines Einzelnen, sondern sie ist, wie aus den obigen Ausführungen deutlich wurde, maßgeblich gesellschaftlich bedingt. Daher müssen die Verantwortlichen aller gesellschaftlichen Gruppen, Arbeitgeber und Arbeitnehmer, Staat und Eltern, Lehrer und Erzieher, zusammenarbeiten, um Jugendlichen ein Selbstwertgefühl zu vermitteln, das sie gegen die Versuchung durch die Droge immunisiert. Auch neuen Ansätzen im staatlichen Umgang mit Drogenabhängigen, z. B. die Entkriminalisierung durch kontrollierte Heroinabgabe, sollte in diesem Zusammenhang eine Chance der Bewährung gegeben werden.

Übung 31

Schreibe eine Erörterung zu dem Thema: „Warum ist es sinnvoll, Schüler mit der Reinigung der Schule zu beauftragen?"

▶ Lösung Seite 261 f.

Übung 32

Zu dem Thema aus Übung 31 wurde der folgende Aufsatz geschrieben Korrigiere Rechtschreibung und Zeichensetzung! Beurteile den Inhalt des Aufsatzes?

▶ Lösung Seite 262 f.

Bei meiner Freundin in der Schule wurde der Versuch gestartet, das Schüler ihre Schule selbst reinigen. Dazu habe ich heute auch einen Zeitungsbericht gelesen, in dem so eine Maßnahme von Politikern vorgeschlagen wurde. Ich möchte mich im Folgenden mit den Gründen für das Thema befassen.

Ein Vorteil wäre, dass die Putzfrauen entlastet werden, weil sie mit ihrer Arbeit kaum fertig werden, weil so gut wie keiner auf Ordnung achtet. Die Schüler schmeißen z. B. ihr Kaugummiepapier oder Essenstüten anstatt in den Müll, einfach auf den Boden. Ein zweiter Vorteil ist, dass man dadurch Geld spart, weil weniger Putzpersonal benötigt wird. Von diesen Geldern könnte man z. B. alte Schulbücher ersetzen oder neues Lernmaterial besorgen. Noch ein guter Grund ist, das die Schüler lernen was Ordnung heißt, weil sie es für ihr späteres Leben dringend benötigen. Normalerweise ist das Sache der Eltern, ihr Kind richtig zu erziehen, doch manche

Eltern versäumen es leider, oder sind selbst unordentlich. Wenn die Jugendlichen wissen, das sie allen Dreck den sie liegen lassen später wieder wegräumen müssen und das unnötig Zeit kostet, hinterlassen sie ihre Arbeitsplätze gleich ordentlich.

Der wichtigste Grund wäre das die Jugendlichen so mehr Respekt vor Eigentum haben das ihnen nicht gehört und sie gehen damit sorgfältiger sie um. Wenn sie anderes Eigentum beschädigen, verstoßen sie auch gegen ein Grundrecht, das jeder Mensch hat, nähmlich Recht auf Eigentum.

Bei der Erläuterung des Themas, haben sich viele Gründe für diesen Vorschlag das Schüler ihre Schule putzen sollen ergeben. Mann kann also sagen, dass die Schüler ihren Dreck nicht überall herumliegen lassen sollten, sondern ihren Platz ordentlich hinterlassen. Jedoch sollte man die Schüler nicht regelmäßig ihre ganze Schule putzen lassen, weil das zu viel Zeit beansprucht. Wenn aber Jugendliche es für nötig halten z. B. ihren Tisch vollzukritzeln oder Papier im Klassenzimmer herumzuwerfen, halte ich es für sinnvoll, dass sie es wieder sauber machen.

In Zukunft sollte man darauf achten, das bevor die Schüler das Klassenzimmer verlassen es relativ ordentlich ist. Viele Jugendliche halten das aber nicht für wichtig, deshalb sollten die Politiker ein Gesetz erlassen, das die Jugendlichen dazu verpflichtet, die Klassenzimmer ordentlich zuverlassen.

Übung 33

Der folgende Aufsatz wurde zu dem Thema: „Welche Gründe gibt es, vorsichtig im Umgang mit dem Internet zu sein?" geschrieben. Er enthält viele Fehler. Finde sie heraus und korrigiere sie!

▶ Lösung Seite 263 f.

In der heutigen Zeit des Internets gibt es viele Informationen die man häufig umsonst haben kann. Doch welche Gründe gibt es, um vorsichtig mit dem Internet zusein? Deshalb möchte ich mich im Folgenden mit den Gründen für die Vorsicht im Internet befassen. Da heutzutage jeder verdienen möchte, muss man auf den Internetseiten aufpassen, dass wenn man ein Programm oder sonstige Informationen herunterlädt, man nicht die Einzugsermächtigung ausfüllt und sie per Internet abschickt, weil jeder kommt an die Einzugsermächtigung mit guten Computerkenntnissen heran. Da ich auch mal zufällig über eine Einzugsermächtigung gestollpert bin, ist es eigentlich nicht allzu schwer an eine zukommen.

Außerdem raten viele Zeitschriften ab, sich per Internet anzumelden oder jegliche Information mit vertrauten Daten abzuschicken. Der zweite Grund sind die Viren im Internet, da es sehr viele Viren laut statistischen Erfragungen der Zeitschrift PC-Welt gibt, sollte man sich ein Programm zulegen, das den Download auf Viren überprüft und dann erst das Programm auf die Festplatte lässt. Ein weiterer Grund sind die Telefonkosten, wenn man sich einen „Onlinemeter" zulegt, der die „Onlinezeit" überprüft und man die Onlinekosten nicht überprüft, kann es einem passieren, wie einem Freund von mir, dass man am Ende des Monats eine Telefonrechnung über 470.- bekommt. Am Besten legt man sich gleich eine Flatrate zu. Doch vorallem ist der wichtigste Grund der Schutz vor Hackern, man sollte immer auf die Anzeige des Modems achten wenn die Internetseite aufgebaut ist, ob das Modem weiterarbeitet oder nicht. Vorallem sollte man sich ein Schutzprogramm besorgen, dass einen Eingriff eines Hackers aus dem Internet auf die Festplatte verhindert.

Wenn das Modem arbeiten sollte, sollte man es sofort ausschalten, da sich sonst der Hacker einen Zugang auf die Festplatte verschafft und wichtige Informationen lesen oder sogar löschen kann. Deshalb bin ich der Meinung, wenn man alle Vorkehrungen trifft und sich eine feste „Onlinezeit" bestimmt wie zum Beispiel eine Stunde pro Tag, kann man problem- und sorgenlos Durchs Internet surfen

1.4.2 Die dialektische Erörterung (Musteraufsatz)

Aufgabenstellung:
An vielen Schulen findet zum Valentinstag ein von der SMV organisierter Rosenverkauf statt, der auf Lehrer- und Schülerseite immer wieder auf Befremden stößt.
Sollte die SMV am Valentinstag weiterhin einen Rosenverkauf organisieren?

Sollte die SMV am Valentinstag weiterhin einen Rosenverkauf organisieren?

Gliederung

A. Valentinstag als Anlass für kleine Geschenke	Begriffsklärung in der Einleitung
B. Argumente für und gegen den Rosenverkauf (Aufgabenstellung)	Formulierung des Themas
I. Argumente für den Rosenverkauf (Pro) 1. Sicherer Verdienst für die Schülermitverwaltung (SMV)	Erster Argumentationsblock Pro mit drei Beweisen, jeweils mit

a) Hohe Einnahmen b) Förderung von SMV-Aktivitäten 2. Freude durch Rosen a) Stärkung des Selbstwertgefühls b) Positive Wirkung auf Klassenklima 3. Chance für Schüchterne a) Möglichkeit zur Artikulation von Gefühlen b) Anonymität als Chance	zwei Begründungen
II. Argumente gegen den Rosenverkauf (Contra) 1. Valentinstag als Geschäftemacherei a) Werbefeldzug der Blumenindustrie b) Notwendigkeit einer kritischen Haltung der Schule 2. Hohe Preise für geringe Qualität a) Missverhältnis zwischen Laden- und Verkaufspreis b) Valentinsrosen von geringer Qualität 3. Hoher organisatorischer Aufwand a) Enorme Vorbereitungszeit b) Unangemessener Zeitaufwand für Bestellung und Verkauf 4. Störung des Unterrichtsablaufs a) Unterbrechung des Unterrichts durch Verkäufer b) Störung der Konzentration 5. Diskriminierung der Schüler a) Nichtbeschenkte in Außenseiterrolle b) Rosengeschenk als Mobbing	Größerer zweiter Argumentationsblock Contra (schwerer wiegende Argumente)
III. Kein Rosenverkauf mehr – Abwägung zwischen Gewinn und Schaden für die Konsumopfer	Antwort auf die Entscheidungsfrage
C. Persönliche Geschenke oder Nettigkeit als Alternative	Alternative zum Rosen-Verkauf als weiterführender Gedanke

Musteraufsatz

Sollte die SMV am Valentinstag weiterhin einen Rosenverkauf organisieren?

A. Einleitung: Erklärung des Brauchs, Aktionen an Schulen

Am 14. Februar ist Valentinstag, eigentlich der Namenstag des heiligen Valentin. Für die meisten ist es der Tag, an dem man sich gegenseitig Rosen, Pralinen oder andere Kleinigkeiten schickt, um sich seine Zuneigung zu zeigen. Auch an unserer Schule organisiert die SMV zu diesem Termin regelmäßig den Verkauf von Rosen. Hierzu können einige Zeit vorher Rosen bestellt werden, die dann am Valentinstag von den SMV-Mitgliedern an die Adressaten verteilt werden. Diese Aktion ist jedoch sowohl bei Schülern als auch bei Lehrern nicht unumstritten.

Hinweis auf Streitfrage um Verkaufsaktion

B. Überleitung mit Nennung des Themas

Ich setze mich im Folgenden mit der Frage auseinander, ob die SMV weiterhin den Rosenverkauf am Valentinstag durchführen sollte.

I. Klare Nennung des ersten Argumentationsblocks

Zuerst werden Argumente für die Beibehaltung der Rosenaktion angeführt.

1. Sichere Einnahmequelle
a) Hohe Einnahmen
b) Förderung der SMV-Aktivitäten

Die Erfahrungen der letzten Jahre haben gezeigt, dass der Rosenverkauf eine gute und sichere Verdienstmöglichkeit für die SMV darstellt. So wurden jedes Mal etwa 250 Euro eingenommen. Diese Summe wird von der SMV für Aktivitäten verwendet, die allen Schülern zugute kommen, wie die Klassensprecherfahrt und die Schülerzeitung. Auch bei Veranstaltungen wie dem Schulball und dem Schulfest wird dieses Geld eingesetzt.

2. Freude durch Rosen
a) Stärkung des Selbstwertgefühls
b) Positive Wirkung auf Klassenklima

Außerdem bereiten die Rosen anderen eine Freude und sie stärken die Gemeinschaft. Die Schüler machen andere glücklich, indem sie ihnen eine Rose schicken. Es stärkt deren Selbstwertgefühl, denn sie sehen, dass sie beliebt sind. Die freudige Stimmung kann sich auch positiv auf das Klassenklima auswirken.

Rosen zu schicken ist auch ein Weg für schüchterne Menschen, um ihre Gefühle zu offenbaren. Der Valentinstag ist gerade der Tag, an dem man seine Gefühle für jemanden zeigen kann. Auch kann man dabei anonym bleiben. Die Rosen werden von der SMV überreicht, so bekommt niemand mit, wer die Rose geschickt hat.	3. Chance für Schüchterne a) Möglichkeit für Gefühlsäußerung b) Anonyme Bekundung von Sympathie
Der Rosenverkauf eröffnet somit der SMV eine gute Verdienstmöglichkeit, schafft vielleicht ein angenehmes Klassenklima an der Schule und gibt schüchternen Menschen eine große Chance, Gefühle zu zeigen.	Überleitung zum Argumentationsblock Contra im Sinne einer Zusammenfassung
Auf der anderen Seite lassen sich aber zahlreiche Argumente finden, die gegen die Rosenverkaufsaktion sprechen.	II. Argumentationsblock Contra
Zunächst muss man bedenken, dass der Valentinstag vor allem auf Konsum ausgerichtet ist. Blumengeschäfte und Geschenkartikelhersteller haben durch ihre Werbeaktionen in der Vergangenheit erst dazu beigetragen, dass der Valentinstag heute bei manchen Menschen fast den Stellenwert von Geburtstag und Weihnachten einnimmt – im Unterschied dazu hat er aber keine so lange Tradition und verdankt seine Bekanntheit geschickten Marketingstrategien.	1. Valentinstag als Geschäftemacherei a) Werbeaktion der Blumenindustrie
Schule soll aber auch die Kritikfähigkeit gegenüber Werbung sichern – durch den Rosenverkauf trägt sie genau zum Gegenteil und zur Vermarktung von Gefühlen bei.	b) Notwendigkeit einer kritischen Position der Schüler
Steigende Nachfrage sorgt für steigende Preise – dieser Zusammenhang gilt auch für Blumen am Valentinstag. Viele Schüler beschweren sich über die Preise, die im Verhältnis zur Qualität der Rosen zu hoch seien. Der Preis einer Rose beträgt 1,50 Euro, während man bei einer Rose besserer Qualität im Laden nur 0,50 Euro zahlen muss. Auch sind die Rosen	2. Hohe Preise für geringe Qualität a) Missverhältnis zwischen Laden- und Verkaufspreis b) Valentinsrosen von geringer Qualität

der SMV von minderer Qualität. Die Köpfe hängen, Blätter fallen ab und nach wenigen Tagen sind sie schon verwelkt.

Das nächste Problem ist der große Organisationsaufwand für die SMV. Deren Mitglieder wenden extrem viel Zeit dafür auf, den Rosenverkauf vorzubereiten und durchzuführen. Zunächst müssen die Bestellzettel gedruckt, verteilt, eingesammelt und ausgewertet werden. Anschließend heißt es, entsprechend viele Rosen zu bestellen und dann mit den wieder eingesammelten Zetteln an die Adressaten auszugeben. Dies alles fordert zusätzliche Sitzungen und Telefonate. Die SMV-Mitglieder verpassen am Valentinstag etliche Unterrichtsstunden.

3. Hoher organisatorischer Aufwand
   a) Enorme Vorbereitungszeit
   b) Unangemessen hoher Zeitaufwand für Bestellung und Kauf

Die Verteilung der Rosen während des Vormittags führt außerdem zur Unterrichtsunterbrechung, was vor allem manche Lehrer stört, zumal oft die Konzentration auch nach dem Besuch der SMV nicht wieder hergestellt werden kann – sei es aus Freude über ein Rosengeschenk oder die Spekulation über den anonymen Absender, sei es aus Enttäuschung, weil man keine Rosen bekommen hat.

4. Störung des Unterrichts
   a) Unterrichtsunterbrechung
   b) Beeinträchtigung der Konzentration

Somit komme ich zum eigentlich entscheidenden Argument. Bei aller Freude für diejenigen, die beschenkt wurden, gehen etliche Schüler am Valentinstag auch leer aus. Wer auf diesen Brauch keinen großen Wert legt, mag dies verschmerzen, andere jedoch sind tief enttäuscht, weil sie nicht bedacht wurden, gilt eine Rose doch als Sympathiebeweis. Somit fühlen sich die Betroffenen unter Umständen in einer Außenseiterrolle, vor allem dann, wenn die leer Ausgegangenen noch von ihren Mitschülern verspottet werden. Teilwei-

5. Diskriminierung der Schüler
   a) Nichtbeschenkte in Außenseiterrolle

se wird aber auch ein Rosengeschenk – dann mit anonymem oder gefälschtem Absender – gemacht, um jemanden, der unglücklich verliebt ist, zu verspotten.
In all den genannten Fällen werden die Betroffenen enttäuscht und auch das Klassenklima kann darunter leiden.

b) Rosengeschenk als Mobbing

Zusammenfassend lässt sich sagen, dass der Rosenverkauf an der Schule zwar einerseits auch positive Auswirkungen hat, indem die SMV gute Gewinne erzielt und vielen damit eine Freude bereitet werden kann, dass aber andererseits viele von uns zu Konsumopfern werden und manche diesen Tag sehr niedergeschlagen erleben.

III. Abwägung Gewinnstreben und Opfer der Rosenaktion

Meiner Meinung nach überwiegen daher die Argumente, die gegen einen solchen Rosenverkauf sprechen. Wäre es nicht besser, seine Sympathie durch wirklich persönliche Geschenke oder einfach durch Nettigkeit zu zeigen, statt die eigenen Gefühle vermarkten zu lassen?

C. Persönliche Meinung Rhetorische Frage als Denkanstoß

1.4.3 Die Problemerörterung (Musteraufsatz)

Info

Ursprung der antithetischen Erörterung ist die Gerichtsrede, in der zwei gegensätzliche Positionen (eine These und eine Antithese) gegeneinander abgewogen und dann in einer Synthese vermittelt werden.
Wie bei der einfachen Pro-Contra-Erörterung liegt der antithetischen Problemerörterung eine **Entscheidungsfrage** zugrunde, die jedoch aus dem weiteren menschlichen Erfahrungsbereich entnommen ist.
Damit eine wirklich fundierte Auseinandersetzung mit dem Thema möglich ist, muss man sich häufig aus zusätzlichen Quellen über weitere Zusammenhänge informieren, etwa um Fachbegriffe im Vorfeld zu klären und geeignetes Material zu haben, mit dem man die eigenen Aussagen belegen kann.

Aufgabenstellung:
Schuluniformen gehören beispielsweise in Großbritannien zum gewohnten Bild. Auch hierzulande wird immer wieder diskutiert, ob die Einführung von Schuluniformen sinnvoll ist. Setzen Sie sich mit dieser Frage auseinander!

Aufgabe

Sollten bei uns Schuluniformen eingeführt werden?

Gliederung

A. Einleitung: Vergleich mit der Situation in Großbritannien	Vergleichende Einleitung
B. Sollten bei uns Schuluniformen eingeführt werden?	Thema
I. Sinn von Schuluniformen	These
1. Ordentliches Erscheinungsbild	
a) Erziehungsauftrag der Schule	Argumente mit
b) Vorbereitung auf das Berufsleben	Beweisführung
2. Außenwirkung der Schule	
a) Identität nach außen	
b) Zusammengehörigkeitsgefühl	

Gliederung

3. *Unabhängigkeit von modischen Trends*
   a) *Markenkleidung teuer*
   b) *Diskriminierung aufgrund billiger Kleidung ausgeschlossen*

II. *Schuluniformen durchaus problematisch*

Antithese

1. *Förderung von Konkurrenzdenken*
   a) *Privilegierung bestimmter Schulen*
   b) *Diskriminierung einzelner Schulformen*

Breit gestreute Aspekte: schulisch, individuell, wirtschaftlich, sozial

2. *Mangelnde Entfaltung der Individualität*
   a) *Unterdrückung persönlicher Vorlieben*
   b) *Aufbau unnötiger Zwänge*
3. *Hoher Kostenaufwand*
   a) *Hohe Kostenbelastung durch Büchergeld und schulische Veranstaltungen*
   b) *Schuluniform zusätzliche Belastung zur ohnehin notwendigen Freizeitkleidung*
4. *Statussymbole bleiben*
   a) *Teurer Schmuck*
   b) *Pflege der Kleidung*

III. *Abwägung – Einführung von Uniformen nur sinnvoll bei Bezuschussung von Einkommensschwachen*

Synthese
Entscheidung der Frage und Aufzeigen eines Kompromisses

C. *Tradition an deutschen Schulen*

Neuer Aspekt

Sollten bei uns Schuluniformen eingeführt werden?

Musteraufsatz

Wie vor allem diejenigen wissen, die schon einmal an einem Schüleraustausch teilgenommen haben, gibt es in zahlreichen Staaten Uniformpflicht an den Schulen, beispielsweise in Großbritannien. Auch in Deutschland laufen derzeit an einigen Schulen Versuche mit einheitlicher Schulkleidung.

A. Einleitung: Vergleich mit der Situation in Großbritannien

Im Folgenden möchte ich mich mit der Frage auseinandersetzen, ob an deutschen Schulen

B. Thema
Anführung des Themas,

Uniformen eingeführt werden sollten oder nicht.	Überleitung zum Hauptteil
Zunächst führe ich Argumente an, die für die Einführung von Schuluniformen sprechen.	Hinführung zu I. Argumentationsblock Pro
Gelegentlich hört man als Schüler Klagen von Eltern und Lehrern über das aus ihrer Sicht schlampige oder unpassende Erscheinungsbild mancher Jugendlicher. Schule jedoch soll ins öffentliche Leben einüben, nicht nur durch die Vermittlung von Wissen, sondern auch durch Erziehung zu einem angemessenen Auftreten, was zum Beispiel im späteren Berufsleben eine wichtige Rolle spielt. Das Tragen einer Schuluniform kann dazu beitragen, solch ein Auftreten als selbstverständlich zu empfinden.	1. Ordentliches Erscheinungsbild a) Erziehungsauftrag der Schule b) Vorbereitung auf das Berufsleben
Wenn jede Schule ihre eigene Schuluniform hat, könnte dies dazu beitragen, dass das Zugehörigkeitsgefühl der Jugendlichen zu ihrer Schule steigt. Auch können sie sich untereinander zum Beispiel auf dem Schulweg gegenseitig erkennen, wodurch auch mehr Kontakte zwischen Älteren und Jüngeren geknüpft werden könnten. Möglicherweise steigt so das Zusammengehörigkeitsgefühl der Schüler untereinander.	2. Außenwirkung der Schule a) Identität nach außen b) Zusammengehörigkeitsgefühl Schlussfolgerung
Die meisten Jugendlichen wollen modisch auftreten, andere bewusst auffallen oder ihre Zugehörigkeit zu einer bestimmten Gruppierung zeigen. Teure Markenkleidung spielt hier eine große Rolle: So wird der Pausenhof geradezu zum Laufsteg. Nicht jeder aber kann diesen Markenwahn finanzieren. Damit besteht die Gefahr, dass er wegen seiner billigen Kleidung von anderen ausgeschlossen wird. Tragen alle dieselbe Schuluniform, so wird diese Gefahr zumindest innerhalb der Schule gebannt.	3. Unabhängigkeit von modischen Trends a) Markenkleidung teuer b) Diskriminierung aufgrund billiger Kleidung ausgeschlossen Wechsel im Aufbau: Einstieg mit der Begründung, Beispiele, These in Form der Schlussfolgerung

Nun wende ich mich denjenigen Argumenten zu, die gegen die Einführung von Schuluniformen sprechen.

II. Argumentationsblock Contra

Zunächst lässt sich feststellen, dass schultypische Uniformen zu einer Privilegierung von Schulen führen können. Wenn sich Jugendliche auf dem Schulweg begegnen, könnten sie sofort erkennen, welche Schule sie besuchen. Dies könnte das Konkurrenzdenken zwischen den jeweiligen Schülerschaften fördern oder zu gegenseitiger Ablehnung führen. Es bestünde beispielsweise die Gefahr, dass es zu Problemen zwischen Gymnasiasten und Hauptschülern kommt.

1. Förderung von Konkurrenzdenken
   a) Privilegierung einzelner Schulen
   b) Diskriminierung einzelner Schulformen

Ein weiteres Argument gegen die Einführung von Schuluniformen ist, dass hierdurch die Schüler nicht mehr so individuell auftreten könnten wie bisher. Trotz aller Modeerscheinungen hat doch jeder seine persönlichen Vorlieben. Manche Jugendliche wollen durch ihre Kleidung auch ihre Zugehörigkeit zu einer bestimmten Gruppe zeigen, zum Beispiel die Punks. Das könnten sie nun nicht mehr, wenn sie eine Schuluniform tragen müssten. Sie und andere Jugendliche würden sich in der Schule dann zusätzlichen Zwängen ausgesetzt fühlen, was ihre Lernmotivation senken könnte.

2. Mangelnde Entfaltung der Individualität
   a) Unterdrückung persönlicher Vorlieben
   b) Aufbau unnötiger Zwänge

Wichtig erscheint zudem, dass zusätzliche Kosten entstünden, wenn Schuluniformen eingeführt würden. Obwohl in Deutschland der Schulbesuch grundsätzlich kostenlos ist, müssen die Eltern jedes Jahr eine größere Summe aufbringen, um Büchergeld, Kopiergeld, Schreibmaterial und Zusatzveranstaltungen wie etwa Klassenfahrten zu bezahlen. Vor allem einkommensschwächere Familien würden zusätzlich belastet, wenn sie nun auch noch eine Schuluniform in mindestens zweifacher Ausführung kaufen müssten, um auch einen Wechsel zu ermöglichen. Freizeit-

3. Hoher Kostenaufwand
   a) Hohe Kostenbelastung durch Büchergeld und schulische Veranstaltungen
   b) Schuluniform zusätzliche Belastung zur ohnehin notwendigen Freizeitkleidung

kleidung wäre außerdem weiterhin erforderlich.

Besonders gewichtig erscheint jedoch folgendes Argument: Befürworter von Schuluniformen behaupten häufig, dass durch sie der „Markenwahn“ an Schulen abnehme und auch Schüler aus ärmeren Familien den anderen zumindest äußerlich gleichgestellt würden. Sie beachten jedoch nicht, dass Träger von Schuluniformen auch auf andere Statussymbole ausweichen können, beispielsweise auf Schmuck oder teure Handys. Auch Schuluniformen zeigen Gebrauchsspuren. Wohlhabendere Eltern können sich mehrere Uniformen leisten, während Schüler aus weniger begüterten Familien in eher abgetragenen Uniformen erscheinen. Auch können Schuluniformen bei nachlässiger Behandlung durchaus schlampig aussehen. Soziale Diskriminierung lässt sich somit nicht einfach durch die Einführung von Schuluniformen beheben.

4. Statussymbole bleiben
a) Teurer Schmuck
b) Pflege der Kleidung

Aus meiner Sicht überwiegen diejenigen Argumente, die gegen die Einführung von Uniformen an deutschen Schulen sprechen. Sollte es dennoch einmal Pflicht werden, dann wäre es jedoch nur unter einigen Bedingungen sinnvoll. So sollten die Kosten für Familien mit geringerem Einkommen beispielsweise durch Zuschüsse in Grenzen gehalten werden. Außerdem wäre es wichtig, die Schüler über das Aussehen der Uniform selbst abstimmen zu lassen.

III. Abwägung – Einführung von Uniformen nur sinnvoll, wenn deutliche Hilfen für Einkommensschwächere gewährt werden.

Schuluniformen haben ihre Tradition im anglikanischen Raum. In Deutschland gibt es die Tradition des Individualismus. Im erzieherischen Bereich ist eher darauf hinzuwirken, dass die Persönlichkeit eines Menschen nicht anhand seiner Kleidung beurteilt wird, denn nur in seltenen Fällen machen Kleider Leute.

C. Tradition an deutschen Schulen

1.5 Die Charakteristik

1.5.1 Zur Funktion

Charakterisierung, „die Wesensbeschreibung von Figuren dichterischer Texte, insbes. Dramen, kann auf zweierlei Art erfolgen: 1. direkt, d. h. durch Angaben anderer Figuren desselben Stückes, aus denen der Zuschauer Einsicht in die beschriebene Figur gewinnt, 2. indirekt, d.h. der Zuschauer muss aus dem Benehmen der Gestalt selbst Schlüsse über ihren Charakter ziehen; seltener aus e. Selbst-Ch." (Wilpert, Gero von (1989): Sachwörterbuch der Literatur. 7. verb. Aufl. Stuttgart: Kröner, S. 143).

Übung 1

Bestimme auf der Grundlage der Wörterbuchdefinition und mit eigenen Worten, was die Aufgabe einer literarischen Charakterisierung ist.

▶ Lösung Seite 264

Übung 2

Was versteht man unter direkter und indirekter Charakterisierung?

Lösung Seite 264

Übung 3

Versuche in der folgenden Textstelle aus Lessings Drama „Nathan der Weise" Anhaltspunkte für die indirekte und die direkte Charakterisierungen des Patriarchen herauszufinden.

▶ Lösung Seite 265

Der Patriarch, welcher mit allem geistlichen Pomp den einen Kreuzgang heraufkömmt, und die Vorigen.

TEMPELHERR. Ich wich' ihm lieber aus. – War' nicht mein
Mann! -
Ein dicker, roter, freundlicher Prälat!
Und welcher Prunk!
KLOSTERBRUDER. Ihr solltet ihn erst sehn
Nach Hofe sich erheben. Itzo kömmt
Er nur von einem Kranken.
TEMPELHERR. Wie sich da

Nicht Saladin wird schämen müssen!
PATRIARCH. *(indem er näher kömmt, winkt dem Bruder).*
Hier! –
Das ist ja wohl der Tempelherr. Was will
Er?
KLOSTERBRUDER. Weiß nicht.

In der 7. Klasse hast du vielleicht das genaue Beschreiben von Personen geübt. Die literarische Charakteristik ist gleichfalls eine – wie diese im Präsens verfasste – Beschreibung, und zwar die einer in der Dichtung dargestellten Figur.

Übung 4
Überlege einmal, was dir helfen könnte, eine literarische Figur zu beschreiben!
▶ Lösung Seite 265

Nicht immer sind Charaktere in sich schlüssig oder durchschaubar; das macht aber gerade die Faszination literarischer Figuren aus, dass sie oft in sich widersprüchlich sind.

5.1.2 Wie anfangen? Die Stoffsammlung

Für das Verfassen einer Charakteristik ist es notwendig, nach dem ersten Texteindruck Material aus dem Text unter bestimmten Fragestellungen zu sammeln. Das Aufsuchen, Kennzeichnen und Notieren der gefundenen Stellen auf einem Konzeptblatt ist eine wichtige Vorarbeit bei der Erstellung einer Charakteristik. Wenn du wichtige Stellen exzerpierst, d. h. wortwörtlich herausschreibst, dann hast du bereits die Belegstellen für deine Beschreibung. Notiere dir auch jeweils die genaue Fundstelle, damit du später ein korrektes Zitat formulieren kannst.

1.5.3 Aspekte der Charakteristik

Die Charakteristik basiert auf literarischen Beschreibungen einer Figur. In der nächsten Übung findest du alle die Aspekte, die bei der Charakterisierung berücksichtigt werden müssen. Nicht immer sind konkrete Beispiele für bestimmte Merkmale in jedem literarischen Text zu finden.

Übung 5

Ordne die folgenden Merkmale den jeweiligen Aspekten einer Beschreibung zu:
Beruf, Einstellungen, Kleidung, gesellschaftliche Stellung, Aussehen, soziale Beziehungen, Eigenarten, Verhaltens- und Handlungsweisen, Sprache und Sprechweise, Interessen, Triebrichtungen, Problemorientierungen, gesellschaftliche Gründe für Verhalten, Gefühle, Art des Umgangs der Personen miteinander, Geschlecht, Alter, Körperbau, Denkweisen, Gewohnheiten

Aspekt	**Merkmale**
1. äußere Erscheinung	
2. soziale Situation	
3. äußeres Verhalten	
4. psychisches Verhalten	
5. gesellschaftliche Bedingtheit und ihre Wirkung	
6. emotionale und soziale Beziehungen	

► Lösung Seite 265 f.

Es ist besonders hilfreich, sich durch die Formulierung von Fragestellungen zu dem jeweiligen Aspekt offenkundige oder versteckte Hinweise auf die Wesensmerkmale einer Figur zu erschließen. Die Antworten darauf hältst du in einer Materialsammlung fest.

Übung 6

Formuliere zu den einzelnen Aspekten die jeweils passenden Fragestellungen. Zuweilen passen mehrere Fragestellungen zu einzelnen Aspekten:
Was erfährt der Leser über die körperlichen Merkmale einer Figur (Geschlecht, Alter, Körperbau, Glieder, Hände, Gesicht, Augen)? Wodurch ist das äußere Erscheinungsbild bestimmt (Kleidung, Frisur, Schmuck, Accessoires)? Wodurch ist die Sprache gekennzeichnet (Wortwahl, Satzbau, Sprachebene, Eigentümlichkeiten)? Welche typischen Ausdrucksmerkmale fallen besonders ins Auge (Gang, Gestik,

Mimik, Stimme)? Welche besonders typischen Eigenschaften werden von einem außenstehenden Beobachter oder von der Gestalt selbst genannt (direkte Charakterisierung als Fremdcharakteristik bzw. Selbstcharakteristik)? Wie lässt sich die Herkunft der charakteristischen Merkmale und Verhaltensweisen deuten (Vererbung, Erziehung, soziale Einflüsse, Schicksalsschläge)? Wie wirkt die Figur auf ihre Umwelt? Welches Verhalten zeigt sich anderen Personen gegenüber (Verwandte, Freunde, Untergebene)?

Aspekt	**Merkmale**
1. äußere Erscheinung	
2. soziale Situation	
3. äußeres Verhalten	
4. psychisches Verhalten	
5. gesellschaftliche Bedingtheit und ihre Wirkung	
6. emotionale und soziale Beziehungen	

▶ Lösung Seite 266 f.

Über diese Fragestellungen hinaus lässt sich untersuchen, welche Intention der Autor mit einem bestimmten Figuren-Charakter verbindet: Welche Wirkung will der Autor mit seiner Figur erzielen? Stellt der Autor die Figur als individuellen Charakter oder als typischen Vertreter einer bestimmten Schicht, Zeit oder weltanschaulichen Richtung dar?

Übung 7

Stelle dir vor, du hast die Aufgabe, die Figur des Patriarchen im vorliegenden Textauszug zu charakterisieren: Ordne geeignete Fragestellungen/Aspekte in dem vorliegenden Textauszug den Stellen zu, die dir darauf eine Antwort geben können. Verwende zur zuordnenden Kennzeichnung jeweils die entsprechende Nummer des Aspekts (1–6).

Lesetext

Gotthold Ephraim Lessing
Nathan der Weise (IV, 2)

Der Patriarch, welcher mit allem geistlichen Pomp den einen Kreuzgang herauf kömmt, und die Vorigen.

TEMPELHERR.
Ich wich' ihm lieber aus. – War' nicht mein Mann!
Ein dicker, roter, freundlicher Prälat!
Und welcher Prunk!
KLOSTERBRUDER. Ihr solltet ihn erst sehn
Nach Hofe sich erheben. Itzo kömmt
Er nur von einem Kranken.
TEMPELHERR. Wie sich da
Nicht Saladin wird schämen müssen!
PATRIARCH. *(indem er näher kömmt, winkt dem Bruder).*
Hier! –
Das ist ja wohl der Tempelherr. Was will
Er?
KLOSTERBRUDER. Weiß nicht.
PATRIARCH *(auf ihn zugehend, indem der Bruder und das Gefolge zurücktreten).*
Nun, Herr Ritter! – Sehr erfreut,
Den braven jungen Mann zu sehn! – Ei, noch
So gar jung! – Nun, mit Gottes Hilfe, daraus
Kann etwas werden.
TEMPELHERR. Mehr, ehrwürd'ger Herr,
Wohl schwerlich, als schon ist. Und eher noch,
Was weniger. PATRIARCH. Ich wünsche wenigstens,
Dass so ein frommer Ritter lange noch
Der lieben Christenheit, der Sache Gottes
Zu Ehr' und Frommen blühn und grünen möge!
Das wird denn auch nicht fehlen, wenn nur fein
Die junge Tapferkeit dem reifen Rate
Des Alters folgen will! – Womit war' sonst
Dem Herrn zu dienen?
TEMPELHERR. Mit dem nämlichen,
Woran es meiner Jugend fehlt: mit Rat.
PATRIARCH. Recht gern! – Nur ist der Rat auch anzunehmen.
TEMPELHERR. Doch blindlings nicht?
PATRIARCH. Wer sagt denn das? – Ei freilich
Muss niemand die Vernunft, die Gott ihm gab,

Zu brauchen unterlassen, – wo sie hin-
Gehört. – Gehört sie aber überall
Denn hin? – O nein! – Zum Beispiel: wenn uns Gott
Durch einen seiner Engel, – ist zu sagen,
Durch einen Diener seines Worts, – ein Mittel
Bekannt zu machen würdiget, das Wohl
Der ganzen Christenheit, das Heil der Kirche,
Auf irgendeine ganz besondre Weise
Zu fördern, zu befestigen: wer darf
Sich da noch unterstehn, die Willkür des,
Der die Vernunft erschaffen, nach Vernunft
Zu untersuchen? und das ewige
Gesetz der Herrlichkeit des Himmels, nach
Den kleinen Regeln einer eiteln Ehre
Zu prüfen? – Doch hiervon genug. – Was ist
Es denn, worüber unsern Rat für itzt
Der Herr verlangt?
TEMPELHERR. Gesetzt, ehrwürd'ger Vater,
Ein Jude hätt' ein einzig Kind, – es sei
Ein Mädchen, – das er mit der größten Sorgfalt
Zu allem Guten auferzogen, das
Er liebe mehr als seine Seele, das
Ihn wieder mit der frömmsten Liebe liebe.
Und nun würd' unsereinem hinterbracht,
Dies Mädchen sei des Juden Tochter nicht;
Er hab' es in der Kindheit aufgelesen,
Gekauft, gestohlen, – was Ihr wollt; man wisse,
Das Mädchen sei ein Christenkind, und sei
Getauft; der Jude hab' es nur als Jüdin
Erzogen; lass' es nur als Jüdin und
Als seine Tochter so verharren: – sagt,
Ehrwürd'ger Vater, was wär' hierbei wohl
Zu tun?
PATRIARCH. Mich schaudert! Doch zu allererst
Erkläre sich der Herr, ob so ein Fall
Ein Faktum oder eine Hypothes'.
Das ist zu sagen: ob der Herr sich das
Nur bloß so dichtet, oder ob's geschehn,
Und fortfährt zu geschehn.
TEMPELHERR. Ich glaubte, das
Sei eins, um Euer Hochehrwürden Meinung

bloß zu vernehmen.
PATRIARCH. Eins? – Da seh' der Herr
Wie sich die stolze menschliche Vernunft
Im Geistlichen doch irren kann – Mitnichten!
Denn ist der vorgetragne Fall nur so
Ein Spiel des Witzes: so verlohnt es sich
Der Mühe nicht, im Ernst ihn durchzudenken.
Ich will den Herrn damit auf das Theater
Verwiesen haben, wo dergleichen pro
Et contra sich mit vielem Beifall könnte
Behandeln lassen. – Hat der Herr mich aber
Nicht bloß mit einer theatral'schen Schnurre
Zum Besten; ist der Fall ein Faktum; hätt'
Er sich wohlgar in unsrer Diözes',
In unsrer lieben Stadt Jerusalem
Ereignet: – ja alsdann –
TEMPELHERR. Und was alsdann?
PATRIARCH. Dann wäre an dem Juden fördersamst
Die Strafe zu vollziehn, die päpstliches
Und kaiserliches Recht so einem Frevel,
So einer Lastertat bestimmen.
TEMPELHERR. So?
PATRIARCH. Und zwar bestimmen obbesagte Rechte
Dem Juden, welcher einen Christen zur
Apostasie verführt, – den Scheiterhaufen, –
Den Holzstoß –
TEMPELHERR. So?
PATRIARCH. Und wie vielmehr dem Juden,
Der mit Gewalt ein armes Christenkind
Dem Bunde seiner Tauf entreißt! Denn ist
Nicht alles, was man Kindern tut, Gewalt? –
Zu sagen: – ausgenommen, was die Kirch'
An Kindern tut.
TEMPELHERR. Wenn aber nun das Kind,
Erbarmte seiner sich der Jude nicht,
Vielleicht im Elend umgekommen wäre?
PATRIARCH. Tut nichts! der Jude wird verbrannt! – Denn besser,
Es wäre hier im Elend umgekommen,
Als dass zu seinem ewigen Verderben
Es so gerettet ward. – Zudem, was hat
Der Jude Gott denn vorzugreifen? Gott

Kann, wen er retten will, schon ohn' ihn retten.
TEMPELHERR. Auch trotz ihm sollt' ich meinen, – selig machen.
PATRIARCH. Tut nichts! der Jude wird verbrannt.
TEMPELHERR. Das geht
Mir nah'! Besonders, da man sagt, er habe
Das Mädchen nicht sowohl in seinem, als
Vielmehr in keinem Glauben auferzogen,
Und sie von Gott nicht mehr nicht weniger
Gelehrt, als der Vernunft genügt.
PATRIARCH. Tut nichts!
Der Jude wird verbrannt ... Ja, wär' allein
Schon dieserwegen wert, dreimal verbrannt
Zu werden! – Was? ein Kind ohn' allen Glauben
Erwachsen lassen? – Wie? die große Pflicht,
Zu glauben, ganz und gar ein Kind nicht lehren?
Das ist zu arg! Mich wundert sehr, Herr Ritter,
Euch selbst . . .
TEMPELHERR. Ehrwürd'ger Herr, das Übrige,
Wenn Gott will, in der Beichte. *(Will gehn.)*
PATRIARCH. Was? mir nun
Nicht einmal Rede stehn? – Den Bösewicht,
Den Juden mir nicht nennen? – mir ihn nicht
Zur Stelle schaffen? – O da weiß ich Rat!
Ich geh sogleich zum Sultan. – Saladin,
Vermöge der Kapitulation,
Die er beschworen, muss uns, muss uns schützen;
Bei allen Rechten, allen Lehren schützen,
Die wir zu unsrer allerheiligsten
Religion nur immer rechnen dürfen!
Gottlob! wir haben das Original.
Wir haben seine Hand, sein Siegel. Wir! –
Auch mach ich ihm gar leicht begreiflich, wie
Gefährlich selber für den Staat es ist,
Nichts glauben! Alle bürgerliche Bande
Sind aufgelöset, sind zerrissen, wenn
Der Mensch nichts glauben darf. – Hinweg! hinweg
Mit solchem Frevel! ...
TEMPELHERR. Schade, dass ich nicht
Den trefflichen Sermon mit bessrer Muße
Genießen kann! Ich bin zum Saladin
Gerufen.

PATRIARCH. Ja? – Nun so – Nun freilich – Dann –
TEMPELHERR. Ich will den Sultan vorbereiten, wenn
Es Eurer Hochehrwürden so gefällt.
PATRIARCH. Oh, oh! – Ich weiß, der Herr hat Gnade funden
Vor Saladin! – Ich bitte meiner nur
Im Besten bei ihm eingedenk zu sein. -
Mich treibt der Eifer Gottes lediglich.
Was ich zu viel tu, tu ich ihm. – Das wolle
Doch ja der Herr erwägen! – Und nicht wahr,
Herr Ritter? das vorhin Erwähnte von
Dem Juden, war nur ein Problema? – ist
Zu sagen -
TEMPELHERR. Ein Problema. *(Geht ab.)*
PATRIARCH. (Dem ich tiefer
Doch auf den Grund zu kommen suchen muss.
Das wär' so wiederum ein Auftrag für
Den Bruder Bonafides.) – Hier, mein Sohn!
(Er spricht im Abgehn mit dem Klosterbruder.)

▶ **Lösung Seite 267 ff.**

1.5.4 Eine Charakteristik verbessern

Die literarische Charakteristik wird im Präsens und aus einer sachlichen, beobachtenden Perspektive erstellt. Es ist möglich, sie durch kurze einleitende Sätze mit Hinweisen auf das Werk, in dem die Figur eine Rolle spielt, zu beginnen. Die Merkmale, die herausgearbeitet werden, müssen immer durch Textstellen belegt werden; auch direkte oder sinngemäße Zitate können angebracht sein. Die Schwierigkeit der Charakteristik besteht darin, beobachtete Merkmale und auf das Wesen einer Figur Zielendes so sinnvoll in Beziehung zu setzen, dass das Ganze der Person dem Leser sinnfällig wird.

Übung 8

In die folgende ausgearbeitete Charakteristik des Patriarchen haben sich einige gravierende Fehler eingeschlichen. Korrigiere die entsprechenden Stellen.

▶ Lösung Seite 271 f.

In Lessings Drama „Nathan der Weise" geht es um die Gedanken von Humanität und religiöser Toleranz. Der positiven Identifikationsfigur, dem aufgeklärten Nathan, ist der Patriarch strukturell als Antipode gegenübergestellt.

Der Patriarch, der Bischof von Jerusalem, tritt nur an einer Stelle des Dramas auf, nämlich in IV, 2, seine Pläne führen allerdings zu zwei Auftritten des von ihm geschickten Klosterbruders in 1,5 und IV, 7. Er wird als prunkliebender, machtbewusster, und autoritärer Kirchenpolitiker eingeführt. Das Ziel des Patriarchen ist es, die Pläne Saladins, die auf eine Verlängerung des Waffenstillstandes und einen Friedensschluss abzielen, zu unterlaufen.

Das Gespräch mit dem Tempelherrn gibt näheren Aufschluss über seinen Charakter: So behauptet er die Unfehlbarkeit der bischöflichen Aussagen, die nicht mit Hilfe der Vernunft bewertet werden dürfen. Die humane Handlung eines Juden, ein christliches Waisenkind aufzuziehen, wird von ihm ohne Einschränkung als „Apostasie" bezeichnet, für die der Jude hinzurichten sei. Als der Tempelherr den Namen des Juden nicht preisgeben will, droht der Patriarch mit der weltlichen Macht des Saladin und gibt schließlich klein bei, als ihm der Tempelherr vom bevorstehenden Besuch beim Sultan erzählt. Nach dem Abgang des Tempelherrn beauftragt er den Klosterbruder damit, den Namen des besagten Sultans in Erfahrung zu bringen. Der Patriarch ist diejenige Figur, der alle Zuneigung der Leser bzw. der Zuschauer gilt. Sein Amt als christlicher Bischof missbraucht er als Machtinstrument, von tiefer religiöser Durchdringung im Lichte christlicher Nächstenliebe ist bei ihm viel zu spüren. Dass es Lessing grundsätzlich um die Anprangerung von religiöser Intoleranz geht, beweist der Verzicht auf einen konkreten Namen, den der Bischof trägt.

1.5.5 Eine Charakteristik schreiben

Übung 9

Lies die Novelle „Dämmerschoppen" von Thomas Hürlimann und vervollständige dann diese Tabelle, indem du die wesentlichen Merkmale zur Charakterisierung Kellers stichwortartig einträgst.

Aspekt	Merkmale
1. äußere Erscheinung	
2. soziale Situation	
3. äußeres Verhalten	
4. psychisches Verhalten	
5. gesellschaftliche Bedingtheit und ihre Wirkung	
6. emotionale und soziale Beziehungen	

Thomas Hürlimann (geb. 1950 in der Schweiz)
Dämmerschoppen
Novelle

1

Am Vorabend seines siebzigsten Geburtstages sass hoch über dem Vierwaldstätter See der Dichter Gottfried Keller auf einer Hotelterrasse, trank eine Flasche Gumpoldskirchner und sah in die Dämmerung hinaus. Hier oben kannte ihn niemand. Der Seelisberg, mitten in der Innerschweiz auf einer steil abfallenden Felsflanke gelegen, war ein vornehmer Luftkurort und wurde von Herrschaften aus ganz Europa, ja sogar aus Übersee, aber kaum von Schweizern besucht. Keller hob das Glas. Der Juliabend war lau, der Wein gut, mit jedem Schluck fühlte er sich wohler. Morgen würde er siebzig Jahre alt, ein runder Geburtstag, das grösste Fest seines

Lebens, er jedoch, der Jubilar, hatte all seinen Gratulanten ein Schnippchen geschlagen. Es war ihm gelungen, im Grand-Hotel„Sonnenberg“ unter falschem Namen abzusteigen. Er trank das Glas in einem Zug leer und stellte sich in wachsender Frohlaune vor, wie die Männerchöre und Fackelstudenten ihre Lieder und Hochrufe vor seiner Wohnung am Zürcher Zeltweg ins Leere jubeln würden: Keller hervor!, und die Studentenkäppis, die Zylinder und Fackeln stiegen im Takt über ihre Köpfe: hurra! hurra! hurra!

Am Fuss der Flanke, bei der Rütliwiese, tutete ein Dampfer. Dann erklang ein helles Lachen – zwei Mädchen, ihm einen Gruss zunickend, verschwanden im Hotel. Ach, ich alter Hund, dachte Keller, wie bin ich froh, dass mich die Flöhe der Leidenschaft nicht mehr jucken. Oft kam die Schwermut mit einbrechender Dämmerung, deshalb war Keller entschlossen, seiner Gicht zum Trotz, noch eine Weile zu sitzen, zu trinken. Er fürchtete sich vor der pompösen Leere seines Zimmers. Dort würde er auf dem Doppelbett liegen, nicht viel grösser als ein Kind, er würde die Decke betrachten und das im Dunkel sich auflösende Tapetenmuster, und dann, plötzlich, würde auf der Fusslade der Bettstatt sein schwarzer Vogel hocken, die Schwermut.

„Es timmeret[1]“, bemerkte jetzt, ihm einschenkend, ein langbeiniger Herr Ober. Er war aus dem Innern herangestelzt, nun stellte er die Flasche auf den Beitisch zurück, räusperte sich in einen weissen Handschuh hinein und erwartete wohl, dass ihn der Gast in eine Unterhaltung zöge. Keller hütete sich. Das war ein Hiesiger, ein Innerschweizer. Ihm, dem Stadtzürcher, waren Leute dieses Schlages fremd. Vor Zeiten hatten sie ihr Land den Vögten abgenommen, sie waren ihre eigene Herrschaft geworden. Und heute? Heute krochen sie hinter Comtessen her, hinter Bank- und Schlotbaronen, immer darauf bedacht, ein Trinkgeld zu kassieren. Die einst mächtigen Bauern hatten sich zu Knechten deformiert, zu Kellnern und Caddies.

Unter der zarten, letzten Himmelshelle schien das Land weit, gross und grau zu werden. Von den tiefer gelegenen Alpen[2] tönte das Läuten der Herden herauf, und ein Senn mit kräftiger Stimme, die ein Holztrichter noch verstärkte, leierte seinen Betruf in den Abend hinaus. Der befrackte Ober stand jetzt an der Terrassenbrüstung; er schien dem Dampfer zuzusehen, der tief unter ihm den See durchfuhr.

Ich bin, sagte sich Keller, ein Greis. Er sass in einem Korbstuhl, die kurzen Beine von einem Plaid verdeckt, und trank, trank hastig, er trank, um froh zu bleiben, heiter. Es war kühl geworden, es wurde dunkel. Nur der See, als vermöchte er aus eigener Kraft zu leuchten, lag wie ein Spiegel aus Silber in der Tiefe einer gründunklen Schattenlandschaft.

[1] Schweizerdeutsch für: Es dämmert.
[2] Alpen: Almen

Keller lächelte. Er war alt, doch nicht verbittert. Er war allein, doch nicht einsam. Der Vogel, wagte er zu denken, hatte ihn zwar gestreift, doch nicht gepackt. Heute, am Vorabend seines Geburtstages, liess ihn die Schwermut in Ruhe. Der Herr Ober steifte den Rücken, drehte sich um und sah herüber. Er schien etwas sagen zu wollen. Keller duckte sich. Aus dem Himmel, sah er, schwand das letzte Licht. Kein Stern, kein Mond. Irgendwo wurde ein Fenster geschlossen, ein Vorhang gezogen, und das Bimmeln der Herde tönte dumpf und fern.

Da, plötzlich, geschiehts:

Das nachtdunkle Land erwacht, die Seedörfer und Seitentäler beginnen zu läuten, nah ein Knistern, ein Geprassel, ein Feuer lodert auf, ein Höhenfeuer, und schon stehen alle Flanken, alle Gipfel in Flammen – das grosse Naturtheater der Innerschweiz hat sich mit einem Schlag illuminiert.

Sofort war es mit Kellers Frohlaune vorbei. „Was händ ächt die Tuble wider z fyre[1]!“, knurrte er.

Der Lange kam näher.

Das sei ja bald kein Staat mehr, versetzte Keller, sondern eine Festhütte, und wollte schon das Plaid zurückwerfen und sich aus dem Korbstuhl hinausarbeiten. Da beugte sich der Lange zu seinem Ohr und zischelte: „Ein Dichtergeburtstag!“

„Wie bitte?“ Keller verschluckte sich.

Ja, fuhr der Ober leise fort, kaum zu glauben, doch leider die Wahrheit, mit diesem Aufwand an Holz, Feuer und Geläute werde ein gewisser Keller, Gottfried, Dichter aus Zürich, zum Siebzigsten geehrt und gefeiert – reichlich übertrieben wie er, der Herr Wendelin, finde.

„So, so,“ machte Keller.

Und Herr Wendelin, mit hämischem Unterton: „TRINKT, O AUGEN, WAS DIE WIMPER HÄLT, VON DEM GOLDNEN ÜBERFLUSS DER WELT[2]!“

Keller riss die Brille ab, drückte Daumen und Zeigefinger gegen die Augen, aber er wusste, er sah es: Das war kein Traum, kein Suffgebilde, dieser Herr Ober, der ihn so frech und abschätzig zitiert hatte, stand lang und ein wenig nach Schweiss riechend neben seinem Stuhl. Keller konnte nicht anders, er musste ihn anglotzen. In dieser Tonart, erklärte nun der Lange, pflege der Jubilar zu dichten, der zitierte Vers habe heute morgen in allen Zeitungen gestanden. Trinkende Augen! Haltende

[1] *Schweizerdeutsch für: Was haben die Dummköpfe bloß wieder zu feiern!*

[2] *Zitat aus dem Gedicht Abendlied von Gottfried Keller (1819–1890), in dem ein Nachdenken über den Tod mit der folgenden Strophe schließt:*
Doch noch wandl ich auf dem Abendfeld,
Nur dem sinkenden Gestirn gesellt:
Trinkt, o Augen, was die Wimper hält,
Von dem goldnen Überfluss der Welt!

Wimpern! Also ihm, dem Herrn Wendelin, sei das zu verstiegen und zu altmodisch, lyrisches Geflitter von gestern. Der Dichter, für den das Land die Glocken erschallen und die Gipfel wie Fackeln leuchten liess, griff mit alterszittriger Hand nach dem Glas. Sollte er lachen oder heulen? Der Lange nahm die leere Flasche vom Tisch und sah ihn fragend an. ‚Ja“, sagte Keller, „bringed no e Guttere[1]!“

Er krallte seine Finger in die korbige Lehne. Ihm schwindelte. Jetzt war er da – der Vogel war da. „Habt Ihr nicht verstanden?“, rief Keller mit verzweifelter Kraft, „no e Guttere, noch eine Flasche, und zwar rasch!“ Auf seinen dünnen Beinen stakste der Lange davon. Ein kalter Luftzug, der vom See herauf und über die Terrasse stieg, liess seine Frackstösse flattern. Keller schnaufte. Was tun? Fliehen!

Zu spät. Schon stand der Lange wieder bei ihm, zog nah an Kellers Ohr den Zapfen aus der Flasche und meinte keck, das sei kein schlechter Tropfen, dieser Gumpoldskirchner. „Drum suuf en[2]“, sagte Keller.

Indes hatte der Dampfer am gegenüberliegenden Ufer abgelegt und zog in rascher Fahrt in nördlicher Richtung davon. Bald würde er nur noch ein trüber Lichtfleck sein, dachte Keller, und dann würde er von der Finsternis verschluckt werden.

[1] Schweizerdeutsch für: Bringen Sie noch eine Flasche!
[2] Schweizerdeutsch für: Darum saufe ich ihn.

(Die Rechtschreibung folgt den Schweizer Regeln. Text aus: Thomas Hürlimann, Innerschweizer Trilogie. Zürich: Ammann Verlag 1991, S. 69–72).

► Lösung Seite 272 f.

Übung 10

Formuliere aus deinen Stichworten einen Text.

► Lösung Seite 273 f.

Übung 11

Charakterisiere stichwortartig die Figur des Obers in dem oben stehenden Textauszug.

► Lösung Seite 274

1.6 Poetische Texte erschließen (Musteraufsätze)

„Erschließen" kommt von „Aufschließen" – und dieser gemeinsame Wortstamm zeigt, dass dieser Umgang mit Texten einen Schlüssel erfordert, um sie zu verstehen, zu analysieren und zu interpretieren.
Unabhängig davon, um welche Textgattung es sich handelt, braucht man bei der Erschließung eines Textes eine bestimmte Herangehensweise: Man untersucht Textschlüssel.

1. Was ist die wesentliche Aussage?
Zunächst muss man sich fragen, worum es im Kern in diesem Text geht – wie bei einer Inhaltsangabe. Stets ist eine Beschreibung der gedanklichen Struktur, der Sinnabschnitte, erforderlich; Hinweise auf einen neuen Sinnabschnitt können zum Beispiel Ortswechsel, Zeitsprünge oder neue Personen geben.

2. Art des Textes
Dann sind die formalen Besonderheiten eines Textes in Abhängigkeit von der Textgattung oder -sorte zu analysieren. Wichtig ist der korrekte Gebrauch der Fachbegriffe.

3. Sprachliche Mittel im Zusammenhang mit dem Inhalt
Dies gilt ebenso für die folgende Betrachtung der sprachlichen Mittel in ihrer inhaltlichen Funktion. Das heißt also, sie dürfen nicht einfach nur zusammenhanglos aufgezählt werden, sondern sollen überlegt angeordnet werden – beispielsweise nach Sinnabschnitten. Hinzu kommt eine Erklärung, inwiefern sie den Inhalt des Textes unterstützen.

4. Deutung
All diese „Schlüssel" ermöglichen eine Analyse des Textes. Ihr folgt die eigentliche Interpretation, die Deutung. Häufig bietet es sich an, hier den Sinnabschnitten des Textes zu folgen und die darin enthaltenen Textaussagen zu untersuchen und zu erklären.

Diese Aspekte müssen immer behandelt werden, wenn die Aufgabe lautet, einen Text zu erschließen beziehungsweise ihn zu analysieren und zu interpretieren, selbst wenn sie nicht ausdrücklich benannt werden. Darüber hinaus können Zusatzaufgaben Hinweise dafür geben, welche Schwerpunkte die Interpretation haben soll.

1.6.1 Eine Kurzgeschichte erschließen

Aufgabenstellung:
Erschließe Heinrich Bölls Text „Damals in Odessa" nach Inhalt, gedanklichem Aufbau, erzählerischer und sprachlicher Gestaltung! Berücksichtige besonders, wie die einzelnen Personen dargestellt werden!

Anmerkung: In dieser Schwerpunktsetzung der Aufgabe werden Aspekte verlangt, die der Personencharakteristik zugehören.

Heinrich Böll
Damals in Odessa

Lesetext

Damals in Odessa war es sehr kalt. Wir fuhren jeden Morgen mit großen rappelnden Lastwagen über das Kopfsteinpflaster zum Flugplatz, warteten frierend auf die großen grauen Vögel, die über das Startfeld rollten, aber an den beiden ersten Tagen, wenn wir gerade beim Einsteigen waren, kam der Befehl, dass kein Flugwetter sei, die Nebel über dem Schwarzen Meer zu dicht oder die Wolken zu tief, und wir stiegen wieder in die großen rappelnden Lastwagen und fuhren über das Kopfsteinpflaster in die Kaserne zurück.
Die Kaserne war sehr groß und schmutzig und verlaust, und wir hockten auf dem Boden oder lagen über den dreckigen Tischen und spielten Siebzehn-und-Vier, oder wir sangen und warteten auf eine Gelegenheit, über die Mauer zu gehen. In der Kaserne waren viele wartende Soldaten, und keiner durfte in die Stadt. An den beiden ersten Tagen hatten wir vergeblich versucht auszukneifen, sie hatten uns geschnappt, und wir mussten zur Strafe die großen, heißen Kaffeekannen schleppen und Brote abladen; und dabei stand in einem wunderbaren Pelzmantel, der für die so genannte Front bestimmt war, ein Zahlmeister und zählte, damit kein Brot platt geschlagen wurde, und wir dachten damals, dass Zahlmeister nicht von Zahlen, sondern von Zählen kommt. Der Himmel war immer noch neblig und dunkel über Odessa, und die Posten pendelten vor den schwarzen, schmutzigen Mauern der Kaserne auf und ab.
Am dritten Tage warteten wir, bis es ganz dunkel geworden war, dann gingen wir einfach an das große Tor, und als der Posten uns anhielt, sagten wir „Kommando Seltschini", und er ließ uns durch. Wir waren zu drei Mann, Kurt, Erich und ich, und wir gingen sehr langsam. Es war erst vier Uhr und schon ganz dunkel. Wir hatten ja nichts gewollt als aus den großen,

schwarzen, schmutzigen Mauern heraus, und nun, als wir draußen waren, wären wir fast lieber wieder drinnen gewesen; wir waren erst seit acht Wochen beim Militär und hatten viel Angst, aber wir wussten auch: wenn wir wieder drinnen gewesen wären, hätten wir unbedingt heraus gewollt, und dann wäre es unmöglich gewesen, und es war doch erst vier Uhr, und wir konnten nicht schlafen, wegen den Läusen und dem Singen und auch, weil wir fürchteten und zugleich hofften, am anderen Morgen könnte gutes Flugwetter sein und sie würden uns auf die Krim hinüberfliegen, wo wir sterben sollten. Wir wollten nicht sterben, wir wollten auch nicht auf die Krim, aber wir mochten auch nicht den ganzen Tag in dieser schmutzigen, schwarzen Kaserne hocken, wo es nach Ersatzkaffee roch und wo sie immerzu Brote abluden, die für die Front bestimmt waren, immerzu, und wo immer Zahlmeister in Mänteln, die für die Front bestimmt waren, dabeistanden und zählten, damit kein Brot platt geschlagen wurde.

Ich weiß nicht, was wir wollten. Wir gingen sehr langsam in diese dunkle, holprige Vorstadtgasse hinein; zwischen unbeleuchteten, niedrigen Häusern war die Nacht von ein paar verfaulenden Holzpfählen eingezäunt, und dahinter irgendwo schien Ödland zu liegen, Ödland wie zu Hause, wo sie glauben, es wird eine Straße gelegt, Kanäle bauen und mit Messstangen herumfummeln, und es wird doch nichts mit der Straße, und sie werfen Schutt, Asche und Abfälle dahin, und das Gras wächst wieder, derbes, wildes Gras, üppiges Unkraut, und das Schild „Schutt abladen verboten“ ist schon nicht mehr zu sehen, weil sie zu viel Schutt dahin geschüttet haben …

Wir gingen sehr langsam, weil es noch so früh war. Im Dunklen begegneten uns Soldaten, die in die Kaserne gingen und andere kamen aus der Kaserne und überholten uns; wir hatten Angst vor den Streifen und wären am liebsten zurückgegangen, aber wir wussten ja auch, wenn wir wieder in der Kaserne waren, würden wir ganz verzweifelt sein, und es war besser, Angst zu haben als nur Verzweiflung in den schwarzen, schmutzigen Mauern der Kaserne, wo sie Kaffee schleppten, immerzu Kaffee schleppten und für die Front Brote abluden, immerzu Brote für die Front, und wo die Zahlmeister in den schönen Mänteln herumliefen, während es uns schrecklich kalt war.

Manchmal kam links oder rechts ein Haus, aus dem dunkelgelbes Licht herausschien, und wir hörten Stimmen, hell und fremd und beängstigend, kreischend. Und dann kam in der Dunkelheit ein ganz helles Fenster, da war viel Lärm, und wir hörten Soldatenstimmen, die sangen: „Ja, die Sonne von Mexiko.“

Wir stießen die Tür auf und traten ein: da drinnen war es warm und qualmig, und es waren Soldaten da, acht oder zehn, und manche hatten Weiber bei sich, und sie tranken und sangen, und einer lachte ganz laut, als wir here-

inkamen. Wir waren jung und auch klein, die Kleinsten von der ganzen Kompanie; wir hatten ganz nagelneue Uniformen an, und die Holzfasern stachen uns in Arme und Beine, und die Unterhosen und Hemden juckten schrecklich auf der bloßen Haut, und auch die Pullover waren ganz neu und stachelig.

Kurt, der Kleinste, ging voran und suchte einen Tisch aus; er war Lehrling in einer Lederfabrik, und er hatte uns immer erzählt, wo die Häute herkamen, obwohl es Geschäftsgeheimnis war, und er hatte uns sogar erzählt, was sie daran verdienten, obwohl das ganz strenges Geschäftsgeheimnis war. Wir setzten uns neben ihn.

Hinter der Theke kam eine Frau heraus, eine dicke Schwarze mit einem gutmütigen Gesicht, und sie fragte, was wir trinken wollten; wir fragten zuerst, was der Wein kostete, denn wir hatten gehört, dass alles sehr teuer war in Odessa.

Sie sagte: „Fünf Mark die Karaffe“, und wir bestellten drei Karaffen Wein. Wir hatten beim Siebzehn-und-Vier viel Geld verloren und den Rest geteilt; jeder hatte zehn Mark. Einige von den Soldaten aßen auch, sie aßen gebratenes Fleisch, das noch dampfte, auf Weißbrotschnitten, und Würste, die nach Knoblauch rochen, und wir merkten jetzt erst, dass wir Hunger hatten, und als die Frau den Wein brachte, fragten wir, was das Essen kostete. Sie sagte, dass die Würste fünf Mark kosteten und das Fleisch mit Brot acht; sie sagte, das wäre frisches Schweinefleisch, aber wir bestellten drei Würste. Manche von den Soldaten küssten die Weiber oder nahmen sie ganz offen in den Arm, und wir wussten nicht, wo wir hingucken sollten.

Die Würste waren heiß und fett, und der Wein war sehr sauer. Als wir die Würste aufgegessen hatten, wussten wir nicht, was wir tun sollten. Wir hatten uns nichts mehr zu erzählen, vierzehn Tage hatten wir im Waggon nebeneinander gelegen und uns alles erzählt, Kurt war in einer Lederfabrik gewesen, Erich kam von einem Bauernhof, und ich, ich war von der Schule gekommen; wir hatten immer noch Angst, aber es war uns nicht mehr kalt …

Die Soldaten, die die Weiber geküsst hatten, schnallten jetzt ihre Koppel um und gingen mit den Weibern hinaus; es waren drei Mädchen, und sie hatten runde, liebe Gesichter, und sie kicherten und zwitscherten, aber sie gingen jetzt mit sechs Soldaten weg, ich glaube, es waren sechs, fünf bestimmt. Es blieben nur noch die Betrunkenen, die gesungen hatten: „Ja, die Sonne von Mexiko“. Einer, der an der Theke stand, ein großer, blonder Obergefreiter, drehte sich jetzt um und lachte uns wieder aus; ich glaube, wir saßen auch sehr still und brav da an unserem Tisch, die Hände auf den Knien, wie beim Unterricht in der Kaserne. Dann sagte der Obergefreite etwas zu der Wirtin, und die Wirtin brachte uns weißen Schnaps in ziemlich großen Gläsern. „Wir müssen ihm jetzt zuprosten“, sagte Erich und stieß uns mit den Knien an, und ich, ich rief so lange: „Herr Obergefreiter“, bis er merkte, dass ich ihn meinte, dann stieß uns Erich mit den Knien wieder an, wir standen auf und riefen zusammen: „Prost, Herr Obergefreiter.“ Die anderen Soldaten lachten alle laut, aber der Obergefreite hob sein Glas und rief uns zu: „Prost, die Herren Grenadiere...“

Der Schnaps war scharf und bitter, aber er machte uns warm und wir hätten gerne noch einen getrunken.

Der blonde Obergefreite winkte Kurt, und Kurt ging hin und winkte uns auch, als er ein paar Worte mit dem Obergefreiten gesprochen hatte. Er sagte, wir wären ja verrückt, weil wir kein Geld hätten, wir sollten doch etwas verscheuern; und er fragte, von wo wir kämen und wo wir hin müssten, und wir sagten ihm, dass wir in der Kaserne warteten und auf die Krim fliegen sollten. Er machte ein ernstes Gesicht und sagte nichts. Dann fragte ich ihn, was wir denn verscheuern könnten, und er sagte: alles. Verscheuern könnte man hier alles, Mantel und Mütze oder Unterhosen, Uhren, Füllfederhalter.

Wir wollten keinen Mantel verscheuern, wir hatten zuviel Angst, es war ja verboten, und es war uns auch sehr kalt, damals in Odessa. Wir suchten unsere Taschen leer: Kurt hatte einen Füllfederhalter, ich eine Uhr und Erich ein ganz neues, ledernes Portemonnaie, das er bei einer Verlosung in der Kaserne gewonnen hatte. Der Obergefreite nahm die drei Sachen und fragte die Wirtin, was sie dafür geben wollte, und sie sah alles ganz genau an, sagte, dass es schlecht sei, und wollte zweihundertfünfzig Mark geben, hundertachtzig allein für die Uhr.

Der Obergefreite sagte, dass das wenig sei, zweihundertfünfzig, aber er sagte auch, mehr gäbe sie bestimmt nicht, und wenn wir am nächsten Tag vielleicht auf die Krim flögen, wäre ja alles egal, und wir sollten es nehmen.

Zwei von den Soldaten, die gesungen hatten „Ja, die Sonne von Mexiko“, kamen jetzt von den Tischen und klopften dem Obergefreiten auf die Schultern; er nickte uns zu und ging mit ihnen hinaus.

Die Wirtin hatte mir das ganze Geld gegeben, und ich bestellte jetzt für jeden zwei Portionen Schweinefleisch mit Brot und einen großen Schnaps, und dann aßen wir noch einmal jeder zwei Portionen Schweinefleisch, und noch einmal tranken wir einen Schnaps. Das Fleisch war frisch und fett, heiß und fast süß, und das Brot war ganz mit Fett durchtränkt, und wir tranken dann noch einen Schnaps. Dann sagte die Wirtin, sie hätte kein Schweinefleisch mehr, nur noch Wurst, und wir aßen jeder eine Wurst und ließen uns Bier dazu geben, dickes, dunkles Bier, und wir tranken noch einen Schnaps und ließen uns Kuchen bringen, flache, trockene Kuchen aus gemahlenen Nüssen; dann tranken wir noch mehr Schnaps und wurden gar nicht betrunken; es war uns warm und wohl, und wir dachten nicht mehr an die vielen Stacheln aus Holzfasern in den Unterhosen und dem Pullover; und es kamen neue Soldaten herein, und wir sangen alle: „Ja, die Sonne von Mexiko …“

Um sechs Uhr war unser Geld auf, und wir waren immer noch nicht betrunken; wir gingen zur Kaserne zurück, weil wir nichts mehr zu verscheuern hatten. In der dunklen, holprigen Straße brannte nun gar kein Licht mehr, und als wir durch die Wache kamen, sagte der Posten, wir müssten auf die Wachstube. In der Wachstube war es heiß und trocken, schmutzig, und es roch nach Tabak, und der Unteroffizier schnauzte uns an und sagte, die Folgen würden wir schon sehen. Aber in der Nacht schliefen wir sehr gut, und am anderen Morgen fuhren wir wieder auf den großen, rappelnden Lastwagen über das Kopfsteinpflaster zum Flugplatz, und es war kalt in Odessa, das Wetter war herrlich klar, und wir stiegen endgültig in die Flugzeuge ein; und als sie hochstiegen, wussten wir plötzlich, dass wir nie mehr wiederkommen würden, nie mehr …

Aus: Heinrich Böll: Erzählungen. Middlehauve Verlag. Opladen 1950. S. 149–154

Texterschließung: Damals in Odessa

Gliederung

1 Einleitung: Historische Situation und biographischer Bezug	Historische und biographische Hintergrundinformationen
2 Erschließung der Kurzgeschichte	
2.1 Inhalt und Aufbau	
2.1.1 Basissatz	
2.1.2 Rahmenstruktur	
2.1.3 Sinnabschnitte:	
2.1.3.1 Sprung mitten ins Geschehen: Verzögerung des Abflugs auf die Krim	Sehr ausführliche Auflistung der Sinnabschnitte
2.1.3.2 Warten in der Kaserne von Odessa	
2.1.3.3 Verbotener Ausflug in die Stadt	Weit untergliederte Unterpunkte, daher rein numerisches Gliederungsschema sinnvoll
2.1.3.3.1 Weg durch die Vorstadt	
2.1.3.3.2 Zögerliches Eintauchen in die Wirtshausatmosphäre	
2.1.3.3.3 Wendepunkt: Hemmungsloser Lebensgenuss	

2.1.3.4 Rückweg in die Kaserne *2.1.3.5 Offener Schluss: Abflug der Soldaten auf die Krim*	
2.2 Erzählerische Gestaltung *2.2.1 Erzählform: Ich-/Wir-Form* *2.2.2 Personales Erzählverhalten* *2.2.3 Verhältnis von Erzählzeit zu erzählter Zeit*	Besonderes Eingehen auf Erzählform wegen eines besonderen Falles (siehe Ausführung)
2.3 Sprachliche Gestaltung *2.3.1 Satzbau* *2.3.1.1 Vorwiegend Parataxen (Hauptsätze)* *2.3.1.2 Polysyndeta*	
2.3.2 Wortwahl und Stilmittel *2.3.2.1 Umgangssprachliche Ausdrücke* *2.3.2.2 Sinneswahrnehmungen – verstärkt durch Antithesen und Alliterationen* *2.3.2.3 Wiederholungen* *2.3.2.4 Symbole*	Ausnahmsweise Verknüpfung zweier Analyseaspekte aufgrund inhaltlicher Gegebenheiten
2.4 Personengestaltung *2.4.1 Die Hauptfiguren als Kameraden* *2.4.1.1 Gemeinsamer, aber gescheiterter Fluchtversuch* *2.4.1.2 Erneuter Verstoß gegen das Ausgehverbot* *2.4.1.2.1 Verdrängung der Angst im gemeinsamen Genuss* *2.4.1.2.2 Selbstlose Aufteilung des restlichen Besitzes* *2.4.1.2.3 Furchtlosigkeit durch gestärktes Gemeinschaftsgefühl* *2.4.2 Nebenfiguren* *2.4.2.1 Der bestechliche und unmenschliche Zahlmeister* *2.4.2.2 Der Obergefreite als Kontrastfigur zum Zahlmeister* *2.4.3 Die Personen als Beispiele für Kriegsschicksale*	Ausführliche Bearbeitung des Deutungsschwerpunktes
3 Kerngedanke: Kameradschaft als Lichtblick im schrecklichen Kriegsalltag	Zusammenfassende Deutung im Schluss

Musteraufsatz:
Heinrich Böll: Damals in Odessa

Musteraufsatz

1 Historische und Biographische Bezüge

Heinrich Bölls Kurzgeschichte „Damals in Odessa" wurde 1950 veröffentlicht. Sie spielt während des Zweiten Weltkrieges, wohl im Jahr 1943, als die sowjetischen Armeen endgültig die Initiative gegenüber den deutschen Truppen gewann. Vom Stützpunkt Odessa aus wurden deutsche Soldaten auf die Halbinsel Krim geflogen, um sie zu halten; doch im November 1943 wurde die Krim durch die Sowjets von der deutschen Kontrolle abgeschnitten. Heinrich Böll kannte die Situation aus der Sicht eines Soldaten genau, denn er wurde mitten aus seinem Studium heraus als Soldat unter anderem auch auf der Krim eingesetzt.

Die Handlung in Bölls Kurzgeschichte dreht sich darum, wie drei junge Soldaten im Zweiten Weltkrieg ihre Angst vor einem Fronteinsatz durch intensiven gemeinsamen Lebensgenuss überwinden.	2 Erschließung Basissatz
Die Erzählung weist eine linear aufgebaute Handlung auf, die sich innerhalb eines durch Örtlichkeiten festgelegten Rahmens abspielt. Er wird durch den Flugplatz gebildet, von wo aus die während des Zweiten Weltkriegs in Odessa stationierten Soldaten zu ihrem Einsatz auf die Halbinsel Krim fliegen sollen. Eingeleitet wird die Rahmenhandlung durch einen Sprung mitten ins Geschehen: Der Leser erfährt, dass der Flug der jungen Soldaten aufgrund des schlechten Wetters verzögert wird.	Inhalt und gedankliche Struktur zusammengenommen; dabei auch Bezüge zur Textsorte „Kurzgeschichte"
Thema des zweiten Erzählabschnittes, der zur Haupthandlung überleitet, ist das Warten der Soldaten in der Kaserne von Odessa, aus der es für sie scheinbar kein Entrinnen gibt. Am dritten Tag spielt das zentrale Ereignis, der verbotene Ausflug der drei Soldaten in die Stadt. Nach einem Marsch durch die dunkle und unheimlich wirkende Vorstadt von Odessa stoßen die Männer auf ein Wirtshaus, wo die Kernhandlung der Kurzgeschichte spielt. Nach anfänglichem Zögern wird der Aufenthalt zu einer Fress- und Sauforgie, während derer die Soldaten ihre Angst vor dem drohenden Kriegseinsatz für wenige Stunden verdrängen. Hier erfährt das Geschehen seinen Höhe- und zugleich Wendepunkt.	Klare Benennung der Sinnabschnitte
Der letzte Sinnabschnitt der Erzählung führt in rascher, umgekehrter Ortsfolge zurück zur Rahmenhandlung, bis hin zum Einstieg der Soldaten in die startklaren Flugzeuge. Aufgrund des offenen Schlusses erfährt der Leser nichts Konkretes über das weitere Schicksal der	Hinweis auf spiegelbildliche Anordnung der Örtlichkeiten

Soldaten – angedeutet wird jedoch, dass sie von ihrem Einsatz nicht zurückkehren.

Bölls Kurzgeschichte ist in der Ich-Form verfasst. Weil das Ich aber hinter ein Wir zurücktritt, wird das Gefühl der Kameradschaft, welches das Verhältnis der Soldaten zueinander prägt, deutlich. Zudem unterstreicht diese Erzählform, dass es nicht in erster Linie um individuelle Schicksale geht.

Erläuterung eines Spezialfalls der Ich-Erzählung mit Begründung

Das Erzählverhalten ist personal aus der Sicht des jugendlichen Erzählers. So erhält der Leser etwa in folgendem Textausschnitt einen Einblick in die Perspektive des Ichs, die von Verzweiflung über den Aufenthalt in der schmutzigen Kaserne geprägt ist: *„Wir hatten ja nichts gewollt als aus den großen, schwarzen, schmutzigen Mauern heraus, und nun, als wir draußen waren, wären wir fast lieber wieder drinnen gewesen." (Z. 26 ff.)* Am Ende der Kurzgeschichte wird wiederum aus der Perspektive des Ich-Erzählers deutlich, wie sich sein Gemütszustand geändert hat; so beschreibt er das Wetter vor dem Abflug auf die Krim als *„herrlich klar". (Z. 164)*

Erzählverhalten mit bewusst gewählten Belegen, die die Entwicklung des Ich-Erzählers zeigen

Das Geschehen erstreckt sich über mehrere Tage hinweg, sodass insgesamt die Erzählzeit länger ist als die erzählte Zeit. Während jedoch die Ereignisse bis zum Ausflug der Soldaten in die Stadt sehr gerafft dargestellt werden, beginnt mit dem dritten Sinnabschnitt eine Zeitdehnung, die während der gesamten zentralen Handlung durchgehalten und durch Rückblenden unterbrochen wird, wenn sich beispielsweise der Ich-Erzähler an die Zugfahrt nach Odessa zurückerinnert. Durch eine stärkere Annäherung der erzählten Zeit an die Erzählzeit wirkt das Geschehen unmittelbarer auf den Leser. In den letzten beiden Sinnabschnitten lässt sich wieder eine Zeitraffung beobachten.

Genau begründete Darstellung des Verhältnisses von Erzählzeit zu erzählter Zeit, orientiert an den Sinnabschnitten

Die Aussage der Kurzgeschichte wird durch verschiedene sprachliche Mittel unterstrichen. Auffällig ist die Einfachheit des Satzbaus und der Wortwahl. Es liegen viele Parataxen vor, wobei die Hauptsätze wiederholt polysyndetisch durch die Konjunktion „und" verbunden werden: *„... und wir hörten Stimmen, hell und fremd, beängstigend und kreischend. Und dann kam* [...] *ein ganz helles Fenster* [...] *und wir hörten Soldatenstimmen." (Z. 61–63)*

Überleitung zur Analyse der sprachlichen Gestaltung

Bei der Wortwahl fällt ins Auge, dass etliche Ausdrücke, wie „auszukneifen", „plattgeschlagen" oder das wiederholt gebrauchte Verb „verscheuern" der Umgangssprache angehören. Diese Sprachebene wird bewusst eingesetzt, um die Alltäglichkeit der dargestellten Situation im Krieg zu veranschaulichen: Ebenso wie die Figuren und ihre Gefühle dem Alltag entnommen sind, ist es auch ihre Sprache.

Klare Benennung der Funktion der Umgangssprache; Bezug zur Gattung „Kurzgeschichte"

Zudem werden auffallend viele Begriffe verwendet, die Sinneswahrnehmungen wiedergeben, um die Gefühlslage der handelnden Figuren zu verdeutlichen. Optische, einander inhaltlich entgegengesetzte Eindrücke sind zum Beispiel das Dunkel in den Straßen von Odessa und das helle Fenster der Kneipe, die zugleich die Gegensätze Bedrohung und Geborgenheit symbolisieren, stellt das Wirtshaus doch für die Soldaten eine Art rettende Insel in ihrer bedrohlichen Situation dar. Beispiele für akustische Eindrücke sind der Lärm und der Gesang der Soldaten. Der Tastsinn wird durch die stechenden Holzfasern der Uniformen sowie durch die juckenden Hemden angesprochen. Der Geruch kommt in den nach Knoblauch riechenden Würsten zum Ausdruck und auf den Geschmackssinn wird durch die Beschreibung der verzehrten Speisen und Getränke zurückgegriffen. Insgesamt wird hier der Eindruck der reinsten Fress- und Sauf-

Konzentration auf wirklich zentrale Beobachtungen statt beliebige Aufzählung vieler Phänomene

Zusammenfassende Schlussfolgerung

orgie vermittelt, die wie eine Henkersmahlzeit wirkt. Unterstrichen wird dies weiterhin durch Alliterationen: *„Das Fleisch war frisch und fett" (Z. 144), die Rekruten trinken „dickes, dunkles Bier" (Z. 148) und ihnen wird „warm und wohl" (Z. 151).*

Darüber hinaus verstärken etliche Wortwiederholungen die jeweilige Stimmungslage. So ist gleich zu Beginn des Textes mehrfach von der schmutzigen Kaserne die Rede. Ebenso wird auch durch die Repetitio der Adjektive dunkel und schwarz die bedrückende, angsterfüllte Stimmung hervorgehoben, in der sich die jungen Männer befinden. Auch ganze Sätze werden wiederholt, wodurch die eingangs beschriebene Rahmenstruktur der Erzählung zum Ausdruck kommt. Als Beispiel lässt sich hier auf folgenden Satz verweisen, der in der Wiederholung nur eine leichte Umstellung erfährt: *„... in Odessa war es sehr kalt" (Z. 1); „... und es war kalt in Odessa" (Z. 163 f.).*

Wiederholungen als Stilmittel

Darüber hinaus werden auch Sprachbilder verwendet, die einen symbolischen Wert besitzen: Die Gegenstände, die die Rekruten verkaufen, um ihren Exzess zu finanzieren, sind ihrem Alltag entnommen: eine Uhr, ein Füllfederhalter und ein Portemonnaie. Sie stehen daher für das Leben der Soldaten vor dem Krieg; weil nun ihr Leben bedroht ist, trennen sie sich symbolisch von diesen Alltagsgegenständen und sagen sich in dieser extremen Situation vom Alltagsleben los.

Herausgreifen zentraler Sprachbilder

Begründete Schlussfolgerung

Die drei Hauptfiguren der Kurzgeschichte – Kurt, Erich und der namentlich nicht genannte Ich-Erzähler – verbindet außer ihrem jugendlichen Alter seit ihrer vierzehntägigen Zugfahrt nach Odessa die Angst vor dem Fronteinsatz und eine enge Kameradschaft, was sich in einem gescheiterten Fluchtversuch aus der Kaserne von Odessa

Deutungsschwerpunkt; getrennte Behandlung nach Hauptpersonen und Nebenfiguren zeigt, für den sie Strafdienst leisten müssen. Dies schreckt sie jedoch nicht davor ab, sich aus Verzweiflung über ihre Situation erneut über das Ausgehverbot hinwegzusetzen, ganz im Gegenteil – das abstoßende Kasernenleben und eine paradoxe Mischung aus Furcht und Hoffnung, *„am anderen Morgen könnte gutes Flugwetter sein und sie würden uns auf die Krim hinüberfliegen, wo wir sterben sollten" (Z. 33–35),* treibt sie in das gemeinsame Vergnügen in der Kneipe. Hier erleben sie ihr Gemeinschaftsgefühl, indem sie durch den Konsum von Fleisch und Schnaps allmählich ihre „innere Kälte", ihre Verzweiflung, verdrängen: *„Wir hatten immer noch Angst, aber es war uns nicht mehr kalt." (Z. 98 f.)* Schließlich verschleudern sie auf den Rat eines Obergefreiten hin ihr letztes Hab und Gut, um sich noch mehr Essen und Alkohol zu gönnen. Der Erlös kommt unabhängig vom Wert des Gegenstandes allen dreien zugute, wodurch das Gefühl der Zusammengehörigkeit seinen Höhepunkt erreicht. Dadurch gestärkt, können ihnen die angedrohte Strafe sowie der Abflug an die Front nach ihrer Rückkehr in die Kaserne nichts mehr anhaben: *„Aber in der Nacht schliefen wir sehr gut." (Z. 161).* Dies steht in deutlichem Kontrast zu ihrer angsterfüllten Schlaflosigkeit vor ihrem gemeinsamen Erlebnis.

Belege der Aussagen durch direkte Zitate, die korrekt mit der eigenen Darstellung verknüpft sind

Wichtige Nebenfiguren sind der Zahlmeister und der Obergefreite. Während der Zahlmeister, der einen *„wunderbaren Pelzmantel [trägt], der für die so genannte Front bestimmt war" (Z. 16 f.),* als bestechlich und unmenschlich dargestellt wird, tritt der Obergefreite, auf den die Soldaten in der Kneipe treffen, als gegensätzliche Figur auf. Als er von den jungen Männern erfährt, dass sie für einen Einsatz auf der Krim vorgesehen sind, macht er ein *„ernstes Gesicht" (Z. 123)* und ermutigt sie, alles zu verkaufen – im Hinblick auf

Kennzeichnung eigener Einfügungen im direkten Zitat

ihre zweifelhafte Wiederkehr auch zu einem viel zu geringen Preis, wie der Ich-Erzähler den Obergefreiten zitiert, *„denn wenn wir am nächsten Tag vielleicht auf die Krim flögen, wäre ja alles egal." (Z. 136 f.)*

Sämtliche Figuren – auch die hier nicht näher betrachtete Wirtin oder die Zahlmeister in der Kaserne – sind Durchschnittstypen. Man kann sich vorstellen, dass man sie an beliebigen Orten in vergleichbaren Situationen während des Zweiten Weltkrieges hätte treffen können. Diese Art der Figurengestaltung tritt in der Gattung der Kurzgeschichte häufig auf.

Folgerung aus der Charakteristik und Querbezug zu Gattungsmerkmalen der Kurzgeschichte

Bölls Kurzgeschichte verdeutlicht, wie radikal sich das Leben junger Menschen im Krieg ändert, indem sie – zum Teil von der Schulbank weg – kriegsverpflichtet werden. Dabei bedrückt sie die tödliche Bedrohung eines Einsatzes ohne sichere Wiederkehr.

3 Zusammenfassende Interpretation im Schluss auf allgemeinerer Ebene

Dieser angstbesetzten Situation können sie – wenn auch nur psychisch, nicht in der Realität – einzig und allein durch Gemeinschaft und Freundschaft entfliehen, und nicht durch ein heroisch überzeichnetes Fronterleben. Hierbei standen sicherlich Bölls eigene Fronterfahrungen Pate.

Rückbezug zur Einleitung

1.6.2 Ein Gedicht erschließen

Aufgabenstellung
Erschließen Sie das Gedicht „Das Blümlein Vergissmeinnicht" von Barthold Hinrich Brockes! Weisen Sie nach, dass es sich um ein Werk der Frühaufklärung handelt!

Lesetext

Barthold Hinrich Brockes (1680–1747)
Das Blümlein Vergissmeinnicht

An einem wallenden, kristallengleichen Bach,
Der allgemach
Die glatte Flut durch tausend Blumen lenkte
Und schlanke Binsen, Klee und Gras
Mit silberreinen Tropfen tränkte,
Saß ich an einem kleinen Hügel,
Bewunderte bald in der blauen Flut
Des Luftsaphirs saphirnen Spiegel,
Bald den smaragdnen Rahm des Grases, dessen Grün
Der güldne Sonnenstrahl beschien,
Und fand von Kräutern, Gras und Klee
In so viel tausend schönen Blättern
Aus dieses Weltbuchs A B C
So viel, so schön gemalt, so rein gezogne Lettern,
Dass ich, dadurch gerührt, den Inhalt dieser Schrift
Begierig wünschte zu verstehn.
Ich konnt es überhaupt auch alsbald sehn
Und, dass er von des großen Schöpfers Wesen
Ganz deutlich handelte, ganz deutlich lesen.
Ein jedes Gräschen war mit Linien geziert,
Ein jedes Blatt war voll geschrieben;
Denn jedes Äderchen, durchs Licht illuminiert,
Stellt einen Buchstab vor. Allein,
Was eigentlich die Worte sein,
Blieb mir noch unbekannt,
Bis der Vergissmeinnicht fast himmelblauer Schein,
Der in dem holden Grünen strahlte
Und in dem Mittelpunkt viel güldne Striche malte,
Mir einen klaren Unterricht
Von dreien Worten gab, indem mich ihre Pracht

Auf die Gedanken bracht:
Da Gott in allem, was wir sehen,
Uns sein Allgegenwart und wie er alles liebet
So wunderbarlich zu verstehen,
So deutlich zu erkennen gibet;
So deucht mich, hör ich durchs Gesicht,
Dass in dem saubern Blümchen hier
Sowohl zu dir als mir
Der Schöpfer der Vergissmeinnicht selbst spricht:
Vergiss mein nicht!

Das Blümlein Vergissmeinnicht

Gliederung

Gliederung

A. Barthold Hinrich Brockes – ein Dichter in der Übergangsphase von Spätbarock zu Frühaufklärung	Literaturhistorischer Bezug; Bogen zum Schluss
B. Erschließung des Gedichtes „Das Blümlein Vergissmeinnicht“ von Barthold Hinrich Brockes	
I. Inhalt und Aufbau: Gliederung in Sinnabschnitte nach einem schrittweise durchgeführten Erkenntnisprozess:	Integrierte Behandlung von Inhalt und gedanklicher Struktur
1. Oberflächliche Naturbeobachtung (V. 1–10) *2. Erkennen einer verschlüsselten Botschaft und Wunsch nach Verstehen (V. 11–16)* *3. Detailgenaue Analyse der Naturerscheinungen (V. 17–25)* *4. Vergissmeinnicht-Pflanze als Übermittlerin der göttlichen Botschaft (V. 26–40)*	Genauer Überblick über Sinnabschnitte durch Versangaben
II. Formanalyse *1. Gedichtform: 40 Verse ohne Strophengliederung*	Analyse der Gedichtform

2. Prosanahe Textstruktur aufgrund des jambischen Metrums und der unterschiedlichen Verslänge

3. Untersuchung der Reimstruktur

a) Kein einheitliches Reimschema

b) Reimgleichheit der Verse 29/36/39/40: Schlussfolgerung des Ichs hinsichtlich der göttlichen Botschaft

mit Herausgreifen einer Besonderheit

III. Sprachliche Analyse

1. Hypotaktischer Satzbau

a) Enjambements: Unterstützung der prosanahen Textstruktur

b) Relativsatz (V. 2–5): genauere Beschreibung der idyllischen Naturerscheinungen

c) Konsekutivsatz (V. 15 f.): Schlussfolgerungen aus der Naturbeobachtung

d) Kausalsatz (V. 32–35): begründende Hinführung zur zentralen Erkenntnis

Sprache als Ausdruck des Inhalts, keine isolierte Betrachtung sprachlicher Phänomene

2. Wortwahl

a) Bedeutungsbereich „Edelmetalle bzw. -steine“: hoher Wert der Naturerscheinungen

b) Bedeutungsbereich „Licht“: Förderung des Erkennens

c) Bedeutungsbereich „Erkenntnis“: rationalistische Herangehensweise

d) Bedeutungsbereich „Schrift“: sinntragende Natur

3. Stilmittel

a) Allegorie (V. 13) für die bedeutungstragende Natur, Analogon zur Bibel

b) Paronomasie (V. 39/40): Wortspiel mit der zentralen Gottesbotschaft „Vergiss mein nicht“

Konzentration auf wichtigste Stilmittel zur Unterstützung der inhaltlichen Analyse

c) Anapher (V. 34–36): schrittweise Steigerung zur zentralen Aussage

d) Metaphorik (V. 8, 9) zur Unterstützung des Kontrastes himmlische – irdische Sphäre

IV. Zusammenfassende Deutung des Lehrgedichtes

C. Literaturgeschichtliche Zuordnung: Frühaufklärung

Texterschließung: Das Blümlein Vergissmeinnicht (Musteraufsatz)

Musteraufsatz

A. Einleitung mit literaturgeschichtlichen Hinweisen

Der Hamburger Kaufmannssohn Barthold Hinrich Brockes, geboren 1680 und gestorben 1747, lebte und schrieb in einer geistesgeschichtlichen Übergangsphase zwischen Barock und Aufklärung. Dies spiegelt sich auch in seinem Werk wider.

Überleitung mit Formulierung des Themas

Als ein Beispiel wird im Folgenden sein Gedicht „Das Blümlein Vergissmeinnicht" aus dem Jahr 1727 erschlossen und interpretiert.

B. Erschließung

Basissatz

Im Mittelpunkt des Textes steht ein lyrisches Ich, das sich anhand seiner genauen Naturbeobachtung die göttliche Botschaft „Vergiss mein nicht" erschließt.

Darstellung der Sinnabschnitte mit integrierter Inhaltsangabe

Zunächst gibt das Ich von seinem Blickpunkt aus, einem Hügel, seine Naturbeobachtungen in einer idyllischen Graslandschaft wieder, durch die sich ein Bach windet (V. 1–10). Angeregt durch diese Beobachtungen erkennt das Ich, dass die Naturphänomene ähnlich wie ein Text eine Botschaft enthalten, die es gerne verstehen möchte (V. 11–16). Der Verwirklichung dieses Wunsches gilt sein Bemühen in den Versen 17 bis 25: Durch die detailgenaue Betrachtung und Analyse der Naturerscheinungen erkennt es, dass sie eine

göttliche Botschaft enthalten, ohne jedoch zunächst zu verstehen, worin diese besteht. Erst der Anblick einer speziellen Pflanze, des Vergissmeinnichts, ermöglicht dem Ich das Lesen und Verstehen des göttlichen Auftrages, man solle den Schöpfer nicht vergessen (V. 26–40).
Es lässt sich also erkennen, dass dem gedanklichen Aufbau des Gedichtes ein schrittweise durchgeführter Erkenntnisprozess zugrunde liegt, der von einem eher oberflächlichen Betrachten über das genauere Analysieren schließlich zu der genannten Schlussfolgerung führt.

Grundlage der gedanklichen Struktur

Den Sinnabschnitten entspricht formal gesehen keine Strophengliederung, handelt es sich doch um eine bloße Aneinanderreihung von 40 Versen. Durch das einheitliche jambische Versmaß ergibt sich insgesamt eine prosanahe Textstruktur. Unterstützt wird dieser Eindruck durch die sehr unterschiedliche Verslänge, die von vier Silben (V. 2) bis hin zu zwölf Silben (z. B. V. 9) variiert. Auch hinsichtlich der Reime lässt sich kein einheitliches Schema feststellen; so treten neben Paarreimen (V. 1/2, V. 9/10, V. 16/17, V. 18/19, V. 30/31, V. 27/28, V. 37/38 und V. 39/40) ein einzelner umarmender Reim (V. 36–39) sowie zwei Kreuzreime (V. 11–14, V. 32–35) auf. Auffällig ist die Tatsache, dass mit den Versen 4, 7, 15, 21 und 25 fünf Waisen vorhanden sind. Die häufigste Reimsilbe lautet „-icht" in den Reimwörtern „Unterricht", „Gesicht", „spricht" und „Vergissmeinnicht" (vgl. V. 29/36/39/40). Betrachtet man die zugehörigen Verse als ganze, so lässt sich feststellen, dass sie den letzten zentralen Gedankengang des Ichs enthalten, das schließlich zur Lehre „Vergiss mein nicht" führt: Erst das Vergissmeinnicht unterrichtet (vgl. V. 29) den Betrachter durch seinen Anblick („Gesicht", vgl. V. 36) von der göttlichen Botschaft

Formanalyse

Kein beliebiges, sondern bewusstes Herausgreifen von Beispielreimen hinsichtlich ihrer inhaltlichen Funktion

so deutlich, dass „der Schöpfer der Vergissmeinnicht selbst spricht" (V. 39), das heißt, dass das Ich diese Nachricht sogar zu hören glaubt.

Die genannte prosaähnliche Textstruktur wird auch in sprachlicher Hinsicht durch einen vorwiegend hypotaktischen Satzbau unterstützt, durch den sich im gesamten Gedicht Enjambements ergeben. So handelt es sich bei den Versen 1 bis 16 um ein einziges Satzgefüge. Die Absicht, als zentrale Lehre die göttliche Botschaft „Vergiss mein nicht!" zu vermitteln, prägt die argumentative Grundstruktur des Textes, die sich deutlich in der Art der verwendeten Nebensätze zeigt. Relativsätze wie in den Versen 2 bis 5 beschreiben die idyllischen Naturerscheinungen genauer, deren detailgetreue Beobachtung ja erst die Voraussetzung für den sich allmählich vollziehenden Erkenntnisprozess des Ichs darstellt. Schlussfolgerungen aus den Beobachtungen werden in Form eines Konsekutivsatzes gezogen, so die zentrale Grundlage für den weiteren Gedankengang: „Und fand [...] / In so viel tausend schönen Blättern / [...] So viel, so schön gemalt, so rein gezogne Lettern, / Dass ich [...] den Inhalt dieser Schrift [...] begierig wünschte zu verstehn." (V. 11–16). Mit Hilfe eines durch einen Kausalsatz eingeleiteten Satzgefüges schließlich führt der letzte Sinnabschnitt des Gedichtes begründend zur zentralen Botschaft: „Da Gott in allem [...] / Uns sein Allgegenwart so deutlich zu verstehen / [...] gibet; / So deucht mich, [...]/ Dass [...] / Der Schöpfer [...] selbst spricht: / Vergiss mein nicht!" (V. 32–40).

Inhaltlicher Bezugspunkt zum vorangehenden Aspekt

Klare Funktionsbeschreibung mit Hinweis auf die enthaltene Lehre

Analyse verschiedener Nebensatzarten

Hinsichtlich der Wortwahl fallen einige zentrale Bedeutungsbereiche ins Auge. So finden sich im ersten Sinnabschnitt des Gedichtes, wo die Naturbeobachtungen des Ichs geschildert werden,

Herausgreifen zentraler Bedeutungsbereiche, Gruppierung zu übergeordneten Begriffen

zahlreiche Adjektive aus dem Wortfeld „Edelmetalle und -steine“: Bereits im ersten Vers ist von einem „kristallengleichen Bach“ die Rede, der seine Umgebung mit „silberreinen Tropfen“ tränkt (V. 5). Der Himmel wird mit einem Saphir verglichen (vgl. V. 8), ebenso wie das Gras mit einem Smaragd (vgl. V. 9), der durch den „güldne[n] Sonnenstrahl“ (V. 10) zum Leuchten gebracht wird. Mit Hilfe dieser Vergleiche soll der hohe Wert der Naturerscheinungen an sich zum Ausdruck gebracht werden, der auf den ersten Blick kaum noch übertroffen werden kann.

In engem Zusammenhang mit den genannten Beispielen steht die Wortwahl aus dem Sinnbereich „Licht“, spielt doch der „Sonnenstrahl“ (V. 10) bei der Darstellung der Naturphänomene eine entscheidende Rolle. Dadurch, dass „jedes Äderchen [der Blätter] durchs Licht illuminiert“ (V. 22), also durchleuchtet wird, sieht sich das Ich überhaupt erst in die Lage versetzt, die göttliche Botschaft in der Natur zu erkennen.

Hieran lässt sich eine weitere enge Verknüpfung der Bedeutungsbereiche in Brockes Gedicht feststellen, denn auch der Sinnbezirk „Erkenntnis“ wird mit Hilfe verschiedener Ausdrücke umkreist. Nur mit Hilfe seines Verstandes, seiner „ratio“, kann das Ich die göttliche Botschaft herleiten und begreifen – eine Beobachtung, die Brockes im Übrigen als typischen „Aufklärer“ entlarvt: Am Anfang des Erkenntnisprozesses steht der dringende Wunsch, die Zeichen der Natur „zu verstehn“ (V. 16). In dessen Verlauf wird das Ich „[a]uf die Gedanken [ge]bracht“ (V. 31), dass man die Allgegenwart Gottes in der Natur „verstehen“ (V. 34) und „erkennen“ (V. 35) könne.

Querbezug zur Literaturgeschichte

Eigentlicher Ausgangspunkt für den dargestellten Erkenntnisprozess ist die Entdeckung des Ichs, dass sich in den Naturerscheinungen eine Art Schrift findet, die ebenfalls einen wichtigen

Bedeutungsbereich in der Wortwahl markiert. So ist die Rede von einem „ABC" (V. 13) und von „Lettern" (V. 14), also Buchstaben, aus denen sich eine ganze, sinntragende „Schrift" (V. 15) zusammensetzt. Um ihren Sinn zu entschlüsseln, bemüht das Ich sich darum, die „voll geschrieben[en]" Blätter zu „lesen" (V. 19) – zunächst erfolglos, bis es quasi Beistand durch den Namen des Vergissmeinnichts erhält.

Das „Weltbuch" (V. 13), in dem sich das Ich zu lesen bemüht, stellt eine Allegorie für die bedeutungstragende Natur und zugleich einen Schlüssel für das Verständnis von Brockes Gedicht dar. Als Pendant zum „Buch der Bücher", also der Bibel, vermag die Natur auch Analphabeten eine göttliche Botschaft zu verkünden. Die Beobachtung der Natur und das Erkennen ihrer Botschaft werden somit selbst zum Gottesdienst.

Sehr weit reichende Analyse der wichtigsten Stilmittel mit interpretierenden Passagen

Die als Aufforderung geäußerte Erkenntnis „Vergiss mein nicht" (Z. 42) wird in Form einer die Aussage intensivierenden Paronomasie vorgebracht, die zugleich als letzte Stufe einer Klimax in den letzten beiden Gedichtversen formuliert wird. Ist mit „Vergissmeinnicht" in Vers 39 noch die Pflanze gemeint, so bedeutet die gleich lautende Formulierung in Vers 40 den Befehl, man solle Gott nicht vergessen, also seiner gedenken.

Verknüpfung wichtiger sprachlicher Mittel unter übergeordnetem inhaltlichem Aspekt

Die Dringlichkeit dieses Anliegens, auf das die Gedichtaussage hinausläuft, wird durch eine dreifache Anapher im letzten Sinnabschnitt des Textes verstärkt (vgl. V. 34–36).

Zusammenfassung der Metaphern

Als wichtiges sprachliches Mittel darf auch die Metaphorik des Gedichtes nicht außer Acht gelassen werden. Mit dem „Luftsaphir" (V. 8) ist der Himmel gemeint, der sich „in der blauen Flut" (V. 7) des Baches spiegelt, und mit dem – als der gedachten Sphäre des Schöpfergottes – das Vergissmeinnicht als Botschafter Gottes nicht zufällig die Farbe Blau teilt. Die sich selbst erklärende Genitivmetapher „Rahm des Grases" (V. 9) führt im Kontrast dazu die irdische Farbe Grün vor Augen. Besondere Bedeutung gewinnt dieser Gegensatz mit Blick auf das gesamte Gedicht: Die Natur, die, wie im Zusammenhang mit dem Bedeutungsbereich „Edelsteine bzw. -metalle" ausgeführt, an sich schon unendlich wertvoll erscheint, gewinnt ihren wahren Wert erst durch ihre Funktion als Vermittlerin der göttlichen Botschaft.

Zusammenfassende Deutung auf der Grundlage der bisherigen Ergebnisse bzw. Intention des Autors

Mit Hilfe eines logisch durchstrukturierten Gedankengangs wird dem Leser die Erkenntnis zu vermitteln versucht, dass man Gott nicht vergessen dürfe, weil er sämtliche Naturschönheiten geschaffen habe. Hierbei wird die Natur als eine Art Buch gesehen, in dem man nur lesen müsse, um die göttliche Botschaft zu verstehen. Das „Buch der Natur" wird so als die jedem zugängliche Offenbarung Gottes neben derjenigen in der Bibel gesehen. Das Gedicht versteht sich als eine Art „Leseanleitung". Weil der Leser auf diese Art und Weise von der Existenz Gottes und dessen Verehrungswürdigkeit überzeugt werden soll, ist Brockes Gedicht eindeutig der Gattung der Lehrgedichte zuzuordnen.

Einordnung in die Gattung der Lehrgedichte

C. Brockes als „Grenzgänger" zwischen Barock und Aufklärung

Verrät dieses Ziel eine nahe Verwandtschaft zum Barock, so weisen Brockes doch seine optimistische Grundhaltung in der Darstellung der Naturschönheiten, seine quasi-wissenschaftliche Naturbeobachtung sowie der rationalistische Grundansatz, dass Erkenntnis nur über den Gebrauch des Verstandes möglich ist, als einen Vertreter der Frühaufklärung aus.

2. Grammatik

2.1 Übersicht Satzglieder

Fragewort	Beispiel
Wer (oder was)?	**Sie** spielt Gitarre. ①
Was (macht das Subjekt)?	Sie **spielt** Gitarre. ②
Wessen?	Die Gitarre **meiner Schwester** … ③
Wem?	Sie schreibt **ihm** einen Brief. ④
Wen (oder was)?	Er schreibt ihr **einen Brief**. ⑤
Wo?	Die Kinder spielen **im Garten**. ⑥
Wohin?	Die Kinder gehen **in den Garten**. ⑦
Wann?	Sie gehen **jeden Tag** spazieren. ⑧
Wie (mit einem Vollverb)?	Sie tanzen **hervorragend**. ⑨
Warum? Weswegen? Weshalb?	**Wegen des Unwetters** blieben sie zu Hause. ⑩

Satzgliedbestimmung	Kasus des Satzglieds
① Subjekt	Nominativ
② Prädikat	
③ Ergänzung im Genitiv	
④ Dativobjekt bzw. -ergänzung	Dativ
⑤ Akkusativobjekt bzw. -ergänzung	Akkusativ
⑥ Lokalumstand	meist im Dativ*
⑦ Richtungsangabe	meist im Akkusativ*
⑧ Temporalumstand	
⑨ Modalumstand	
⑩ Kausalumstand	

Hinweis: Du kannst diese Seite zum Trainieren benutzen, indem du die untere Tabelle mit einem Blatt Papier abdeckst und dich jeweils zu Fragewort und Beispiel nach Satzgliedbestimmung und Kasus des Satzglieds befragst. Die Zahlen helfen dir bei der Zuordnung.

2.2 Wiederholung Nebensätze

Relativsätze, die immer von einem Relativpronomen eingeleitet werden, bieten nähere Informationen zu dem Bezugswort.

Subjektsätze

dass kann einen Subjektsatz einleiten und auch am Satzanfang stehen. In diesem Fall steht der Gliedsatz statt des Subjektes und ersetzt damit das entsprechende Satzglied.

Vergleiche:
Der Tod des Königs wurde verkündet. (**Subjekt**)
Dass der König tot sei, wurde verkündet. (**Subjektsatz**)
Man stellt die Frage: **WER** oder **WAS** wurde verkündet? Der Gliedsatz wird vom übergeordneten Satz erfragt!

Dass ihr kommt, ist doch selbstverständlich.

Das ist doch selbstverständlich.

Allen ist klar, **dass für Prüfungen gelernt werden muss**.

Allen ist **das** klar.

Objektsätze

dass leitet häufig einen Objektsatz ein.
Im Allgemeinen steht dieser Gliedsatz statt eines Objektes und ersetzt somit wie beim Subjektsatz das entsprechende Satzglied.

Der Clown zeigte, **dass er die Kinder zum Lachen bringen konnte.**

Der Clown zeigte **es**.

Man stellt die Frage: **WEN** oder **WAS** zeigte er? Der Gliedsatz wird vom übergeordneten Satz erfragt!

Sie ahnten schon, **dass der Lehrer die Schularbeit nicht verschieben würde**.
Dass die Wunschprüfungen fair waren, mussten selbst die Schüler zugeben.
Auch Gliedsätze in der indirekten Rede sind Objektsätze:
Der Clown sagte, **dass er diese Nummer wochenlang geprobt habe**.

Adverbialsätze

Kausalsätze

Vergleiche die folgenden Sätze!
Ich bleibe zu Hause, **weil/da** ich krank bin.
Da ich krank bin, bleibe ich zu Hause.
Ich bleibe zu Hause, **denn** ich bin krank.

Folgende Regeln sollten abgeleitet werden:

✓ Die unterordnenden Konjunktionen *da* und *weil* leiten **Kausalsätze** ein, d.h. das finite Verb steht immer an letzter Stelle des Kausalsatzes!

✓ Beginnt man das Satzgefüge mit dem Kausalsatz, sollte nur *da* verwendet werden! Dies ist heute zwar nicht mehr zwingend, doch gilt *weil* am Satzanfang noch immer als stilistisch schlecht.

✓ Die Konjunktion *denn* leitet keinen Neben- oder Gliedsatz, sondern einen **Hauptsatz** ein, denn das finite Verb steht an 2. Stelle!

Finalsätze drücken eine Absicht oder einen Zweck aus:
Er lernt, **damit** er gute Noten bekommt.
Damit er sich von seiner Krankheit erholt, fährt er auf Kur.
Er fährt auf Kur, **um** sich von seiner Krankheit **zu** erholen.

Die Beispiele zeigen, dass der Finalsatz auch mit einer Infinitivkonstruktion ausgedrückt werden kann.

Modalsätze drücken aus, wie etwas ausgeführt wird bzw. unter welchen Umständen das Geschehen im übergeordneten Satz abläuft:
Er gewann das Turnier, **ohne dass** er sich besonders angestrengt hätte.
Er machte seiner Wut Luft, **indem** er die Möbel kurz und klein schlug.
Sie ist viel intelligenter, **als** wir angenommen hatten.
Seine Mutter reagierte so, **wie** er es erwartet hatte.
Je schneller er läuft, **desto** ehrgeiziger wird er.

Konsekutivsätze drücken eine Folge von dem aus, was im Hauptsatz ausgesagt wurde:
Er lief **so** schnell, **dass** er nicht mehr einzuholen war.

Der Einbrecher hinterließ Spuren, **sodass** er schnell ausfindig gemacht werden konnte.

Konzessivsätze sind so genannte Einräumungssätze.
Er geht in die Schule, **obwohl** er Fieber hat.
Obzwar er ein guter Schüler ist, kann er keine einzige Rechtschreib- oder Grammatikregel erklären.

Konditionalsätze drücken aus, welche Bedingung erfüllt sein muss, damit die Handlung, von der im Hauptsatz die Rede ist, stattfinden kann.
Er geht in die Schule, **wenn** er gesund ist.
Wenn er ein Glas Wein trinkt, wird er redselig.
Sie verliert jedes Mal, **wenn** sie mit ihrem Sohn Schach spielt.

Temporalsätze können gleichzeitig, nachzeitig oder vorzeitig sein.
Achtung: Die Konjunktionen verlangen bestimmte Zeiten!
Während die Kinder im Garten spielten, tranken die Erwachsenen im Wohnzimmer Kaffee. – Gleichzeitigkeit
Nachdem sie Kaffee getrunken und Kuchen gegessen hatten, gingen sie spazieren. – Vorzeitigkeit
Bevor er erfuhr, was passiert war, wusste er nicht, warum sie sich so verhielt. – Nachzeitigkeit

Vergleiche:
Als die anderen den Film sahen, lernte sie für den Test.
Solange er lernt und gute Noten bekommt, darf er jeden Tag ausgehen.
Sooft er in Wien ist, geht er in die Staatsoper.
Sobald sie die Wahrheit erfahren hatte, wusste sie, was zu tun war.
Sobald sie die Wahrheit erfuhr, wusste sie, was zu tun war.
Er darf fernsehen, **bis** seine Eltern nach Hause kommen.
Seit sie in Wien lebt, geht sie häufig ins Theater.
Seitdem er ein Notebook hat, hat er ordentliche Mitschriften.

Lokalsätze können anstelle eines Lokalumstandes stehen.
Er starb, **wo** er sein ganzes Leben verbracht hatte.
Man stellt die Frage: **Wo** starb er?

Übung 1

Setze die fehlenden Kommas!
Bestimme die Nebensätze!
▶ Lösung Seite 275

1. Er spielte mit ihr Backgammon als seine Eltern kamen.
2. Sie las das Buch das ihr empfohlen worden war nachdem sie die Verfilmung gesehen hatte.
3. Sie hörte das Konzert das ihr gut gefiel als sie Aufgaben machte.
4. Er durfte ihre CDs hören während sie im Kino war.
5. Sie freute sich über die gute Note die sie auf das Referat erhalten hatte.
6. Sie schrieb die Hausaufgaben die sie zu machen vergessen hatte in der Schule von ihrer Freundin ab.
7. Sie besuchte ihre Großeltern die zurückgezogen lebten als sie in der Stadt war.
8. Sie ärgerte ihn indem sie mit seinen Freunden flirtete.
9. Sie warf ihm den Ball zu nachdem sie ihn aufgehoben hatte.
10. Sie bemerkte dass er sie ausnützte und kündigte.
11. Sie gewinnt weil sie schwindelt.
12. Das Bild das sie geschenkt bekommen hatte hängte sie ins Kinderzimmer.

13. Er schenkte ihr einen PC weil er glaubte sie müsse lernen mit diesem umzugehen.
14. Das Wörterbuch das er benützte gehörte seiner Großmutter.
15. Er vergaß dass er ein Wörterbuch verwenden durfte.
16. Er besucht in den Ferien seinen älteren Bruder der in Bern wohnt.
17. Wir besuchen unsere kranken Großeltern die in Graz wohnen in den Semesterferien.
18. Da sie eine ansteckende Krankheit hatte durfte er sie nicht besuchen.
19. Die Dame die vor dem Geschäft steht ist meine Tante.
20. Sie fuhr zu ihren Großeltern da diese sie eingeladen hatten.
21. Er fragte seine Mutter ob sie ihm Geld borgen könne.
22. Wer nicht kochen kann muss putzen.
23. Er las die Zeitung nachdem er gegessen hatte.
24. Nach der Aerobicstunde fragte mich meine Schwester ob ich noch Zeit hätte da sie etwas mit mir bereden müsse.

Übung 2

Setze die fehlenden Kommas!
Bestimme die Nebensätze, unterstreiche sie!

Der Hirsch

Ein einäugiger Hirsch weidete normalerweise auf der Wiese neben dem Meer, und zwar so, dass er immer das gesunde Auge landwärts hielt, denn er glaubte, von der Seeseite her habe er keine Gefahr zu fürchten. Das Schicksal hatte aber anders entschieden.

Eines Tages segelte ein Schiff an ihm vorbei, und da sein gesundes Auge dem Lande zugekehrt war, bemerkte er es nicht und weidete nichts ahnend fort.

Sobald die Schiffer aber die köstliche Beute erblickten, schossen sie Pfeile nach ihm. Als ein Pfeil ihn mitten ins Herz traf, erkannte er seinen Irrtum.

Der Esel und der Fuchs

Ein Esel und ein Fuchs waren so befreundet, dass sie sogar zusammen auf die Jagd gingen. Als ihnen aber auf einem ihrer Streifzüge ein Löwe plötzlich den Weg versperrte, befürchtete der Fuchs, er könne nicht mehr entfliehen, und nahm deshalb zu einer List Zuflucht, mit der er glaubte, sein Leben retten zu können, indem er den Esel opferte. So bot er dem Löwen mit falscher Freundlichkeit den Esel als leichtes Mahl an. Da der Löwe versprach, den Fuchs zu schonen, führte dieser den Esel zu einer Grube, in die das Tier, das seinem vermeintlichen Freund vertraute, fiel. Der Löwe aber, der wusste, dass sich der Esel nicht befreien konnte, verschlang nun zuerst den Fuchs, der seinen Freund hintergangen hatte.

▶ Lösungen Seite 276

2.3 Wiederholung Konjunktiv

Info

Regeln zur Verwendung des Konjunktivs

- Konjunktiv I steht bei Wünschen und in der indirekten Rede.
  Möge er in Frieden ruhen!
  Sie fragte, ob er komme.
- Ist die Indikativform von der Konjunktivform nicht zu unterscheiden, wird der Konjunktiv II (oder die Umschreibung mit *würde*) verwendet. Dies ist also in der 1. P. Sg. sowie in der 1. P. Pl. und 3. P. Pl. der Fall!
  Ich ginge an deiner Stelle nicht in diese Bar.
- Konjunktiv II steht, wenn Unmögliches bzw. Unwirkliches ausgedrückt wird.
  Kämen sie doch heute noch!
  Gäbe es doch mehr Menschen wie sie!
- Die Umschreibung mit *würde* steht, wenn Konjunktiv II und Indikativ im Präteritum nicht zu unterscheiden sind.
  Sie behaupteten, sie würden diese Sachen selbst kaufen.
- Ansonsten wird *würde* natürlich auch verwendet, um einen Satz, der im Futur steht, in den Konjunktiv zu setzen.
  Sie sagten, sie würden nächstes Jahr nach Wien kommen.

Präge dir die Endungen im Indikativ und Konjunktiv ein!

Präsens von *gehen*

Indikativ Präsens	**Konjunktiv I**
ich geh**e**	ich geh**e**
du geh**st**	du geh**est**
er geh**t**	er geh**e**
wir geh**en**	wir geh**en**
ihr geh**t**	ihr geh**et**
sie geh**en**	sie geh**en**

Präteritum von *gehen*

Indikativ Präteritum	**Konjunktiv II**
ich ging	ich ginge
du gingst	du gingest
er ging	er ginge
wir gingen	wir gingen
ihr gingt	ihr ginget
sie gingen	sie gingen

Die Konjunktivformen von *sein, haben* und *werden* sind, wie die folgende Gegenüberstellung zeigt, – außer in der 1. P. Sg./Pl. und in der 3. P. Pl. von *haben* – eindeutig von den Indikativformen zu unterscheiden. Deshalb sind Indikativ und Konjunktiv in allen anderen Zeiten leicht zu unterscheiden, weil diese ja mit *haben, sein* und *werden* gebildet werden.

Präsens von *sein*

Indikativ	**Konjunktiv I**
ich bin	ich sei
du bist	du sei(e)st
er ist	er sei
wir sind	wir seien
ihr seid	ihr seiet
sie sind	sie seien

Präteritum von *sein*

Indikativ	**Konjunktiv II**
ich war	ich wäre
du warst	du wärest
er war	er wäre
wir waren	wir wären
ihr wart	ihr wäret
sie waren	sie wären

Präsens von *haben*

Indikativ	**Konjunktiv I**
ich habe	ich habe
du hast	du habest
er hat	er habe
wir haben	wir haben
ihr habt	ihr habet
sie haben	sie haben

Präteritum von *haben*

Indikativ	**Konjunktiv II**
ich hatte	ich hätte
du hattest	du hättest
er hatte	er hätte
wir hatten	wir hätten
ihr hattet	ihr hättet
sie hatten	sie hätten

Präsens von *werden*

Indikativ	**Konjunktiv I**
ich werde	ich werde
du wirst	du werdest
er wird	er werde
wir werden	wir werden
ihr werdet	ihr werdet
sie werden	sie werden

Präteritum von *werden*

Indikativ	**Konjunktiv II**
ich wurde	ich würde
du wurdest	du würdest
er wurde	er würde
wir wurden	wir würden
ihr wurdet	ihr würdet
sie wurden	sie würden

So wird der Konjunktiv gebildet:
- Im Präsens werden die Konjunktivendungen *-e, -est, -e, -en, -et, -en* an den Präsensstamm angehängt.
- Im Präteritum werden die Konjunktivendungen *-e, -(e)st, -e, -en, -(e)t, -en* an den Präteritumstamm angehängt.
- Im Perfekt und Plusquamperfekt setzt man *sein* bzw. *haben* und im Futur *werden* in den Konjunktiv, so wie es in der Übersicht gezeigt wird.
- Zur Bildung des Konjunktivs im Passiv wird immer Konjunktiv II von *werden* verwendet.

Konjunktiv I wird, wenn überhaupt, nur noch in der 2. Person Singular und Plural sowie in der 3. Person Singular verwendet, da die anderen Formen als solche nicht eindeutig zu erkennen sind.

Konjunktiv in der indirekten Rede

Vergleiche:
Elefanten **vergessen** nie etwas.
– Indikativ in einem Aussagesatz.

Er behauptet, Elefanten **vergäßen** nie etwas.
– Konjunktiv II, der eindeutig zu erkennen ist, steht in der indirekten Rede, da Konjunktiv I vom Indikativ nicht zu unterscheiden ist.

Er **hört** nichts.
– Indikativ in einem Aussagesatz.

Er behauptet, er **höre** nichts.
– Konjunktiv I, der eindeutig zu erkennen ist, steht in der indirekten Rede.

Er behauptet, er **würde** nichts **hören**, doch weiß ich, dass dies nicht stimmt.
– Da der Sprecher die Aussage anzweifelt, der Konjunktiv II aber vom Präteritum nicht zu unterscheiden ist, denn beide Formen heißen *hörte*, wird in diesem Satz die Umschreibung mit *würde* verwendet. Diese Umschreibung mit *würde* setzt sich langsam durch, da viele die Konjunktivformen der Vollverben nicht mehr beherrschen.

Übung

Übung 3

Bilde die indirekte Rede mit und ohne dass!
Begründe die Verwendung des gewählten Konjunktivs!

Er behauptet: „Der Hund bewacht das Haus sehr gut."

Er meint: „Der Hund kann das Haus sehr gut bewachen."

Sie erklärte: „Ich fahre bald los."

Sie erklärten: „Wir fahren bald los."

Sie behauptet: „Ich laufe jedes Wochenende eine Stunde durch den Park."

▶ Lösung Seite 277

Übung 4

Unterstreiche die indirekte Rede!

Der Esel und die Ziege

Ein Bauer besaß einen Esel und eine Ziege, doch erhielt der Esel wesentlich mehr und besseres Futter als die Ziege, weil er viel arbeiten und schwere Lasten tragen musste. Da die Ziege den Esel um dessen Mahlzeiten beneidete, überlegte sie, wie sie dem Esel schaden könne. Der Bauer sollte auf ihn so wütend werden, dass er die Mahlzeiten des Esels einschränken und ihn schlagen würde.

Deshalb erklärte die Ziege eines Tages, sie wolle dem Esel einen guten Rat geben, da dieser doch jeden Tag so schwere Lasten tragen und von morgens bis abends arbeiten müsse. Sie riet dem Esel, der gerne hören wollte, wie er sein Arbeitspensum reduzieren könne, er solle sich in eine Grube, an der er vorbeikomme, fallen lassen und sich verletzt stellen, dann müsse er eine Weile nicht mehr arbeiten.

Der Esel hielt sich am folgenden Tag an den Rat, rutschte bei einer Grube mit Absicht aus und stürzte in die Grube. Er brach sich zwar nichts, doch konnte er sich, nachdem man ihn aus der Grube gezogen hatte, nur mühsam nach Hause schleppen. Sein Herr, der sich um den Esel sorgte, bat sogleich einen Tierarzt, nach seinem Tier zu sehen. Dieser meinte, der Patient solle eine frische, pulverisierte Ziegenlunge einnehmen, um schnell gesund zu werden. Da der Esel dem Bauern mehr wert war als die Ziege, musste diese für ihren Plan mit dem Leben bezahlen.

▶ Lösung Seite 278

3. Rechtschreibung, Zeichensetzung, Testdiktate

3.1 Tabellen zu Rechtschreib- und Zeichensetzungsschwierigkeiten

a. Vokale (Selbstlaute)	Seite
Dehnung Regeln	154, 155
Schreibweisen des langen	
- a	154, 226
- ä	198, 221
- e	168, 223
- i	193
- i in Fremdwörtern	170
- o	159
- ö	150, 162
- u	159
- ü	214
ä oder e	218
äu oder eu	167
ei oder ai	172, 200
ou	213
y	155
Umlautbildung bei verdoppelten Selbstlauten	181
Fremdwörter mit ai	170
Fremdwörter mit ie	170, 220

b. Konsonanten (Mitlaute)	Seite
d oder t	144, 154, 196
end oder ent	172
dt	154
t als Gleitlaut	144, 218

Schärfung mit

c. Wortbildung — Seite

Vorsilben

Nachsilben und Endungen

Zusammensetzungen mit

d. Groß- und Kleinschreibungen Seite

e. Gegenüberstellungen Seite

f. Wortfamilien und Wortreihen Seite

g. Wortfelder Seite

h. Fremdwortbereiche Seite

i. Zeichensetzung **Seite**

3.2 Testdiktate und Übungen

1. Flachlandtiroler in den winterlichen Alpen

Diktat

Seit Wochen bereitete sich die neunte Klasse auf den Skiaufenthalt in Tirol vor, hatte schon emsig gespart und für die erforderliche Bekleidung gesorgt. Endlich war der ersehnte Tag gekommen. In einer Nachtfahrt erreichten die Mädchen und Jungen mit dem Bus am nächsten Morgen das Alpengebiet. Schneebedeckte Berghänge glitzerten verheißungsvoll in der Sonne. Trotz der durchwachten Nacht blickten die Jugendlichen hellwach auf die Winterlandschaft. Viele von ihnen sahen zum ersten Mal die Berge. In zügiger Fahrt erreichten sie kurz hinter Innsbruck ihr Ziel in Tirol. Lauter Dreitausender ragten steil und majestätisch rings um das Jugendgästehaus, das für eine Woche ihr Quartier war. Gleich nach der Zimmerzuweisung wurden noch am Vormittag jedem Teilnehmer die Skier angepasst, und dann ging es schnurstracks auf das Übungsgelände. Nach praktischen und anfangs noch recht zaghaften Rutschpartien nicht ohne Körperkontakte mit der weichen Schneedecke steigerte sich das Stehvermögen und die Sicherheit auf den Brettern. Mit Begeisterung überstanden die Mutigeren schon beachtliche Strecken in einwandfreier Technik. Gleich nach dem Mittagessen drängten alle wieder nach draußen. Bald schafften sie die Strecke bis zum zweihundert Meter tiefer gelegenen Sessellift, der sie bequem wieder zum Ausgangsplatz beförderte. Nur schade, dass die Tage des Skiaufenthaltes so schnell vergingen. (200 Wörter)

Übung

Übung 1

Der s-Laut:

verheißungsvoll, Sessellift, ließen, Ausgelassenheit, Glas, gießen, draußen, Ungewissheit, verlässlich, Grießklöße, bisschen, lästig, lässig

Setze in die Lücken folgender Wörter s, ss oder ß ein:

Pa____tete, Pa____tor, Alpenpa____, verpa____t, Fa____ade,

Weinfa____, Verfa____ung, fa____t (beinahe), gefa____t,

Fa____tnacht, wi____begierig, bewu____tlo____, Unwi____enheit,

Wei____heit, Karo____erie, ro____tig, ru____isch, ru____ig,

Ru____land, Geno____enschaft, genie____en, Genu____,

pu___ten, Kürbi___, bi___chen, Imbi___, Kroku___, Kü___ter,

Dre___ur, Sportdre___, Dre___den, grie___grämig,

Grie___brei,

Gro___ (12 Dutzend), Grö___enwahn, fri___tgemä___,

gemä___tet, Me___ing, Me___opfer

Arbeitshilfe: In 16 Lücken fehlt *s*, in 20 *ss* und in 5 *ß*.
▶ Lösung Seite 279

Übung 2

Schärfung mit nn (mit drei Schreibfehlern):
Bekannte, abbrennen, erkenntlich, gerinnen, Mannschaft, niemannd, Branntwein, Antenne, Tonnage, Tunnel, Kannister, Handwerksinnung, Feuersbrunnst, Stanniol, besinnlich
Suche die drei fälschlich mit nn geschriebenen Wörter heraus.
▶ Kontrollmöglichkeit Lösung Seite 279

Übung 3

Schärfung mit tt:
Mittagsmahl, Lebensabschnitt, Herrgott, Bettler, Zigarette, quittieren, Fischkutter, Marionettentheater
Setze in die Lücken folgender Wörter tt, th, dt oder t ein:

Gi___arre, Bru___o, Ma___ema___ik, Industriesta___,

Gesan___er, Klarine___e, Nouga___, kri___isch, ermi___eln,

Re___ich, Hagebu___e, Schli___schuh, Kabare___, Wildbre___,

A___est, Li___era___ur, Parke___fußboden, Wi___we,

verwan___, Werksta___, Dri___el, Zi___erspieler, Kapi___el,

Ka___arina, Scho___land, Kilowa___, Edi___, Gewan___heit,

Jü___land

Arbeitshilfe: In 13 Lücken fehlt *tt*, in 10 *t* und in je 4 *th* und *dt*.
▶ Lösung Seite 279

Übung 4

Komma vor erweiterten Grundformen (Infinitiven):

Nun drängte es sie nach draußen, um die Skier auszuprobieren. – Lerne leiden ohne zu klagen! – Er vertrödelte die Zeit anstatt zu arbeiten. – Es ist ratsamer vorzusorgen als später Mangel zu leiden. – Um sich ein Tonbandgerät zu kaufen, sparte Franz schon seit einigen Wochen. – Ohne sich ordentlich zu waschen, ging sie zur Schule.

Infinitivgruppen grenzt man mit Komma ab,

1) wenn sie mit *um, ohne, statt, anstatt, außer, als* eingeleitet sind.
   Sie öffnete das Fenster, ***um*** *frische Luft hereinzulassen.*
2) wenn der Infinitiv von einem Substantiv (Nomen) abhängt.
   Er fasste den ***Plan****, heimlich abzureisen.*
3) wenn der Infinitiv von einem Verweiswort abhängt.
   Lotta ***liebt*** *es, lange auszuschlafen.*

Bilde ähnliche Sätze.

2. Der Mensch in der Schöpfung

Aus den Gesteinsarten und Schichten der Erdkruste haben Forscher und Wissenschaftler das Alter der Erde auf etwa 5 Milliarden Jahre geschätzt. Mannigfaltige Arten von Pflanzen und Tieren, die größtenteils längst ausgestorben sind, haben zunächst spärlich, dann aber in üppiger Fülle die Erdoberfläche belebt. Erst ganz zum Schluss dieser langen Entwicklungsgeschichte entstand der Mensch. Die Zeitspanne von der Entstehung menschlichen Lebens bis zur Gegenwart ist, gemessen an der Entwicklungsgeschichte der anderen Lebewesen, sehr kurz. Könnte man von der Gesamtentwicklung der Erde einen Film herstellen, der eine Vorführzeit von 30 Stunden erforderte, so zeigte er erst in der letzten Minute die Entwicklung des Menschen. Eine längere Zeit könnten die 500 Jahrtausende, die vom ersten Auftreten des Menschen bis zur Gegenwart vergangen sind, in diesem Film nicht beanspruchen. In diesem verhältnismäßig kurzen Zeitraum hat sich der Mensch den Erdball erobert und sich alle anderen Lebewesen dienstbar gemacht. Ausgestattet mit Geist und freiem Willen, hat er Staunenswertes vollbracht und sich zum Beherrscher der Erde emporgearbeitet. Dennoch bleibt er seinem Schöpfer für all sein Tun und Lassen verantwortlich. (178 Wörter)

Übung 5

Zusammengesetzte Umstandswörter (Adverbien):

größtenteils, verhältnismäßig, zunächst, seinerzeit, außerordentlich, glücklicherweise, einstmals, überall, abseits, vielmals, schlimmstenfalls, keineswegs, deswegen, mittlerweile, nimmermehr, beizeiten, demnach, vorhin, dorthin, wochentags, zuweilen, manchmal, keinesfalls, allerdings, kurzerhand, allzeit, andernfalls, trotzdem, beinahe, einstweilen, herunter, zeitlebens, kopfüber, gegenüber, mitunter, irgendwohin, dazwischen, demnach, dreimal, heimwärts, allerorts

Ordne nach Umstandswörtern (Adverbien) der Zeit, des Ortes, der Art und Weise und des Grundes.

Übung 6

Als Hauptwörter (Substantive) gebrauchte Zeitwörter (Verben):

vom ersten Auftreten, für all sein Tun und Lassen, das Forschen, das Herstellen des Filmes

Wandle die im Diktat vorkommenden Zeitwörter (Verben) in Hauptwörter um und bilde damit Sätze innerhalb des Sachgebietes „Mensch“.

Übung 7

Wortfeld „Menschengruppen“:

Volk, Rasse, Gesellschaft, Verein, Stamm, Sippe, Mannschaft, Gemeinde, Kaste, Orden, Sekte, Gemeinschaft, Kongregation, Belegschaft, Konzern, Kollegium, Familie, Fraktion, Partei, Bürgerschaft, Ensemble, Kompanie, Spielschar, Klub, Besatzung, Gewerkschaft, Staffel, Bande, Genossenschaft, Verband, Union, Liga, Bruderschaft, Freundeskreis, Jugendgruppe, Aktionäre, Verwandtschaft, Horde, Innung, Klasse

Bilde zusammengesetzte Hauptwörter (Volksstamm, Aktiengesellschaft, ...).

Ordne die Begriffe nach politischen, wirtschaftlichen und religiösen Vereinigungen.

Stelle Arten von Gemeinschaften und Gesellschaften zusammen.

Übung 8

Herr – her – Heer:

Herr, Rats-, Guts-, Haus-, Bau-, Dienst-, Landes-, -lichkeit; Herrscher; Beherrschung, Selbst-; Herrschaft, Vor-, Dienst-; Herrgott; -swinkel, -schnitzer; Herrenschnitt, -pilz, -sitz; herrenlos; herrschen, be-, vor-; herrisch, -lich
her, -ab, -vor, -ein, -aus, -auf, -unter, -um, -über, -nieder, -nach, -kommen, -schauen, … Hersteller, Herkunft, …
Heer, Kriegs-, Reiter-, Volks-, Land-, -führer, -bann, -schar, -lager, -schau; Heeresstraße, -flieger; verheeren (ebenfalls von „Heer" abgeleitet: Herzog, Herberge, Herold, Hermann, Herbert)
Schreibe die Wörter vollständig ab und führe die Reihe mit her fort.

3. Das Wesen des Menschen

Der Mensch ist die Krone der Schöpfung. Er unterscheidet sich von allen anderen Wesen der Erde grundlegend durch seinen Geist. Zwar kann man den Geist weder sehen noch hören und auch nicht mit anderen Sinnen wahrnehmen. Dennoch ist er eine Wirklichkeit, die durch Reden und Handeln des Menschen deutlich wird. Unser gesamtes menschliches Wesen empfängt von ihm seine eigentliche Prägung. Aufgrund des Geistes ist jeder Mensch ein einmaliges, selbstständiges Geschöpf, das jedoch nur in der Gemeinschaft voll lebensfähig ist. Der Wert des einzelnen ist davon abhängig, wie weit er bereit ist, seine Fähigkeiten in den Dienst der Gemeinschaft zu stellen. Weil der Mensch einen Leib besitzt, braucht er eine Fülle materieller Güter. Diese stehen ihm aber nicht unmittelbar zur Verfügung; er muss sie oft durch harte Arbeit erwerben. Auf diese Weise erfüllt der Mensch mithilfe seines Körpers und Geistes göttlichen Auftrag, indem er sich die Erde untertan macht, eine Vielfalt von Werten schafft und somit selbst zum Schöpfer wird. Diese Schaffenskraft, die der Mensch aufgrund eines Geistes und seines Willens besitzt, erhebt ihn weit über alle anderen Lebewesen. (182 Wörter)

Übung 9

Gleitelaut -t oder -d vor der Nachsilbe -lich:

eigentlich, hoffentlich, ordentlich, versehentlich, gelegentlich, kenntlich, …
aber: morgendlich, unendlich, feindlich, …

Setze in folgende Lücken d oder t ein:

aben____lich, wissen____lich, jugen____lich, namen____lich,

flehen____lich, unvermei____lich, öffen____lich, befrem____lich,

en____lich, vermein____lich, stün____lich, grün____lich,

verstän____lich, wesen____lich

Arbeitshilfe: In 8 Wörtern muss *d* eingesetzt werden.
▶ Lösung Seite 279

Übung 10

d oder t als Auslaut:
grundlegend, Ebenbild, Wert, Jahrtausend, Feind, Entwicklung, Pfad, Heimat, Planet, verantwortlich, …
Ergänze folgende Wörter durch Einfügen von d oder t:

Spin____, lei____lich, Brann____wein, Gedul____, en____gültig,

Hor____, Gewal____, Bran____stelle, En____fernung, jugen____lich,

nieman____, blin____, bal____, Splin____, öffen____lich,

sei____lich, En____spur____, blon____, sel____sam

Arbeitshilfe: In 11 Lücken muss *d* eingesetzt werden.
▶ Lösung Seite 279

Übung 11

Wortfamilie „Mensch“:
Mensch, Un-, Über-, Mit-, Ur-, Gott-, Gemüts-, Natur-; -werdung, -heit, -lichkeit; Menschenrasse, -schicksal, -werk, -rechte, -paar, -leben, -würde, -umgang, -wille, -verstand, -bild, -kraft, -gedenken, -sohn, -gestalt, -menge, -masse, -alter, -affe, -feind, -kenner, -freund, -tum, -scheu, -herz, -raub; menschlich, un-, über-; menschenmöglich, -würdig, -freundlich, -feindlich, -scheu; entmenscht
Schreibe die Wörter vollständig ab und erweitere die Wortfamilie (menschenunwürdig, vermenschlichen, …).

Übung 12

Das Semikolon (der Strichpunkt):

Materielle Güter stehen ihm aber nicht unmittelbar zur Verfügung; er muss sie oft durch harte Arbeit erwerben. – Der Mensch ist die Krone der Schöpfung; durch seinen Geist überragt er alle anderen Wesen der Erde. – Der Mensch ist bemüht, sich die Erde untertan zu machen; damit erfüllt er den göttlichen Auftrag.

Schreibe derartige Satzverbindungen.

Mit dem Semikolon kann man längere Hauptsätze, die gedanklich zusammengehören, oder Wortgruppen voneinander abgrenzen. Das Semikolon trennt stärker als das Komma und weniger als der Punkt.

Im Hausflur war es still; ich drückte erwartungsvoll auf die Klingel.

4. Nur ein Menschenleben

Die gegenwärtige Zeit ist reich an aufsehenerregenden Ereignissen. Aus allen Teilen der Erde dringen täglich Nachrichten durch Funk, Fernsehen und Presse in unsere Wohnungen, lassen die Menschen aufhorchen, lösen manchmal Freude aus, beunruhigen und bestürzen aber auch recht oft. Meldungen von Unfällen und Katastrophen erregen Anteilnahme und von Herzen kommendes Mitgefühl. Fast tagtäglich erreichen uns Nachrichten von Verkehrsunfällen, Flugzeugabstürzen und Grubenunglücken, von blutigen Unruhen und Kämpfen, bei denen häufig viele Menschen zu Tode kommen. Infolge dieser ununterbrochenen traurigen und erschütternden Meldungen besteht leicht die Möglichkeit, dass die Menschen sich an derartige Nachrichten gewöhnen und gegenüber Elend und Tod ihrer Mitbürger abstumpfen und teilnahmslos werden. Als in einem Vorortbahnhof ein Fernschnellzug in eine rangierende Lokomotive hineinraste, war ein erheblicher Sachschaden entstanden, zwölf Personen wurden verletzt, und der Lokomotivführer konnte nur noch tot aus den Eisentrümmern geborgen werden. – Werden angesichts einer solchen Meldung nicht viele Leute nüchtern denken: „Nur ein Menschenleben." Im Verkehrsgewoge, in den Arbeitsstätten und allen anderen Bereichen des Lebens hält der Tod oft reiche Ernte. Katastrophen, die eine Vielzahl von Todesopfern forderten, sind bereits nach wenigen Wochen vergessen. Was wiegt da noch der Tod eines einzelnen? Jedoch hinterlässt der Tod eines Menschen stets eine Lücke, denn jeder Mensch ist ein einmaliges Wesen und nicht in gleicher Weise zu ersetzen. (213 Wörter)

Übung 13

Tod – tot:

Tod, -sünde, -feind; todernst, -traurig, -müde, -wund, -elend; tot, -stechen, -trampeln, -schießen, -stellen, schein-, ...

Setze in die Lücken d oder t ein:

to____schlagen, to____matt, To____geburt, to____krank,

to____geweiht, tö____lich, scheinto____, to____lachen,

to____geglaubt, mauseto____, to____arbeiten

Arbeitshilfe: In 7 Wörter muss *t* eingesetzt werden.

▶ Lösung Seite 279

Übung 14

Städte – Stätte:

Arbeitsstätte, Werkstätte, Opferstätte, ...
Großstädte, Landeshauptstädte, Küstenstädte, ...

Verbinde folgende Wörter mit Stätte oder Städte:

Klein, Ruhe, Sport, Schulung, Hafen, Industrie, Kampf, Gast, Brand, Handel, Geburt, Pflege, Opfer, Kreis, Lager, Grenze, Schlaf, Grab, Haupt, Garnison

▶ Lösung Seite 279

Übung 15

Wortfamilie „leben":

leben, ab-, auf-, sich aus-, be-, dahin-, er-, sich ein-, nacher-, über-, ver-, vor-, weiter-, wiederbe-; lebendig; lebensfroh, -fremd, -fähig, -tüchtig, -voll, -wahr, -wert, -wichtig, -widrig, -erfahren, -echt, -nahe, -groß, -länglich, -gefährlich, -müde; lebhaft, -los; leichtlebig, schnell-; Leben, Menschen-, Vor-, Ab-, Hunde-, Schul-, Berufs-, Stadt-, Nacht-, Pflanzen-, Wirtschafts-, Familien-, Dorf-, Er-, Tier-; Lebensgefahr, -abend, -gefährte, -freude, -wandel, -führung, -gemeinschaft, -lauf, -beschreibung, -frage, -weise, -art, -abschnitt, -stel-

lung, -mittel, -versicherung, -ende, -unterhalt, -lage, -saft, -bild, -retter, -raum, -weg, -licht, -entscheidung, -größe, -regel, -kraft, -frage, -nähe, -nerv, -standard, -geister, -haltungskosten, -wahrheit, -ziel, -kampf, -mut, -recht, -dauer, -wille, -jahr, -lust, -zeichen, -zeit, -baum, -erwerb, -alter; Lebewesen, -mann, -wohl; Lebzeit, -tag, -kuchen, -haftigkeit

Schreibe die Wörter vollständig ab und erstelle auch ein Wortfeld zu „leben“ (existieren, auf der Welt sein, vegetieren, ...).

Übung 16

Schärfung mit ss:

Ereignisse, Presse, vergessen, Karussell, Geldkassette, passiv, Leitersprossen, hessisch, abmessen, Dressur, Gewissen, ...

Fülle die Lücken folgender Wörter durch Einsetzen von ss, s oder ß:

fe____eln, Fe____tung, flü____ig, flü____tern, Flo____e, flie____end,

Streu____elkuchen, Preu____en, Rü____el, Gerü____t,

Wei____blech, Verwei____, Intere____e, re____tlos, wä____rig,

verge____lich, Me____gesang, Me____ner, Verme____enheit,

unablä____ig, Krei____el, ri____ig, verbla____en, Sü____igkeiten,

mei____tens, Pri____ma, Mei____el, kurzfri____tig, Kompa____e

Arbeitshilfe: In 11 Wörtern fehlt *s*, in 13 Wörtern *ss* und in 5 Wörtern fehlt *ß*.

▶ Lösung Seite 280

5. Der Lebensraum der Menschheit

Nach dem gegenwärtigen Stand der Forschungen ist anzunehmen, dass das Ursprungsland der Menschheit in Asien gelegen hat. Viele Wissenschaftler meinen, die menschliche Urheimat wäre das Gebiet zwischen Euphrat und Tigris gewesen, da dort für die Lebensmöglichkeiten der Menschen wahrscheinlich schon früh genug besonders günstige Gegebenheiten bestanden. Neuerdings behaupten einige Forscher, Südafrika sei das Ursprungsland der Menschheit, da sie in einigen Funden hier die ältesten menschlichen Reste zu erkennen glaubten. Auf jeden Fall kommt dafür nur ein Gebiet in Frage, in dem die Entwicklung der Menschheit durch Klima, Bodenart und Lage begünstigt wurde. Man nimmt an, dass auf vorgeschichtlichen Landbrücken die Einwanderung in andere Erdteile erfolgte. Sicherlich waren die durch die Eiszeit hervorgerufenen Temperaturstürze und andere Störungen Ursache für diese gewaltigen Wanderbewegungen in neue, ferne Lebensräume, in denen völlig andere Lebensbedingungen herrschten. Durch klimatische und geologische Unterschiede, durch andere Ernährungsweise und Lebenshaltung bedingt, bildeten sich die körperlichen Merkmale der heutigen Rassen. Hautfarbe, Körpergestalt, Schädelform und Gesichtsausdruck wurden im Laufe vieler Jahrhunderte durch die Eigenarten der Umwelt verändert. Voneinander isoliert, entwickelte sich bei den Völkern in den einzelnen Erdteilen eine artgemäße, eigene Kultur. Erst in unserer Zeit werden die entfernten Lebensräume durch die modernen Verkehrsmittel einander nahe gebracht. (200 Wörter)

Übung 17

Die Vorsilbe ur-:

Urheimat, Ursache, Ursprung, Urzeit, Uraufführung, uralt, verursachen, urbar, Urgroßeltern, Urkunde, Urenkel, Urahnen, Urwald, Urwelt, Urmensch, Urtiere

Erkläre an diesen Wörtern die Bedeutung der Vorsilbe ur-.

Übung 18

Von Fremdwörtern gebildete Eigenschaftswörter (Adjektive) mit der Endung -isch:

klimatisch, geologisch, alkoholisch, militärisch, technisch, architektonisch, harmonisch, demokratisch, telefonisch, politisch, ...

Bilde aus folgenden Fremdwörtern Eigenschaftswörter (Adjektive) mit der Nachsilbe -isch:

Stenografie, Musik, Evangelium, Republik, Kritik, Bibel, Medizin, Athlet, Sklave, Olympiade, Gymnastik, Alphabet, Elektrizität, Literatur, Humor, Testament, Atom, Mode, Chemie, Botanik, Aroma, Physik

Übung 19

Schreibweisen des langen ö (mit 4 Schreibfehlern):

Störung, Strömung, stöhnen, gewöhnlich, Öse, verhöhnen, dröhnen, Nadelöhr, löhten, Krönung, Felsenhöle, Getöse, fröhlich, ertönen, unnötig, spröde, Röhricht, öhlig, aufstöbern, Likör, Gehör, trösten, Schildkröte, Möhre, Ödland, ungehöhrig, höhnisch, Föhre, Flötenkonzert, römisch, aushöhlen, persönlich

Berichtige die Wörter mit der falschen Schreibweise des ö-Lautes.

▶ Lösung Seite 280.

Übung 20

Komma bei Aufzählungen:

Das Land ist durch Klima, Bodenart und Lage für die Entwicklung der Menschheit besonders geeignet. – Durch klimatische und geologische Unterschiede, durch andere Ernährungsweise und Lebenshaltung bedingt, bildeten sich die Merkmale der heutigen Rassen. – Hautfarbe, Körpergestalt, Schädelform und Gesichtsausdruck wurden durch die Eigenarten der Umwelt verändert. – Die Menschen jagten, fischten, sammelten genießbare Pflanzen, Tiere und Früchte.

Schreibe ähnliche Sätze zum Sachgebiet mit verschiedenartigen Aufzählungen (Subjekte, Prädikate, Objekte, Attribute, adverbiale Bestimmungen).

6. Klimakatastrophen

Kaum ein Monat vergeht, an dem sich nicht in irgendeinem Teil der Erde eine Umweltkatastrophe ereignet. Selten zuvor ist deutlich geworden, wie abhängig die Menschheit vom Klima ist. Gut ist noch die Erinnerung an die Folgen der außergewöhnlichen Regenfälle, die die Oder in einen reißenden Strom verwandelte, der weite Gebiete in Brandenburg, Polen und Tschechien überflutete. Zuviel Regen oder eine Verschiebung der Klimazonen können das Leben unerträglich machen. Wissenschaftler meinen, dass diese Unwetterkatastrophen vom Menschen verursacht sind. Sie sind überzeugt, dass Fluten, Stürme und extreme Trockenheiten zunehmen, wenn weiterhin so viel Kohle, Öl oder Gas verbrannt werden wie bisher. Die dadurch hervorgerufene Erwärmung des Weltklimas wird auch zum Abschmelzen der Gletscher und zur Ausdehnung des Wassers in den Ozeanen führen. In der Folge werden die Wasserspiegel erheblich ansteigen und die Küstenbereiche aller Kontinente überspülen. Hauptsächlich werden diese Zustände durch die Abgase von Autos und Flugzeugen verursacht, ebenso durch die Kamine von Industrie und Haushalten. Immer wenn Öl, Gas oder Kohle verbrannt werden, gelangt in großen Mengen das unsichtbare Kohlendioxyd in die Atmosphäre, das die drohende Erderwärmung hervorruft. Daher werden umweltfreundliche Energien von Sonne und Wind in weit größerem Maße zur Sicherung des Lebens genutzt werden müssen. (197 Wörter)

Übung 21

Wörter mit ph:

Katastrophen, Triumph, Alphabet, Prophet, Asphalt, Philosoph, physikalisch, Atmosphäre, Strophe, Saphir, Phase, Phosphor

Schreibe abgeleitete oder zusammengesetzte Wörter hinzu *(Katastrophe, Umweltkatastrophen, katastrophal, ...).*

Übung 22

Schreibweisen des z-Lautes:

genutzt, Verletzung, Besatzung, ... ärztlich, beherzt, sozial, ... nachts, lotsen, Sanitätswagen, ... Munition, national, Revolutionär, ...

Setze die Reihen fort und ergänze folgende Wörter:

vorwär____, Hei____ung, Opera____ion, zin____los, Matri____e,

nirgend____, seuf____en, Schwei____, Matra____e, erhi____t,

Kapu____e, bereit____, schluch____en, Ak____ionär, Bre____el,

Konkurren____, vergeben____, kri____eln, Por____ion, gerei____t,

gli____ern, Ra____ion, absei____, Halsschmer____en

Arbeitshilfe: In 10 Lücken fehlt *z*, in 3 *ts*, in 3 *s*, in je 4 *t* und *tz*.

▶ Lösung Seite 280

Übung 23

Die Vorsilbe ex-:

Minenexplosion, Export, exerzieren, Express, Examen, Exemplar, Exot, existieren, Exzellenz, Extrakt, Expedition, Exklave, exotisch, Exil, Exekution, Expansion, Experiment, extra, Exkursion, exkommunizieren

Schreibe davon abgeleitete Wörter *(explodieren, Exporteur, ...)* und versuche die Fremdwörter durch deutsche Ausdrücke zu ersetzen.

Übung 24

Als Verhältniswörter (Präpositionen) gebrauchte Hauptwörter (Substantive):

mitten, dank, kraft, inmitten, mittels, statt, seitens, infolge, zufolge; zugunsten, angesichts, um – willen, trotz

Bilde Sätze. *(Sie fielen mitten in ein Minenfeld. – Die Verletzten konnten dank der schnellen Hilfe gerettet werden.)*

7. Gefährliche Hilfsbereitschaft

Vor einiger Zeit wurden einige Bürger der Bundesrepublik vom israelischen Botschafter mit der höchsten Auszeichnung geehrt, die sein Staat zu vergeben hat. Weil sie unter Einsatz des eigenen Lebens jüdische Mitbürger während der nationalsozialistischen Herrschaft vor dem Tode gerettet hatten, erhielten sie als Zeichen der Anerkennung eine sehr wertvolle Medaille. Für kurze Zeit standen vier schlichte Menschen im Blickpunkt der Öffentlichkeit. Rundfunk, Fernsehen und Zeitungen berichteten über die Ordensverleihung, die in einer würdigen Feierstunde im israelischen Botschaftsgebäude erfolgte. Herzliche Worte der Hochachtung sprach der jüdische Diplomat und lobte in seiner Rede diese Hilfeleistungen an seinen verfolgten, verängstigten und gequälten Glaubensbrüdern als hervorragende Beweise menschlicher Größe. Während der Botschafter redete, mögen die vier Deutschen an die Zeit vor mehr als fünf Jahrzehnten zurückgedacht haben, als sie damals eine jüdische Familie heimlich in ihrem Hause aufnahmen und dort monatelang verbargen, um ihr das Schrecklichste zu ersparen. Sie wussten, dass es lebensgefährlich war, Juden auch nur eine kleine Gefälligkeit zu erweisen. So teilten sie mit ihren Schützlingen nicht nur die geringen, auf Lebensmittelkarten erstandenen Vorräte, sondern auch die tägliche Angst vor dem Entdecktwerden. Unbarmherzig wurden alle bestraft oder gar hingerichtet, wenn festgestellt wurde, dass sie Juden halfen. Erst das Kriegsende beseitigte die ständige Not und Unruhe dieser Menschen, die in dieser bitteren Zeit zu einer Schicksalsgemeinschaft zusammengewachsen waren. (217 Wörter)

Übung 25

Wörter mit der Nachsilbe -sal (-sel):

Schicksal, Drangsal, Scheusal, Mühsal, Labsal, Rinnsal, Trübsal; Gerinnsel, Mitbringsel, Rätsel, Überbleibsel, Schnipsel, Anhängsel, Häcksel, Gemengsel

Bilde mit diesen Wörtern Sätze und suche zu „Schicksal" und „Rätsel" verwandte Wörter *(schicksalsgläubig, rätselhaft, …)*.

Übung 26

-igt und -licht als Mittelwortendungen (Partizipendungen):

beseitigt, verdächtigt, genehmigt, beglaubigt, verständigt, entschuldigt, gereinigt, beerdigt, beschädigt, verängstigt, berücksichtigt, ermäßigt, …

verweichlicht, verwirklicht, verherrlicht, verdeutlicht, verniedlicht, verweltlicht, verstaatlicht, veranschaulicht, …

Setze die Reihen fort.

Übung 27

Wortfeld „Hilfe":

Hilfe, Beistand, Hilfeleistung, Beihilfe, Unterstützung, Entsatz, Beitrag, Ausweg, Förderungsmaßnahme, Belehrung, Anleitung, Beisteuer, Befreiung, Hilfestellung, Zuschuss, Unterrichtung, Halt, Zuflucht, Schutz, Geborgenheit

Ordne alphabetisch.

Übung 28

k oder ck (mit vier Schreibfehlern):

Bundesrepublik, Blickpunkt, Rundfunk, schrecklich, entdecken, Schicksal, Packet, Hektar, Diktator, Insekt, Perücke, Zinkblech, Seckt, Trockendock, Oktober, Trick, geschmacklos, Takt, Hecktoliter, Nervenschock, Schokoladenpudding, Optiker, Lakritze, Plakat, Barock, Lektüre, Kontackt, Baracke

Berichtige die 4 Schreibfehler.

► Lösung Seite 280

Ordne die Wörter nach der Schreibweise des k-Lautes.

8. Mit Heroin in den Abgrund

Stefan wuchs in geordneten Familienverhältnissen auf. Seine Eltern besaßen ein Bekleidungsgeschäft mit mehreren Angestellten. Vor kurzem wechselte die Familie zum Leidwesen des Jungen aus einer Kleinstadt nach München. Er hatte dadurch alle seine Freunde verloren und fühlte sich völlig entwurzelt. Unter seinen neuen Klassenkameraden galt er als glatte Null, da er auch sportlich eine Niete war. Mit seinen vierzehn Jahren war er noch recht schmächtig und schüchtern. Im Gegensatz zu anderen Jungen hatte er bei Mädchen keinerlei Chancen. Um mehr Geltung zu bekommen, versuchte er es mit Alkohol, womit er seine Altersgenossen bald übertrumpfen konnte. Dadurch fühlte er sich gestärkt und gewann in seiner Clique die gewünschte Sicherheit. Doch allmählich genügte der Alkohol als Aufputschmittel nicht mehr. Die Gefühle der Unterlegenheit und Unsicherheit kehrten zurück, und er wurde wieder zum Außenseiter. Um seinen Hunger nach Ansehen und Geltung zu befriedigen, griff er zu Haschisch. Doch die erwartete Anerkennung blieb aus. In der Klasse und bei Mädchen machte das nur einen negativen Eindruck. Die schulischen Leistungen ließen rapide nach, da Stefan sämtliche Interessen auf seinen Drogenkonsum richtete, den er immer mehr steigerte. Dabei verlor er sein Selbstwertgefühl vollständig, und das bedrückende Gefühl ein Versager zu sein, kehrte in verstärktem Maße zurück. (205 Wörter)

Übung 29

d, dt oder t im Auslaut:

Leidwesen, Geleit, Kleinstadt, staatlich, Branntwein, Großbrandstelle, Sandgrube, Gesandter, endlos, enttäuscht

Setze in die Wortlücken d, dt oder t.

Gedul____, Gestal____, verwan____, bekann____, Kinderhor____,

blin____, Sta____ra____, Ra____panne, schul____bewusst, bal____,

nirgen____s, scheinto____, to____müde, Gewan____heit,

Gra____zahl, Rückgra____, gemü____lich, unermü____lich,

Gewal____, Hochwal____, Bun____stifte, Schun____

Arbeitshilfe: In 11 Lücken fehlt *d*, in 4 *dt*, und in 8 fehlt *t*.
► Lösung Seite 280

Übung 30

Gebräuchliche Wörter mit y:
Märtyrer, Zylinder, Nymphe, anonym, Gymnasium, Tyrann, Typ, Dynamit, idyllisch, unsympathisch, Symbol, Hypothek, Synagoge, Hymne, Pyramide, symmetrisch, hypnotisieren, Labyrinth, Hyäne, Hyazinthe, Myrthe, hydraulisch, Xylofon, Zypresse, Hydrant, Myrrhe, Typhus, synchronisieren, Dynamomaschine
Bilde davon abgeleitete oder zusammengesetzte Wörter *(Gymnasiast, tyrannisch, Synchronsprecher, ...).*

Übung 31

Langes a mit unbezeichneter Dehnung:
Schar, Untertan, radikal, Klage, Todesqual, Kran, Kanal, aufmerksam, Samen, Blauwal, offenbaren, Reklame, Denkmal, Kathedrale, ...

> Nur vor l, m, n, r steht das Dehnungs-h. Nach mehreren Mitlauten, nach sch, sp und qu steht kein Dehnungs-h.

Setze in folgende Wörter a oder ah ein:

k____l, Lok____l, Sch____m, ide____l, Gr____n____te, Orn____t,

Qu____dr____t, Limon____de, Sch____l, Pf____l, schm____l, ov____l,

Dr____m____, Pl____ge, Sign____l, kl____r, P____r____de,

M____lzeit, Porzell____n, Or____kel, pl____nlos, Tr____n,

K____thedr____le, St____l, Vorn____me, f____l, Abn____me

Arbeitshilfe: Nur in sechs Lücken fehlt *ah*.
► Lösung Seite 280

Übung

Übung 32

igt – icht:

Predigt, erledigt, gereinigt, berichtigt, begradigt, beerdigt, entschuldigt – Dickicht, Habicht, Gicht, verehelicht, Kehricht, Röhricht, schlicht, Gericht, töricht, Schicht

Bilde aus folgenden Wörtern Zeitwörter (Verben) und schreibe davon die Mittelwörter der Vergangenheit (Partizipien im Perfekt): *sanft, Last, Schuld, Kreuz, rein, Schein, Not, ruhig, kräftig, Fähigkeit, fleißig, Gunst, heilig, Sünde, Erde, lustig (sanft – besänftigen – besänftigt, ...).*

9. Gesundheit, ein kostbarer Besitz

Diktat

Es gehört zu den Alltäglichkeiten auf den Großstadtstraßen, dass das Signal des Martinshorns ertönt, Blaulicht aufblitzt und sich ein Krankenwagen in rascher Fahrt den Weg durch den Verkehr bahnt. Ein Schwerverletzter, vielleicht das Opfer eines Betriebsunfalls oder eines Verkehrsunglückes, ein altersschwacher Mensch, der irgendwo auf der Straße zusammengebrochen ist, oder ein lebensgefährlich Erkrankter braucht schnellstens ärztliche Hilfe. Daher machen die Kraftfahrer bereitwillig Platz und geben dem Krankenwagen die Fahrbahn frei. Wenige Minuten können für die Rettung eines Hilfsbedürftigen von entscheidender Bedeutung sein. Auch im Krankenhaus lässt man keine Zeit ungenutzt verstreichen und trifft möglichst noch vor Ankunft des Krankentransportes die Vorbereitungen für die notwendige Blutübertragung oder die erforderliche Operation. Ein Chirurg oder Internist steht mit Helfern bereit, um die Gesundheit eines Menschen möglichst vollständig und rasch wiederherzustellen. Oft sind fast alle Betten eines Krankenhauses belegt, sodass es nicht leicht ist, genügend Platz für alle Neuzugewiesenen zur Verfügung zu stellen. Angesichts der zahlreichen Unfälle und der vielen verschiedenen Krankheiten werden immer wieder Krankenhauserweiterungen und -neubauten erforderlich. Doch trotz technischer Neuerungen, hoher ärztlicher Kunst und aufopferungsvoller Arbeit des Pflegepersonals sind Leid und Elend in Kranken- und Siechenhäusern nicht zu übersehen. Wer hier gelegentlich gewesen ist oder viel Umgang mit Kranken hat, wird empfinden, welch kostbares Gut die Gesundheit ist. Er wird sie dankbaren Herzens schätzen und sie zu erhalten trachten. (222 Wörter)

Übung 33

Fremdwörter aus dem Bereich des Gesundheitswesens:

Chirurg, Internist, Operation, Apotheke, Medizin, Klinik, Pharmazeut, Medikament, Diphtherie, Infarkt, Infektion, desinfizieren, Typhus, Therapie, Psychiater, Dermatologe, Migräne, Patient, Narkose, Diät, Attest, Rezept, Transplantation, Epidemie, Neuralgie, Hormon, Vitamin, Amputation, Hygiene, Homöopathie, Bakterien, Serum

Kläre unbekannte Ausdrücke mithilfe eines Wörterbuches.

Übung 34

Eigenschafts- und Mittelwörter (Adjektive und Partizipien) werden Hauptwörter (Substantive):

ein Schwerverletzter/schwer Verletzter, ein lebensgefährlich Erkrankter, ein Hilfsbedürftiger, alle Neuzugewiesenen, viele Genesende, die Gesunden und Kranken, ein Überlebender, die Verwundeten, etwas Stärkendes, alles Gute, nichts Aufregendes, das kostbare Gut, ein Armer

Ordne nach Mittel- und Eigenschaftswörtern (Partizipien und Adjektiven). Bilde Sätze.

Übung 35

Hauptwörter (Substantive) mit der lateinischen Vorsilbe trans-:

Transport, Transparent, Transformator, Transmission, Transvaal, Transjordanien, die Transsibirische Eisenbahn, Transozeandampfer, Transatlantikflug, Transitverkehr

Erkläre die Bedeutung der Wörter (trans = jenseits, hindurch).

Übung 36

Wortfamilie „Körper“:

Körper, Himmels-, Beleuchtungs-, Heiz-, Knall-, Feuerwerks-, Holz-, Klang-, Hohl-, Lehr-, Glas-, Flug-, Tier-, Ober-, Truppen-, -pflege, -gewicht, -fülle, -länge, -größe, -maß, -teil, -form, -bau, -kraft, -schaden, -verletzung, -verstümmelung, -schwäche, -schaft, -fehler, -inhalt, -umfang, -haltung, -kultur, -schule, -wärme, -temperatur, -schaftssteuer, -organ, -lichkeit, -behinderung; Verkörperung; verkörpern; körperlich, -los, -behindert; Korpus; Korpulenz, korpulent; Korps, Armee-, Offiziers-, -geist; Korporation; korporativ

Ordne die Wörter innerhalb der Gruppen alphabetisch.

10. Lohnender Einsatz

Diktat

Fast alljährlich hatte Timo während seiner Schulzeit bei den Bundesjugend-Wettkämpfen eine Ehrenurkunde errungen und besonders durch das Laufen eine beachtlich hohe Punktzahl erreichen können. Das brachte ihn zu dem Entschluss, sich als Langstreckenläufer zu spezialisieren. Nach zähem Training siegte Timo bei den Jugendmeisterschaften seines Landes. Da es ihm gelang, seine Laufzeiten auch weiterhin erheblich zu verbessern, wurde er bereits als Neunzehnjähriger bei einem Leichtathletikländerkampf eingesetzt, bei dem er sogar den Favoriten dieses Laufwettbewerbs, einen bekannten Olympiasieger, in einem aufsehenerregenden Endspurt schlagen konnte. Nach diesem unerwarteten Triumph nahm Timo an vielen Leichtathletikländerkämpfen teil und wurde einer der erfolgreichsten europäischen Langstreckenläufer. Doch leicht war ihm dieser Aufstieg zur sportlichen Meisterschaft nicht geworden. Energie, Selbstüberwindung und mancher Verzicht haben diese Erfolge erst ermöglicht. Seit jeher hat Timo sich nach dem Grundsatz gerichtet, dass ein junger Sportler auf einige vielfach beliebten Dinge verzichten muss. Dazu gehören in erster Linie Alkohol und Zigaretten. Wer ein guter Läufer, Schwimmer oder Fußballspieler werden möchte, der erreicht sein Ziel nur mit gesunder Lunge und beweglichen Gliedern. Alkohol und Nikotin sind unüberwindbare Hindernisse auf dem Weg zum Erfolg. Wer Raubbau an seinem Körper treibt und seinen Platz nicht auf Sportstätten, sondern an der Theke sucht, wird sich vergeblich um den Siegespreis bemühen. Das gilt aber nicht nur für den Sport, sondern trifft auch für alle anderen Bereiche des Lebens zu. Jeder, der etwas Großes erstrebt, braucht einen ungeschwächten Körper. (232 Wörter)

Übung 37

Übung

Fremdwörter mit der Endung -in:

Nikotin, Vitamin, Paraffin, Termin, Ruin, Magazin, Trampolin, Benzin, Kamin, Disziplin, Glyzerin, Medizin, Pinguin, Anilin, Koffein, Vaselin, Rubin, Mandarin, Harlekin, Rosmarin, Jasmin, Karmin, Chinin, Stearin, Paladin

Ordne die Wörter alphabetisch. Schlage unbekannte Wörter in einem Wörterbuch nach.

Übung 38

Wörter mit th:

Leichtathletik, Apotheke, Thermometer, Theater, Thron, Bibliothek, Thema, Kathedrale, These, Rhythmus, Katheter, Diphtherie, Äther, Hyazinthe, Forsythie, Katholik, Asthma, Ethik, Katheder, Theologie, Prothese, Mathematik, …

Setze th oder t in die folgenden Lücken ein:

____erese, Por____al, ____ermosflasche, ____erminkalender,

Korin____en, Kome____, Ru____, Hypo____ek, Prozen____,

____üringen, Niko____in, Lo____ringen, ____omas, mu____ig,

Zi____er, Me____ode, Pa____ien____, Edi____, a____men,

ka____olisch

Arbeitshilfe: In 12 Lücken fehlt *th*.

► Lösung Seite 280

Beachte: th wird nicht getrennt (Apo-theke, Rhyth-mus, ….)

Übung 39

Schreibweisen des langen u:

Ehrenurkunde, Spur, Fuhrwerk, Nougat, Bouillon, Kuhle, Garnitur, Uran, Bergtour, gruselig, Spule, Urheber, Schubkarre, Ruhmestaten, Kurfürst, Truthahn, Glut, Weidenrute, Tunika, Figur, Reiseroute, Uhrwerk, Trubel, Limousine, Natur, Patrouille, Halbschuh, Frisur, Roulade, Rumänien

Ordne nach der Schreibweise des u-Lautes.

Übung 40

Schreibweisen des langen o:

Alkohol, Zone, hohl, katholisch, Rom, Motorboot, …

Setze in die Lücken folgender Wörter o, oo oder oh ein:

B____nerwachs, Pr____be, Anem____ne, S____lbad, Sch____nung,

Briefb____te, M____rgebiet, B____rer, K____g, P____l,

Eichenb____le, Pfirsichb____wle, Weißk____l, Harm____nium,

____nmächtig, M____s, Patr____ne, ____r, ____rakel, Chl____r,

Dr____ne, Ch____ral, M____nblumen, T____ntopf, Z____,

Segelb____t, unbew____nt, Telef____n

Arbeitshilfe: 14 Wörter werden mit *o*, 5 mit *oo* und 9 werden mit *oh* geschrieben.

▶ Lösung Seite 280 f.

11. Vor dem Wiedersehen mit Dresden

Diktat

Seit einigen Tagen wirkte die alte Frau Baumann spürbar aufgeregt und nervös. Immer wieder hatte sie die Fahrt in ihre Heimatstadt verschoben. Sie befürchtete nämlich, dass durch den Besuch ihre furchtbaren Erlebnisse bei der Bombardierung Dresdens wieder zu stark ins Bewusstsein treten könnten. Damals war ihre Mutter getötet und das Wohnhaus vollständig vernichtet worden. Auch wenn nach diesen schrecklichen Ereignissen bereits Jahrzehnte vergangen waren, vergessen konnte Frau Baumann sie nicht. Am Fastnachtsdienstag des letzten Kriegsjahres hatten feindliche Fliegerverbände die gesamte Stadt mit Unmengen von Spreng- und Brandbomben in ein Flammenmeer verwandelt. Innerhalb weniger Stunden wurden berühmte Bauwerke und Kunstschätze vernichtet. Zwinger, Schloss, Oper, Schauspielhaus und viele wertvolle Kirchen wurden mit Tausenden von Wohnhäusern völlig zerstört. Unzählbare Menschen verbrannten in den Straßen oder wurden unter den Trümmern ihrer Heimstätten begraben. Das schöne Dresden war in einer Nacht zur Ruinenstadt geworden. Inzwischen wurden der weltbekannte Zwinger und die meisten der anderen Gebäude in langwieriger Arbeit wieder aufgebaut, wie Frau Baumann von Berichten und Bildern aus Dresden wusste. „Freust du dich nicht auf die Reise und das Wiedersehen mit deiner Heimat?", fragten Frau Baumanns Angehörige. „Eine Fahrt dorthin war doch schon seit langem dein Wunsch." – „Natürlich freue ich mich, jedoch mit gemischten Gefühlen. Selbst wenn Dresden wieder vollständig aufgebaut wird, es ist doch nicht mehr die Stadt meiner Kinderzeit." (221 Wörter)

Übung 41

Übung

sst, ßt oder st:

Bewusstsein, Fastnachtsdienstag, gerüstet, gefasst, fast (beinahe), er musste, verrußt, pusten, verwaist, kostbar, eingeflößt, abgelöst, ...
Setze in die Lücken sst, ßt oder st ein:

Kani______er, re______los, verpa______, vermi______, Verlu______,

verbla______, Pfla______er, belä______igen, entblö______,

verbü______, Qua______e, Ra______platz, bewu______los,

flü______ern

Arbeitshilfe: 4 *sst*, 2 *ßt* und 8 *st* müssen eingesetzt werden.
▶ Lösung Seite 281

Info

Zusammengesetzte Zeitwörter (Verben):

a) Mit Präpositionen (Verhältniswörtern) und Adverbien (Umstandwörtern) zusammengesetzte Verben sind trennbar. Diese Vorsilbe ist betont. (abfahren – Wir fahren gleich ab.)
ansehen, herausnehmen, auffallen, einstellen, zurückbringen, fortlaufen, hinsetzen, hinaufkriechen, abstürzen, zukleben, entgegengehen, danebenlegen, ...; Ausnahmen: überliefern, unterrichten, untersuchen, überlegen, widersetzen, ...
Ausnahmen:
Die Adverbien *abhanden, anheim, beiseite, fürlieb, überhand, vonstatten, vorlieb, zugute, zunichte, zupass, zustatten, zuteil* werden immer getrennt vom Verb geschrieben: *vorlieb nehmen, zugute kommen, ...*
b) Verben mit den Vorsilben be-, ent-, emp-, er-, ge-, miss-, ver-, zer-, wider- (ohne „e“) sind untrennbar. Diese Vorsilben sind unbetont und nicht mehr selbstständig. (widersprechen – Ihr widersprecht dem Lehrer.)
bedeuten, erhalten, zerbeißen, entlassen, verbringen, gehören, missfallen, empfehlen
c) Verben mit den Vorsilben durch-, über-, unter-, um- und wieder- sind trennbar oder untrennbar.
Die Verben haben eine doppelte Bedeutung und Betonung:
wiederholen (Betonung auf dem Verb): Ich wiederhole den Stoff für die Prüfung = ich mache etwas noch einmal.

wieder holen (Betonung auf der Vorsilbe): Ich hole mir das ausgeliehene Fahrrad wieder = ich hole etwas zurück.

Übung

Übung 42

Schreibe zu jeder Art des Infokastens weitere Zusammensetzungen und verwende sie in Sätzen.

Übung

Übung 43

Schreibweisen des langen ö:

nervös, zerstört, Angehörige, verwöhnt, unmöglich, dröhnen, löten, Köder, Empörung, stöhnen, Likör, unpersönlich, Heizöl, unnötig, ...

Fülle die Lücken durch Einsetzen von ö oder öh:

Verh____r, aush____len, Fl____te, Tagel____ner, tr____sten,

spr____de, Bl____dsinn, t____richt, verh____nen, str____men,

Vers____nung, gew____nlich, K____der, r____misch, Nadel____r,

fr____lich, t____dlich, ungeh____rig, F____nwind, l____ten,

Verm____gen

Arbeitshilfe: 8 Wörter schreibt man mit *öh*.

► Lösung Seite 281

Info

Gleichartige Satzteile und die Zeichensetzung:

Zwinger, Schloss, Oper, Schauspielhaus und viele wertvolle Kirchen – Bauwerke und Kunstschätze – Berichte oder Bilder – der weltbekannte Dresdner Zwinger – die kleinste, aber wichtigste menschliche Gemeinschaft – weder junge noch alte Menschen

Beachte: Zwischen gleichartigen Beifügungen (Attributen) steht nur dann ein Komma, wenn sie gleichwertig sind, d. h. wenn sie durch „und" verbunden oder in ihrer Reihenfolge verändert werden können (nicht gleichwertige Beifügungen: die wichtigste menschliche Gemeinschaft).

Stehen zwischen gleichartigen Satzteilen folgende Bindewörter (Konjunktionen), so bleibt das Komma fort: und, oder, als, wie, sowohl – als auch, weder – noch, entweder – oder (weder staatlich noch kirchlich).

Ein Komma wird zwischen gleichartigen Satzteilen trotz folgender Bindewörter (Konjunktionen) gesetzt: aber, auch, also, besonders, hauptsächlich, schließlich, ferner, vor allem (die kleinste, aber wichtigste Gemeinschaft).

Übung 44

Schreibe Beispielsätze, in denen gleichartige Satzteile durch Bindewörter (Konjunktionen) verbunden sind.

12. Fernsehprogramme

Erstmals konnte man in Deutschland bei den Olympischen Spielen 1936 auf einem kleinen Bildschirm Sportübertragungen in bewegten Bildern sehen. Doch seitdem hat sich die Technik aus diesen Anfängen heraus so verändert, dass Fernsehen das wichtigstes Mittel häuslicher Unterhaltung und Information ist. Es hat uns alle Teile der Erde näher gebracht und unser Blickfeld enorm erweitert. Liveübertragungen aus aller Welt erlauben uns, Ereignisse gleichzeitig und hautnah mitzuerleben. Vor dem Fernsehapparat hat man die besten Zuschauerplätze bei Sportveranstaltungen und hört gleichzeitig die Kommentare zum Spielgeschehen. Satelliten, die tausende von Kilometern über der Erde kreisen, werden genutzt, um Ereignisse und Mitteilungen aus fernsten Ländern ins Wohnzimmer zu senden. In Westeuropa fehlt das Fernsehgerät kaum in einer Wohnung. In Nordamerika gibt es fast ebenso viele Einwohner wie Fernsehgeräte. Diese große Verbreitung und das Vergnügen, das Menschen beim Fernsehen empfinden, macht es auch zu einem bedeutenden Wirtschaftsfaktor. Firmen zahlen hohe Geldbeträge, um zwischen den Programmteilen ihre Produkte anzubieten. Da täglich Millionen die Sendungen sehen, ist das Fernsehen ganz besonders werbewirksam. Viele verschiedene Fernsehzeitungen bringen Programmvorschauen. Aus dieser Fülle die richtige Auswahl zu treffen ist besonders wichtig, damit man nicht durch Filme mit Gewaltdarstellungen negativ beeinflusst wird. Nicht alles ist sehenswert! (196 Wörter)

Übung 45

Zeitwörter (Verben) mit der Nachsilbe -ieren:

pulsieren, regieren, ruinieren, radieren, marschieren, kurieren, ...

Setze die Reihe fort und bilde zu folgenden Wörtern die dazugehörigen Zeitwörter (Verben):
Infektion, Export, Montage, Isolierung, Massage, Rasur, Gratulation, Musik, Operation, Explosion, Adresse, Pension, Kanal

Übung 46

ll – l:
Allianz, Parallele, Kapelle, Koralle, … Almosen, Kulisse, Walnuss, …
Setze die Reihen fort und fülle die Lücken folgender Wörter:

Karusse____, Ko____onie, He____mut, Ho____stein, Krista____,

A____uminium, Kaste____, E____ipse, Porze____an, Wa____fahrt,

Medai____e, Protoko____, industrie____, A____kohol, Tunne____,

Po____itur, Schatu____e, Se____erie, A____tar, Sate____it

Arbeitshilfe: In 12 Lücken muss *ll* eingesetzt werden.
► Lösung Seite 281

Übung 47

Schreibweisen des z-Lautes:
beherzt, Allianz, Franzosen, … Besatzung, erhitzt, Verletzung, … bereits, abseits, Sanitätswagen, … international, Aktien, Operation, … Puls, Fels, …
Setze in die Lücken folgender Wörter z, tz, t oder s ein:

är____tlich, Zin____satz, Schwi____packung, Matra____e, Finan__-__

minister, Kapu____e, nacht____, Medi____in, gli____ern, vergeben_

___, Seuf____er, Muni____ion, seitwärt____, Schä____er, Mar____

ipan, verdu____t, Aka____ie, Pro____ess, Me____-gerei, Matri____e,

Revolu____ionär, Bre____el, gei____ig

Arbeitshilfe: In 11 Wörtern fehlt *z*, in 6 *tz*, in 4 *s* und in 3 *t*.
► Lösung Seite 281

Übung 48

Schärfung mit mm (mit 4 Schreibfehlern):

Kommissar, Programm, Briefmarkensammlung, gesammt, Kommode, Abstimmung, Kommunismus, grimmig, Kommandant, Dammhirsch, stämmig, Prommenade, Grammatik, schlammig, dämmerig, gekrümmt, Autogramm, Kammerad

Berichtige die 4 Schreibfehler und füge abgeleitete Wörter hinzu.

► Lösung Seite 281

13. Dschungelbrände in Indonesien

Im Herbst des vorigen Jahres brachen auf der Insel Borneo verheerende Waldbrände aus. Seitdem breitete sich eine riesenhafte Smogwolke über Teile Indonesiens aus. Vor der Küste liegende Inselgruppen verschwanden im Dunst, und selbst hohe Verwaltungsgebäude und Türme lagen unter einer Glocke von Rauch. Wie viele Menschen an den Folgen der verpesteten Luft starben, blieb bisher unbekannt. Endlich setzte der bereits für November erwartete Regen ein, wodurch ein erheblicher Teil der Flächenbrände gelöscht wurde. Doch in Gebieten mit riesigen unterirdischen Kohlelagern waren immer noch Brandnester, die bei den hohen Temperaturen zu schwelen begannen und sich teilweise entzündet haben. Auch die tief im Boden versteckten Torflagen sind in Glut geraten. Nur bei kräftigen, lang anhaltenden Regenschauern können diese Brandnester allmählich gelöscht werden. Da in diesem Jahr der Monsun ausgeblieben ist, trocknete der Regenwald so stark aus wie noch nie und bot den Flammen reichhaltige Nahrung. Aber auch das Verhalten der Einwohner hatte die Feuersbrunst gefördert, da sie durch Brandrodung Boden für die Landwirtschaft gewinnen wollten. Durch die Dürre sind die Feuer außer Kontrolle geraten und haben sich zur größten Umweltkatastrophe entwickelt, die dieses Gebiet Asiens jemals erlebt hat.

(190 Wörter)

Übung 49

Wörter mit ph:

Umweltkatastrophe, Triumph, Alphabet, Prophet, Asphalt, Atmosphäre, Physik, Strophe, Phase, Phosphor, Pharisäer, Pharmazeut, Phrase

Füge zusammengesetzte und verwandte Wörter hinzu (katastrophal, ...).

Übung 50

Adjektive mit der Endung -isch:

unterirdisch, schwäbisch, atlantisch, regnerisch, ...

Bilde die zugehörigen Adjektive aus:

Stadt, Himmel, Erpresser, Politik, Narr, Laune, Europa, Sturm, Fotografie, Juden, Technik, Literatur, Demokratie, Evangelium, Musik, Verführer

Übung 51

Schwierige Ländernamen:

Tschechien, Indonesien, Skandinavien, Großbritannien, Ägypten, Äthiopien, Libyen, Marokko, Afghanistan, Philippinen, Paraguay, Bolivien, Ekuador, ...

Setze die Reihe fort und bilde zugehörige Eigenschaftswörter (tschechisch, indonesisch, ...) oder erdkundliche Namen. Benutze dazu den Atlas oder ein Wörterbuch.

Übung 52

Umstandswörter (Adverbien) mit -weise:

teilweise, leih-, paar-, stück-, zeit-, dutzend-, stapel-, möglicher-, richtiger-, probe-, raten-, sprung-, schritt-, ruck-, ausnahms-, glücklicher-, kluger-, beispiels-, meter-, merkwürdiger-, tage-, stunden-, dankbarer-, beziehungs-, bedauerlicher-, vernünftiger-, gerechter-, freundlicher-, heimlicher-, ...

Versuche die Reihe fortzusetzen und bilde Sätze.

Beachte die Schreibweise: in geschickter Weise, in gleicher Weise, in fahrlässiger Weise, ... Arbeitsweise, Zahlungsweise, Fahrweise, ...

14. Ein strahlender Sieger bei der Tour de France

Selten war der Jubel in der gesamten Geschichte des Sports so herzlich und nachhaltig wie beim Sieg in der tagelangen Tour de France 1997. Ein bis dahin unbekannter deutscher Rennfahrer hatte das begehrte gelbe Trikot gewonnen. Jan Ullrich, ein dreiundzwanzigjähriger Rostocker, hatte sich ganz konsequent auf den Radsport vorbereitet. Bei dem weltgrößten Radrennen entpuppte er sich dann als ein kraftvoller, unverbrauchter Rennfahrer und zu einem Senkrechtstarter. Bereits in der Mitte der Tour hatte er mit beträchtlichem Zeitvorsprung das Etappenziel erreicht und schließlich das gelbe Trikot

erworben, das er auch nach den kräftezehrenden Teilstrecken durch die französischen Alpen bis zum endgültigen Ziel behalten durfte. Schon unterwegs jubelten die Menschen ihm so begeistert zu, dass dabei die Fahrbahn beengt und die Rennfahrer arg bedrängt wurden. Besonders stolz darf der junge Jan darauf sein, dass er seit fast hundert Jahren der erste Deutsche war, der das weltberühmte Radrennen gewonnen hat. Bei vielen anderen Sportveranstaltungen wurde er als Sieger umjubelt und gefeiert. Immer beeindruckte er dabei durch sein strahlendes Lächeln trotz der starken körperlichen Inanspruchnahmen. Auch wenn er durch die vielen Starts und Werbeverträge aus der Wirtschaft hohe Geldsummen erhielt, blieb er doch der bescheidene Sportsmann. Doch dann kam der Dopingskandal.
(204 Wörter)

Übung 53

Zusammengesetzte Mittelwörter:

kräftezehrend, weltberühmt, sonnengebräunt, bahnbrechend, angsterfüllt, freudestrahlend, zeitsparend, siegbringend, schuldbewusst, stadtbekannt, silberglänzend, staubbedeckt, schweißgebadet, schutzgeimpft, wärmespendend

Bilde damit Sätze.

Übung 54

eu – äu:

deutsch, Abenteuer, Ungeheuer, verleumden, …

zwangsläufig, äußern, Gräuel, schnäuzen, erläutern, Knäuel, Säule, versäumen, …

Setze die Reihen fort und fülle die Lücken in folgenden Wörtern:

Beschl___nigung, L___tewerk, B___le, haarstr___bend,

tr___feln, Sch___sal, Erl___terung, l___tselig, S___fzer,

Spr___, ohrenbet___bend, K___le, ber___en, kr___seln,

Vers___mnis, n___lich, gel___fig, getr___lich, r___spern,

Entt___schung

Arbeitshilfe: In 10 Lücken fehlt *eu*.

▶ Lösung Seite 281

Übung 55

Schreibweisen des langen e:

selig, verwehrt, wesensfremd, Elend, Entbehrung, sehnsüchtig, Verheerung

Setze in die Lücken folgender Wörter e, eh oder ee ein:

s____lisch, L____ne, Z____bra, Frikass____, S____nenzerrung,

Th____ma, Livr____, K____lkopf, All____, po____tisch,

S____mikolon, S____lilie, S____stärke, Klisch____, Sch____ma,

l____rreich, Gal____re, P____gel, M____rheit, M____rrettich,

Kr____m, M____t____or, Weizenm____l, Bek____rung, st____len,

Kl____, Frott____tuch, l____mig, Schiffsr____der, Abw____r,

W____rmut, Lorb____rblätter

Arbeitshilfe: In 10 Lücken fehlt *e*, in 11 *eh* und in 12 *ee*.

▶ Lösung Seite 281

Übung 56

k, ck oder kk:

Mecklenburg, Diktatur, Mächteblock, Technik, Bakterien, Mokka, Scheckheft, Taktik, Rucksack

Setze in die Lücken folgender Wörter k, ck oder kk ein:

Ma____aroni, Que____silber, Bri____ett, Fabri____dire____tor,

Bara____e, Barri____ade, di____fellig, Physi____, Wra____,

win____elig, zwi____en, Ma____ro, A____usti____, A____azie,

Kerami____, Zwieba____, Maro____o, Bis____uit, Li____ör,

versi____ern, A____ord, Im____er, A____umulator, fla____ern,

A____robat, ele____trisch, Nervenscho____, A____tion

Arbeitshilfe: In 17 Lücken fehlt *k*, in 9 *ck* und in 4 *kk*.

▶ Lösung Seite 282

15. Ein Aufsteiger gewinnt die deutsche Meisterschaft

Diktat

Das Stadion in Kaiserslautern tobte und wurde zum brodelnden Vulkan, als für die sportbegeisterten Pfälzer ein Fußballmärchen wahr geworden war. Unter Sektfontänen und begleitet von ohrenbetäubenden Jubelchören tanzte der Trainer ausgelassen auf dem Spielfeld und umarmte alle, die sich ihm in den Weg stellten. Soeben hatte die heimische Mannschaft mit einem klaren Sieg ihren Gegner bezwungen. Bereits im vorletzten Spiel hatten sie den Meistertitel gesichert, da die Münchner Bayern sie nicht mehr einholen konnten. Bis in die frühen Morgenstunden feierten Zehntausende in der Stadt zwischen Hauptbahnhof und Rathaus. In nicht enden wollenden Sprechchören ließen die Menschenmassen in den überfüllten Straßen der Altstadt den Trainer und die Fußballprofis hochleben. Die Gastwirte hatten längst reagiert und ihre Theken auf die Straßen verlegt. Wein und Bier flossen in Strömen. Erfreulich, dass die harmonische, fröhliche Stimmung nicht durch Krawalle und Gewalttaten gestört wurde. Wer hätte das gedacht, dass die Mannschaft, die noch in der vorhergehenden Saison zweitklassig war und den Aufstieg in die Bundesliga schaffte, sofort in dieser Spielzeit den Meistertitel trotz der favorisierten Bayern erringen würde. Zielstrebige Arbeit des Trainers, echter Sportsgeist und gute mannschaftliche Harmonie hatten dieses Fußballwunder Wirklichkeit werden lassen.

(195 Wörter)

Übung 57

Übung

Hauptwörtlicher (substantivischer) Gebrauch von Zahlwörtern (Numeralien):

eine Zwei im Zeugnis, ein Viertel des Geldes, Hunderte von Menschen, der Erste in der Klasse (der Tüchtigkeit nach), ein halbes Dutzend, er ist Mitte Vierzig, das Dreifache, sein Letztes geben, am Ersten jeden Monats, der Dritte im Bunde, das Nichts, zu Hunderten und Tausenden, Tausende und Abertausende

Nur als Hauptwörter (Substantive) werden gebraucht: *Dutzend, Mandel, Schock, Gros, Million, Milliarde, Billion, …*

Bilde Sätze.

Übung 58

Wörter mit th:

These, Bibliothek, Theater, Theologie, theoretisch, Leichtathletik, Hypothek, Thema, Thomas, Edith, Theodolit, Äthiopien, Atheist, Martha, Zither, Thermometer, Prothese, Methode

Setze in folgende Wörter t oder th ein:

Ka____edrale, Op____ik, ____ermalbad, Elisabe____, ____üringen,

Ka____eder, Pla____in, ____ibet, Lo____ringen, Fan____asie,

____eodor, ka____olisch, Kinderhor____, Rhy____mus, Ä____er,

Krö____e, Pan____er, ____eke, Sympa____ie, Grani____,

Apo____eke, Hyazin____e, ____ragödie, ____ermin, Korin____en,

Li____eratur, Königs____ron, Diph____erie, As____ma, e____isch,

____resor

Arbeitshilfe: In 20 Wörter muss *th* eingesetzt werden.

▶ Lösung Seite 282

Übung 59

Fremdwörter mit ai:

Trainer, trainieren, Trainingshose, ... Saison, saisonbedingt, Saisonarbeit, ... Air, Airport, Airbag, Airbus

Füge noch weitere verwandte Wörter hinzu und bilde Sätze.

Übung 60

Fremdwörter mit der Endung -ie:

Harmonie, Chemie, Demokratie, Energie, Galerie, Lotterie, Drogerie, Philosophie, Monarchie, Idiotie, Garantie, Fotografie, Industrie, Partie, Fantasie, Akademie, Gummie, Biologie, Melodie, Prärie, Kolibrie, Geologie, Jalousie, Theorie

Hast du gemerkt, dass in dieser Wortsammlung zwei Fehler enthalten sind?

▶ Lösung Seite 282

16. Die Olympischen Spiele

Bereits in vorchristlicher Zeit fanden in Griechenland sportliche Wettkämpfe statt. Sie wurden zu Ehren des Göttervaters Zeus im heiligen Bereich von Olympia ausgetragen. Alle vier Jahre versammelten sich Männer und Knaben zur sportlichen Auseinandersetzung im Laufen, Springen und Werfen, im Ringen oder im Faustkampf. Auch im leichtathletischen Fünfkampf wetteiferten die Kämpfer um den Sieg. Nicht nur dem jeweiligen Sieger, sondern auch seiner Heimatstadt wurden hohe Ehrungen und lang andauernder Ruhm aller Griechen zuteil. Diese Wettkämpfe erfolgten unter staatlicher Aufsicht und waren gleichzeitig periodisch wiederkehrende religiöse Feste zu Ehren der griechischen Götter. Bis ins vierte Jahrhundert waren die Olympischen Spiele der kulturelle Höhepunkt der Antike.

Diese bedeutenden sportlichen Wettkämpfe wären sicherlich in Vergessenheit geraten, wenn nicht anlässlich von Ausgrabungen an den historischen Stätten in Griechenland der französische Baron Coubertin die Idee des olympischen Geistes zu neuem Leben erweckt hätte. Die erste Olympiade der Neuzeit fand 1886 in Athen statt. Sportler aus 13 Nationen trugen 285 verschiedene Wettkämpfe aus. Nicht nur in der Leichtathletik, sondern in fast allen anderen Sportarten wurden Kämpfe ausgetragen. Männer und Frauen aus allen Teilen der Erde versuchten eine Medaille in Gold, Silber oder Bronze zu erringen. Seit 1924 wurden außerdem alle vier Jahre Olympische Winterspiele durchgeführt. (202 Wörter)

Übung 61

Eigenschaftswörter als Teile von Namen:

Olympische Spiele, Internationales Olympisches Komitee, aber: olympischer Eid, olympisches Dorf, olympisches Feuer, olympische Eröffnungsfeier, ...

Entscheide, in welchen Fällen die Eigenschaftswörter großgeschrieben werden müssen. *(D/d)eutsche Bundesrepublik, Briefmarken, Bundesländer, Bank – (G/g)roß Ozean, Ferien, Wagen (Sternbild), Staatsmann – (H/h)och Priester, Tauern, Posten, See – (B/b)ayerisch Bier, Wald, Ministerpräsident, Alpen, Hauptstadt – (S/s)ächsisch Porzellanmanufaktur, Schweiz, Mundart*

► Lösung Seite 282

Übung 62

ai oder ei:

Medaille, Maibaum, bereit, beseitigen, Gitarrensaite, Kaiser, Weisheit, Waisenkind, preiswert, Rain, Treibeis, verleihen, Laie, Emaille, meilenweit, beleidigen, Weizenkeim, Main, Meineid, bleich, Leichtgewicht, Froschlaich

Ordne die Wörter nach ihrer Schreibweise mit ai und ei. Fülle die Lücken der folgenden Wörter:

K____serr____ch, ____fersucht, L____enspiel, M____sfeld, R____sig,

M____käfer, ____trig, W____senhaus, bew____sen, Grießbr____,

R____nfarn, Rh____nufer, schw____ßen, St____nz____t,

H____nbuche, langw____lig, Violins____ten, Blaum____se

Arbeitshilfe: 8 Wörter werden mit *ai* geschrieben.

▶ Lösung Seite 282

Übung 63

Wörter mit der Nachsilbe -tion:

Generation, Reaktion, Organisation, Operation, Komposition, Automation, Spedition, Konfirmation, Portion, Fabrikation, Auktion, Station, Inflation, Reformation, Ration, Produktion, Expedition, Infektion, Installation, Kanalisation, Munition, Dekoration, Nation, Revolution, Bastion

Schreibe die Wörter ab und versuche sie durch deutsche Ausdrücke zu ersetzen.

Übung 64

ent – end:

öffentlich, gelegentlich, versehentlich, … entziehen, entgegen, Enthaltung, … Endsilbe, Endpunkt, unendlich, … bildend, vermögend, unwissend, …

Vervollständige folgende Wörter durch Einsetzen der Silbe end oder ent:

______runde, ______gegnen, hoff______lich, eil______s,

eig______lich, ______gültig, ruf______, ______erfolg,

______scheidung, ______los, ergreif______, ______silbe,

______führen, wöch______lich, ______schuldigung, ______ergebnis,

bild______, ______lastung, Fußball______spiel, wiss______lich,

voll______s, Wochen______fahrt, wes______lich, ______stehung,

______sieg

Arbeitshilfe: In 14 Wörtern fehlt *end*
▶ Lösung Seite 282

17. Die Massenmedien und wir

Diktat

„Alles, was uns begegnet, lässt Spuren zurück", hat Goethe in tiefer Erkenntnis schon zu einer Zeit ausgesprochen, da sich das Leben noch viel ruhiger, gemächlicher und sensationsloser vollzog als heute. Welch eine Fülle von Begegnungen stürmt Tag für Tag auf uns ein: Menschen, Ereignisse, Sensationen, Filme, Plakate, Zeitschriften, Bücher, Radio- und Fernsehsendungen. Nach den Worten des großen Dichters sollen all diese Begegnungen Spuren in uns zurücklassen. Stimmt das überhaupt? Hat nicht die Dauerberieselung verschiedenster Einwirkungen zur Folge, dass uns das nicht wesentlich beeindruckt? Sind wir nicht gegen viele Eindrücke gefeit, die einen Menschen vor einem Jahrhundert aus dem seelischen Gleichgewicht gebracht hätten? Es mag sein. Aber sind solche Zustände des Abgebrühtseins und der Gewöhnung nicht deutliche Folgen des Zuviels all dieser Einwirkungen? Besonders in unserer Zeit hat es den Anschein, als ob die Einrichtungen öffentlicher Meinungsbildung unter Ausnutzung der ihr in der Demokratie gewährten Freiheit sich bemühten, Menschen anzulocken und festzuhalten, um sie in ihrem Sinne zu beeinflussen. Presse, Film, Rundfunk und Fernsehen sind nicht nur wichtige, aus dem modernen Leben nicht mehr fortzudenkende Nachrichtenübermittler, sondern sie sind Weltmächte geworden. Gewiss, wir können uns nicht den Begegnungen mit diesen Massenmedien entziehen oder vor ihnen fliehen. Aber wir müssen Herz und Sinn kritisch bewahren und aufpassen, dass unsere eigene Meinung, ein wesentlicher Bestandteil unserer Persönlichkeit, nicht verloren geht oder Schaden leidet. (225 Wörter)

Übung 65

Mehrzahlbildung (Pluralbildung) bei Fremdwörtern auf -en (Medium – Medien):

Einzahlendung -um: *Museum, Studium, Ministerium, Präsidium, Evangelium, Aquarium, Terrarium, Martyrium, Kollegium, Podium, Sanatorium, Oratorium, Kuratorium, Stadium, Praktikum, Zentrum, Album*

Einzahlendung -us: *Radius, Rhythmus, Virus, Diskus*

Einzahlendung -a: *Basilika, Thema, Drama, Villa, Skala, Prisma, Regatta, Razzia, Veranda*

Schreibe die Wörter in der Mehrzahl (Plural).

Übung 66

Komma bei verkürzten Sätzen:

Gewiss, wir können uns den Begegnungen nicht entziehen. (Es ist gewiss, wir können uns …) – Glücklich, wer den rechten Weg gefunden hat. (Der ist glücklich, wer …) – Wenn möglich, äußert eure Meinung. (Wenn es möglich ist, äußert …) – Schrecklich, wie er litt. (Es war schrecklich anzusehen, wie …) – Es blieb, wie vorausgesagt, bei der nasskalten Witterung. (Es blieb, wie vorausgesagt worden war, bei …)

Bilde zu jeder Verkürzung einen weiteren Beispielsatz.

Übung 67

Wortfeld „Nachricht":

Nachricht, Mitteilung, Meldung, Kunde, Botschaft, Überlieferung, Aussage, Information, Bekanntgabe, Veröffentlichung, Bericht, Wiedergabe, Brief, Telegramm, Depesche, Zeitungsente, Flugblatt, Flüsterpropaganda, Reportage, Urkunde, Zeugnis, Ankündigung, Zeitungsartikel, Statistik

Ordne alphabetisch.

Übung 68

Fremdwörter aus den Bereichen von Presse, Film, Funk und Fernsehen:
Presse: *Redaktion, Redakteur, Reporter, Theaterkritiker, Pressefotograf, Abonnement, Illustrierte, Magazin, Journal, Manuskript, Matrize, Lokales, Klischee, Aktuelles, Offerte, Ressort, Korrektur, Feuilleton, Inserat, Annonce, Karikatur, Kommentar*
Film: *Filmatelier, Regisseur, Regieassistent, Produktionsleiter, Filmarchitekt, Filmstar, Statist, Komparse, Kopie, Negativ, Kopieranstalt, Mikrofon (Mikrophon), Kamera, Filmkulisse, Filmprojektor, Kinoreklame, Trickaufnahme, Diapositiv, synchronisieren, Fotolabor*
Rundfunk und Fernsehen: Hörspielstudio, Toningenieur, Radiotechniker, Regieraum, Reportage, Ultrakurzwelle, Frequenzbereich, Einstellskala, Relaisstation, Radioprogramm, Videotext, Regionalprogramm, Recorder
Ordne die Wörter innerhalb der Gruppen nach dem Alphabet.

18. Ausreichende Lebensmöglichkeiten für alle?

Bei einem Museumsbesuch blieben Andreas und sein Vater staunend vor einer der ältesten Weltkarten stehen. Wie die Erklärungstafel besagte, handelte es sich dabei um die Wiedergabe einer Karte des Griechen Homer, die das Weltbild der vorchristlichen Zeit um das Jahr 700 wiedergab. Es war im Wesentlichen eine Darstellung des Mittelmeergebietes, das noch lange danach Mittelpunkt der damals bekannten Welt blieb. Aus dem Geschichtsunterricht wusste Andreas, dass erst durch den Vorstoß wagemutiger Seefahrer im Zeitalter der Entdeckungen Wege zu neuem Lebensraum für die abendländischen Menschen gewiesen wurden. „Noch am Anfang unseres Jahrhunderts deuteten weiße Flecken auf den Kartenbildern auf unerforschte Gebiete der Erde hin. Unterdessen ist der Mensch überall vorgedrungen und bemüht, die Erträge der Erde voll auszuschöpfen", bemerkte der Vater. Nachdenklich fragte Andreas: „Wird infolge der starken Bevölkerungszunahme der Lebensraum der Erde noch ausreichend sein, da schon jetzt zwei Drittel der Menschheit nicht genügend Nahrung erhalten?" – „Ich habe erst kürzlich gelesen", erwiderte der Vater, „dass die Erde 8 bis 10 Milliarden Menschen zu ernähren vermag, wenn die Trockengebiete bewässert, Sümpfe in fruchtbaren Boden umgewandelt und die Lebensgüter richtig verteilt würden." (184 Wörter)

Übung 69

Lehn- und Fremdwörter, die aus dem Lateinischen zu uns kamen:

Museum, Reproduktion, Tafel, Straße, Fenster, Kiste, Kalender, Datum, Staat, Minister, Wein, Mauer, Kammer, Meile, Schule, Messe, Aula, Lokomotive, Villa, Propeller, Präsident, Republik, Pfund, Ziegel, Krone, Bibel, Fenster, Portal, Teppich, Keller, Rose, Pfirsich, Fest, Rektor, Viadukt, Fabrik, Zirkus, Religion, Pflanze, Rekord, Familie, Motor, Palast, Kalk, Rettich, Klasse, Meister, Rezept, Kohl, Tinte, Doktor, Pflaume, Altar, Dom, Dozent, Konfirmation, Kaiser, Konvikt, Professor, Student, Regierung, Pastor, Partei

Ordne die Wörter nach Sachgebieten (Hauswesen, Gartenbau, Schulwesen, Staatswesen, Technik, Religion) und versuche, die Reihen zu erweitern.

Übung 70

Wagen – Waage – wagen:

wagen; abwägen, erwägen, Wagnis, Wagemut, Wagehals, wagemutig, waghalsig

Wagen, -rad, -schuppen, … Kraft-, Last-, Hand-, Wohn-, …

Waage, Fuhrwerks-, Dezimal-, Tafel-, Brief-, Apotheker-, Personen-, -balken, -meister; Waagschale; waagerecht

Schreibe die Wörter vollständig ab und versuche, die Reihen zu verlängern.

Das Geschlecht geografischer Namen:

a) Länder- und Gebietsnamen werden meist ohne Geschlechtswort (Artikel) gebraucht. Es gibt jedoch zahlreiche Ausnahmen, zumal wenn ein Eigenschaftswort (Adjektiv) hinzugefügt wird (das sonnige Italien, das inselreiche Griechenland).
Im Allgemeinen haben diese Namen sächliches Geschlecht (Neutrum): das dicht bevölkerte Deutschland, das tropische Afrika, das waldreiche Thüringen, das südliche China, …
Namen mit ie, ei oder e am Ende sind weiblich (Femininum): die Normandie, die Tschechoslowakei, die Türkei, die Bretagne, die Ukraine, … außerdem: die Eifel, die Pfalz, die Puszta, die Riviera, die Sahara, die Arktis, die Krim, die Schweiz
Nur sehr wenige sind männlich (Maskulinum): der Balkan, der Jemen, der Sudan, der Iran, der Irak, der Peloponnes

b) Gebirgsnamen sind meist männlich (Maskulinum): der Taunus, der Spessart, der Harz, der Kaukasus, der Ural, der Atlas, der Himalaja, …
Ausnahmen: die Rhön, die Eifel, die Hardt
Häufig kommen Gebirgsnamen nur in der Mehrzahl (Plural) vor: die Sudeten, die Vogesen, die Alpen, die Anden, die Karpaten, die Kordilleren, die Appalachen, …

c) Bergnamen sind fast immer männlich („der Berg", als gedachter Wortbestandteil), wenn das Grundwort nicht weiblich oder sächlich ist (die Schneekoppe, die Zugspitze, das Matterhorn, …): der Brocken, der Kahle Asten, der Großglockner, der Vesuv, der Olymp, der Krakatau, der Fudschijama, der Kilimandscharo, …

d) Deutsche Flussnamen sind überwiegend weiblich (Femininum), ausländische meist männlich (Maskulinum), wenn sie nicht auf e oder a enden (Marne, Themse, Wolga, Lena): die Elbe, die Oder, die Neiße, die Weser, die Ems, die Donau, die Saale, die Ruhr, … aber: der Rhein, der Main, der Neckar, der Lech, der Inn; der Don, der Ob, der Nil, der Niger, der Amazonas, der Euphrat, der Mississippi, …

e) Ortsnamen werden mit sächlichem Geschlechtswort (Neutrum) gebraucht: das neu errichtete Berlin, das ewige Rom, das alte Mainz, …

Übung 71

Schreibe zu den angegebenen Beispielen aus dem Infokasten von a) bis e) weitere hinzu.

Übung 72

Wortfamilie „Land":

Land, Acker-, Brach-, Moor-, Weide-, Sumpf-, Agrar-, Kultur-, Geest-, Wald-, Weizen-, Wiesen-, Garten-, Tief-, Hoch-, Gebirgs-, Berg-, Bundes-, Heide-, Flach-, Schwemm-, Bau-, Traum-, Märchen-, Niemands-, Siedlungs-, Schlaraffen-, Kinder-, Heimat-, Versuchs-, Industrie-, Frei-, Pacht-, Gras-, Bauern-, Fest-, Öd-, Ei-, Binnen-, Küsten-, Hügel-, -bestellung, -zusammenlegung, -bezirk, -bote, -brücke, -richter, -butter, -spitze, -aufenthalt, -jugend, -haus, -arbeiter, -bevölkerung, -enge, -rat, -streicher, -straße, -mann, -wirt, -ratte, -zunge, -junker, -kreis, -besitz, -heim, -gut, -karte, -vogt, -gewinnung, -luft, -rücken, -plage, -sitz, -schule, -gericht, -friede, -tag, -lehrer,

-funk, -brot, -strich, -maschine, -heer, -flucht, -fahrzeug, -jäger, -gemeinde, -frau, -graf, -pfleger, -messer, -regen, -volk, -sturm, -wehr; Landschaft, Park-, Gebirgs-, Winter-, Schnee-; Landschaftsbild, -maler, -schutz; Landwirtschaft; Landwirtschaftsschule, -rat, -minister, -ausstellung, -kammer, -statistik; Landsleute, -mann, -knecht, -mannschaft; Landesbehörde, -amt, -herr, -fürst, -teil, -verband, -trauer, -theater, -flagge, -verrat, -regierung, -hauptstadt, -produkte, -sitte, -recht, -kirche, -bischof, -jugendplan, -farben, -verteidigung, -vater, -vermessung, -schützen, -sprache, -verwaltung, -bank, -planung; Länderei; Länderkampf, -spiel, Bundes-; Landung, Flugzeug-, Bauch-, Not-, Bruch-, An-, Blind-, Truppen-; Landungsbrücke, -steg, -boot, -fahrzeug, -manöver; Landeplatz, -bahn, -klappen, -geschwindigkeit, -stelle; Gelände, Berg-, Übungs-, Messe-, Werks-, Bau-, Privat-, Versuchs-, Ausstellungs-, -lauf, -spiel, -ritt, -gang, -fahrt, -marsch, -wagen, -fahrzeug; Ländler; landen, an-, ver-; ländlich; landeinwärts, -fremd, -schaftlich, -wirtschaftlich, -läufig; landesüblich, -herrlich, -eigen; hierzulande; geländegängig

Geografische Namen: *Grönland, England, Deutschland, Jütland, Rheinland, Sudetenland, Hessisches Bergland, Helgoland, ...*

Ordne die Zusammensetzungen mit dem Wort „Land" nach geografischen, kulturellen und politischen Gesichtspunkten.

19. Die gewaltige Aufgabe der Landwirtschaft in der Gegenwart

Diktat

Infolge des raschen Anwachsens der Weltbevölkerung müssen immer höhere Anforderungen an die Landwirtschaft gestellt werden, zumal noch immer zwei Drittel der Menschheit unzureichend ernährt werden. Da nur noch geringe Möglichkeiten zur Gewinnung und Kultivierung von Neuland bestehen, müssen Bauern und Farmer versuchen, eine noch größere Ertragssteigerung auf dem bereits bearbeiteten Land zu erreichen. In vielen Gebieten Europas ist die Flächenaufteilung in Acker, Wiese und Wald so harmonisch gelöst und der Boden so sorgsam bebaut worden, dass hier eine wesentliche landwirtschaftliche Produktionssteigerung kaum denkbar ist. Es mag sogar schwierig sein, den hohen Leistungsstand in der europäischen Agrarwirtschaft zu halten. Die fortschreitende industrielle Entwicklung, der Verlust von Acker- und Weideland für Siedlungen und Straßenbau bringen spürbare Verschlechterungen der Agrarlage mit sich. Obwohl unsere Bauern infolge intensiver Bodenbearbeitung und Verwendung von hervorragendem Saatgut erstaunlich hohe Hektarerträge erzielen, muss dennoch ein Drittel der erforderlichen Lebensmittel vom Ausland eingeführt werden. Die meisten Lieferungen kommen aus Übersee. Doch in vielen außereuropäischen Ländern ist die Landwirtschaft noch stark verbesserungsfähig. In manchen Gebieten bearbeiten die Bauern den Boden noch wie ihre Urahnen mit Holzpflug und Hackstock. Daher ist die Organisation für Ernährung und Landwirtschaft der Vereinten Nationen bemüht, die Nahrungsmittelerzeugung in diesen Gebieten zu steigern, um den noch Hungernden bessere Lebensbedingungen zu schaffen. Aber nur in der Zusammenarbeit aller Völker wird dieses hohe Ziel erreicht werden können. (227 Wörter)

Übung 73

Übung

Kein Komma bei ungleichwertigen Beifügungen (Attributen):
ausreichende landwirtschaftliche Arbeitskräfte; die fortschreitende wirtschaftliche Entwicklung, die ehemaligen ostdeutschen landwirtschaftlichen Überschussgebiete; frische dänische Butter; eine neue elektrische Melkmaschine; junge grüne Bohnen

Info

Nur Beifügungen (Attribute), zwischen die „und" eingesetzt oder deren Reihenfolge geändert werden kann, sind gleichwertig.
Nur zwischen gleichwertigen Beifügungen (Attributen) steht ein Komma.

Bilde ähnliche Beispiele in Sätzen.

Übung 74

Übung

Eigenschaftswörter (Adjektive) mit der Endung -iv:
intensiv, passiv, aktiv, oliv, subjektiv, objektiv, instinktiv, massiv, dekorativ, impulsiv, offensiv, defensiv, qualitativ, naiv, aggressiv, konservativ, negativ, positiv, instruktiv, explosiv
Setze passende Hauptwörter (Substantive) hinzu (intensives Arbeiten, passive Mitglieder, ...).

Übung 75

Übung

Redewendungen von der Landwirtschaft:
jemanden über den grünen Klee loben (jemanden mehr loben, als der grüne Klee im Volkslied gepriesen wird) – da ernten, wo man

nicht gesät hat – jemanden sticht der Hafer – sein Weizen blüht (seine Sache steht gut) – sein Feld behaupten – in die Binsen gehen (zugrunde gehen) – sich die Hörner abstoßen – Schwein haben (Das Schwein war das Glückstier bei heidnischen Stämmen.) – mit fremdem Kalbe pflügen (die Leistung eines anderen für sich verwenden) – Ochsen hinter den Pflug spannen (eine Sache falsch anpacken) – wie ein Ochse am Berge stehen – wie ein Pfingstochse geputzt sein (Früher wurden für das Pfingstfest bestimmte Schlachtochsen mit bunten Bändern geschmückt.) – die Schafe von den Böcken scheiden – sein Schäfchen (eigentlich: Schepken – Schiffchen) ins Trockene bringen – der Hahn im Korb sein – mit jemandem ein Hühnchen zu rupfen haben – mit den Hühnern zu Bett gehen – jemandem auf die Hühneraugen treten – eine Gänsehaut bekommen – im Gänsemarsch laufen – wie eine bleierne Ente schwimmen – einen üblen Kuhhandel treiben – Das geht auf keine Kuhhaut!
Schreibe vollständige Sätze.

Übung 76

Hauptwörtlicher (substantivierter) Gebrauch von Mittelwörtern (Partizipien):

um Hungernden bessere Lebensmöglichkeiten zu schaffen – um Trauernde zu trösten – den Sterbenden beistehen – den Verletzten helfen – mit Bekannten und Verwandten sprechen – einem Gestürzten aufhelfen – Gefundenes zurückgeben – ein Kilo Gehacktes – etwas Erfrischendes
Erweitere die Beispiele und bilde Satzpaare. (Die Organisation ist bemüht, Hungernden bessere Lebensmöglichkeiten zu schaffen. – Die Organisation ist bemüht, den hungernden Obdachlosen zu helfen.)

20. Wunderbares Keimen und Wachsen

Wer die harten, trockenen Roggen- oder Weizenkörner eingehend betrachtet, glaubt nicht, dass in ihren Hüllen noch keimfähiges Leben enthalten ist. Wenn so ein Getreidekorn jedoch in feuchten, warmen Boden gelegt wird, erwacht es aus seiner todesähnlichen Starrheit. Allmählich dringt die Erdfeuchtigkeit durch die Schutzhülle des Kornes und lässt es aufquellen. Aus der unterdessen aufgeplatzten Schale tritt eine feine Wurzelspitze hervor und arbeitet sich kraftvoll in den nährstoffreichen Boden. Bald danach dringt ein zweites Spitzchen, der Spross, aus dem Korn heraus und schiebt sich lichthungrig nach oben. Es ist erstaunlich, dass diese zarten Triebe die Kraft aufbringen, sich durch die oft recht harte Erde zu zwängen. Infolge Zellteilung entstehen an den Wurzelspitzen ständig neue Zellen, die sich vergrößern und dabei einen so heftigen Quelldruck erzeugen, dass sogar festes Gestein gesprengt werden kann. Da das Getreidekorn dabei all seine Kräfte für die Bildung und das Wachstum der jungen Pflanze abgibt, schrumpft das Samenkorn zusammen und geht zugrunde. Für das neue Leben hat es sich ganz verzehrt. Das neue Pflänzchen ist nun selbst in der Lage, mit den feinen Wurzelhärchen dem Boden Nährstoffe zu entnehmen. Der Pflanzensprössling, der nach dem Durchstoßen der Erde durch den Einfluss des Sonnenlichtes ergrünt ist, wächst zu einem schlanken Halm, reift und trägt schließlich selbst eine ernteschwere Getreideähre, in deren Körnern Nährstoffe aufgespeichert werden, bis das Wunder der Keimung von neuem beginnt. (228 Wörter)

Übung 77

Bei Umlautbildung gibt es keinen doppelten Selbstlaut (Vokal):

Wurzelhaar – Wurzelhärchen, Saal – Säle – Sälchen, Paar – Pärchen, Ruderboot – Ruderbötchen

Suche weitere Beispiele.

Übung 78

Wortfamilie „säen":

säen, aus-, ein-, an-, über-, hinein-, zwischen-, nach-; Sämann, -maschine, -kasten; Säer; Saat, Aus-, Reihen-, Breit-, Früh-, Winter-, Spät-, Klee unter-, -gut, -beet, -krähe, -zucht, -getreide, -furche, -korn; Saatenpflege, -grün, Sämerei; Samen, Blumen-, Gemüse-, Unkraut-, -handlung, -anlage, -kapsel, -korn; Sämling; bedecktsamig, nackt-, viel-

Schreibe eine kleine Geschichte über das Säen, in der du möglichst viele der obigen Wörter unterbringst.

Verbindungen mit dem Zeitwort *sein* werden immer getrennt geschrieben.

Ist der erste Bestandteil der Wörterverbindung ein Hauptwort (Substantiv), das eindeutig als solches gebraucht wird, schreibt man es getrennt und groß:

Ski laufen, Auto fahren, Kahn fahren, Bezug nehmen, zu Werke gehen, zu Willen sein, Geduld haben, in Betracht kommen,

zu Ende gehen, im Recht sein, Anteil nehmen, Not leiden, von Belang sein, in Acht nehmen, Rad schlagen, Rad fahren.
Ausnahmen: eislaufen, kopfstehen, leidtun, nottun, standhalten, stattfinden, stattgeben, statthaben, teilhaben, teilnehmen, wundernehmen.

Übung 79

Hauptwörter (Substantive) in festen Verbindungen mit Zeitwörtern (Verben):

zugrunde gehen / zu Grunde gehen, teilnehmen, preisgeben, stattfinden, Haus halten / haushalten, standhalten, wehtun, maßhalten / Maß halten, überhandnehmen, hohnsprechen, teilhaben, instand setzen/in Stand setzen, zutage treten/zu Tage treten, zuwege bringen/zu Wege bringen, zustattenkommen, zumute sein/zu Mute sein, zuteilwerden, beiseite legen, vonstattengehen, zunutze machen/zu Nutze machen, schuld sein, einem angst und bange sein, außerstande sein/außer Stande sein, vonnöten sein, zustande bringen/zu Stande bringen, zuliebe tun, zuleide tun/zu Leide tun, gram sein, infrage kommen/in Frage kommen

Bilde Sätze.

Übung 80

Wortfeld „wachsen“:

wachsen, sich entfalten, sich entwickeln, wuchern, sich ausdehnen, gedeihen, emporranken, hochkommen, sich ausbreiten, überhand nehmen, keimen, sprießen, aufgehen, hervorbrechen, in die Höhe schießen, groß werden, sich hochwinden, hochklettern, Wurzeln schlagen, sich verbreiten, sich bestocken (Gras, Getreide), kümmern, zunehmen

Ordne alphabetisch.

21. Der Europatunnel

Es ist erstaunlich, dass bereits Napoleon den Plan hatte, einen Tunnel unter dem Ärmelkanal bauen zu lassen, um England mit seinem Heer zu erobern. Der Konstruktionsplan, von Ingenieuren ausgearbeitet, lockte den Feldherrn zur Tat. Doch wegen des Kriegszuges nach Ägypten, dem Land der Pyramiden, unterblieb der Tunnelbau.

Die Idee einer Kanalunterquerung von Calais nach Dover blieb aber lebendig. Nur fehlten für ein solch gewaltiges Unternehmen die notwendigen Geldmittel. Jetzt, zwei Jahrhunderte später, befassten sich Ingenieure erneut mit dem Bau des Europatunnels. Nach langwierigen Überlegungen wurde schließlich damit begonnen, achtzig Meter unter dem Meeresspiegel mächtige Stollen vom europäischen Festland und von der englischen Küste aus durch die Gesteinsmassen zu treiben. Es war ein Freudentag, als nach dreijähriger harter Arbeit der Durchstich an einer Stelle gelang.
Aber es sollte noch lange dauern, bis die drei röhrenartigen Tunnel auf der fünfzig Kilometer langen Strecke fertiggestellt wurden. Nun befördern in den beiden äußeren Schächten schnelle Pendelzüge Autos, Passagiere und Frachtgut. Der kleinere Tunnel dazwischen, der durch zahlreiche Querstollen mit den beiden anderen verbunden ist, soll der Hilfeleistung bei Notfällen dienen.
Anfangs erschien vielen der etwa halbstündige Transport durch die unterirdischen Röhren noch ziemlich riskant. Doch wird der Zug für die Kanalüberquerung längst bevorzugt, da die Überfahrt mit Fähre und Flugzeug mehr Zeit erfordert. (211 Wörter)

Übung 81

Komma bei erweiterten Mittelwortsätzen (Partizipsätzen):

Der Konstruktionsplan, von Ingenieuren ausgearbeitet, lockte den Feldherrn zur Tat. – Der Konstruktionsplan, den Ingenieure ausgearbeitet hatten, lockte den Feldherrn zur Tat. (Mittelwortsätze sind also verkürzte Gliedsätze.)
Verkürze die folgenden Gliedsätze in Mittelwortsätze.
Gestern stieg ich, da ich ganz in Gedanken versunken war, in die falsche Straßenbahn. – Der alte Mann, der die Hand auf einen Krückstock stützt, geht langsam über die Straße. – Da wir vom Gewitterschauer völlig durchnässt waren, liefen wir rasch nach Hause. – Die Beamten gingen, indem sie jeden Raum gründlich durchsuchten, durch alle Stockwerke.

Übung 82

Kommas schließen den Beisatz (Apposition) ein:

Doch wegen des Kriegszuges nach Ägypten, dem Land der Pyramiden, unterblieb der Tunnelbau. (Der Beisatz ist ein verkürzter Gliedsatz und beansprucht die gleiche Zeichensetzung: *Doch wegen des*

Kriegszuges nach Ägypten, das man das Land der Pyramiden nennt, unterblieb der Tunnelbau.)

Setze bei den folgenden Sätzen die erforderlichen Zeichen.

Mozart einer der bedeutendsten Komponisten starb schon mit 37 Jahren. – Frau Müller unsere Deutschlehrerin wird bald pensioniert. – Dresden die Hauptstadt Sachsens ist noch immer eine sehr schöne Stätte der Kunst. – Wir wanderten zum Feldberg der höchsten Erhebung des Schwarzwaldes. – Die Familie Wenzel unsere Nachbarn verzieht im nächsten Monat nach Düsseldorf. – Der Inhaber der Firma Herr Kraus will uns in nächster Zeit aufsuchen.

Übung 83

Komma bei herausgehobenen Satzteilen:

Jetzt, zwei Jahrhunderte später, befassten sich Ingenieure erneut mit dem Plan. (Der zwischen den Kommas stehende Satzteil dient der näheren Bestimmung und wurde eingeschoben.)

Füge in die folgenden Sätze die fehlenden Kommas ein.

Ich bin meistens besonders abends zu Hause. – Wir haben die Großeltern vorgestern also am ersten Weihnachtsfeiertag besucht. – Leider mussten wir schon heute zwei Tage zu früh abreisen. – Ich traf ihn auf der Hofstraße kurz vor seiner Wohnung.

Übung 84

s und z im Auslaut:

Aber Vorsicht. Bei den folgenden Wörtern wurde s sechsmal mit z verwechselt. Du findest sicherlich diese Fehler.

► *Lösung Seite 282*

Transport, als, bereits, Geizhals, Assistenzarzt, Eisenerz, konkurrenslos, Grenzbezirk, März, abseitz, scherzhaft, morgens, Pulsader, Adventzkranz, Differenz, Harz, Absturz, Pilzsuppe, Glanz, Weihnachtsgans, Finansamt, Nerz, Schwanz, Pfefferminz, vergebenz, Schmalz, anfangs, Mals, Brennholz, Residenz, Geburtstag, Filz

22. Natur in Gefahr

Überall in der Welt schreitet die Industrialisierung immer weiter fort. Wälder und Wiesen müssen für den Bau neuer Fabriken, Wohnhäuser und Verkehrswege mehr und mehr Platz machen. Doch die Naturlandschaften werden nicht nur beträchtlich eingeengt, sie sind

auch in ihrer Existenz bedroht. Industrieabgase beeinflussen Wachstum und Leben nahe gelegener Obstbäume und Kulturpflanzen. In letzter Zeit schlagen immer mehr Forstleute Alarm, weil viele gesunde Fichten plötzlich ihre Nadeln verlieren und absterben. Große Baumbestände im Bayerischen Wald, im Sauerland und anderen waldreichen Gebieten sind in ihrer Existenz durch den sauren Regen bedroht, der durch Industrieabgase verursacht wird. Giftige Abwässer verschmutzen unsere Flüsse und verursachen oft ein erhebliches Fischsterben. Um tiefer gelegene Braunkohlenflöze zu nutzen, wird der unterirdische Wasserspiegel durch Abpumpen des lebensnotwendigen Grundwassers gesenkt. In Amerika wollte man durch Rodung ausgedehnter Waldungen neue Weizenanbaugebiete gewinnen und schuf versteppptes, ausgedorrtes Land. Selbst von der Natur völlig abhängige Bauern zerstören mit chemischen Spritzmitteln die natürlichen Lebensgemeinschaften des Feldes. Naturschutzverbände weisen immer wieder auf die damit verbundene Gefährdung unseres Lebensraumes hin.
Je dichter die Menschen ihre Siedlungen bevölkern, je zahlreicher und großflächiger die Industriezentren werden, desto notwendiger ist es, Kraft aus der Natur zu schöpfen. In der Stille der Wälder, inmitten der Wiesen, auf den Höhen der Berge und an den Ufern der Gewässer findet der ermattete, abgearbeitete Mensch wieder neue Kraft und innere Ruhe. Auch die Grünanlagen in den Städten werden immer bedeutungsvoller für die Gesundheit der Menschen. Daher sollte jeder Einzelne dazu beitragen, die Natur zu schützen und sie für das Wohl der Menschheit zu erhalten. (256 Wörter)

Übung 85

Wortfamilie „Industrie“:

Industrie, -zentrum, -betrieb, -bahn, -güter, -zeitalter, -verband, -gebiet, -staat, -erzeugnis, -bau, -landschaft, -abgase, -abwässer, Textil-, Grundstoff-, Eisen-, Nahrungsmittel-, Schwer-, Konsumgüter-, Papier-, Industrialisierung; Industrieller, Groß-; industrialisieren; industriell

Schreibe die Wörter vollständig ab.

Übung 86

Wortfamilie „Natur“:

Natur, Herren-, Über-, Menschen-, -forscher, -mensch, -volk, -kunde, -wissenschaft, -erscheinung, -kraft, -zustand, -trieb, -recht, -gewalt,

-heilkundiger, -freund, -liebe, -talent, -kind, -schutz, -stoffe, -geschichte, -schutzgebiet, -seide; Naturalismus; Naturalist; Naturalien; naturalistisch; natürlich, un-, wider-, über-; naturgemäß, -getreu, -wüchsig, -widrig, -wissenschaftlich, -kundlich, -liebend, -rein, -notwendig; naturalisieren
Schreibe die Wörter alphabetisch geordnet ab und erstelle auch ein Wortfeld zum Thema „Natur".

Übung 87

tz, zz oder z (mit 3 Schreibfehlern):

Existenz, Platz, Braunkohlenflöze, Weizenanbaugebiete, Spritzmittel, Naturschutz, trotz, Skizze, protzen, reitzvoll, Kapuze, Haubitze, Spatziergang, Blizzard, Razzia, nutzlos, ärtztlich, Metzgerei, Mazedonien, Nizza, Matratze, Matrize, Abruzzen, nutzlos, verletzt, Götzendienst, Quarz, Hyazinthe, Dutzend, spreizen, Glyzerin, Hitzschlag, Intermezzo, verschmutzt, Brezel, Horizont, Bauklotz
Berichtige die Schreibfehler und ordne die Wörter (tz, zz, z).
▶ Kontrollmöglichkeit im Lösung Seite 283

23. Die Entwicklung der Raumfahrt

Seit Beginn der Weltraumfahrt haben wir mehr Einblicke in das Weltall übermittelt bekommen als es die Astronomen in den vergangenen Jahrhunderten ermöglichen konnten. Allerdings kosten diese Unternehmungen im All jedes Mal Millionen Dollars, jedoch die wissenschaftlichen Auswertungen sind für die gesamte Menschheit von hohem Wert. Diese Raumflugunternehmungen liefern wertvolle Messergebnisse aus dem erdnahen Weltraum. So haben wir schon bestaunenswerte Kenntnisse von Mond und Sonne sowie von den Nachbarplaneten Venus und Mars erhalten.
Schon seit langem umkreisen Wettersatelliten den Erdball, fotografieren die Oberfläche und senden ihre Fernsehbilder zu den Bodenstationen, wo sie von den Meteorologen ausgewertet werden. Je nach Art und Verteilung der Wolkenfelder lassen sich wichtige Schlüsse für die Wettervorhersage ziehen. Ebenso wertvoll sind die Nachrichtensatelliten, die wichtige Meldungen und Ereignisse schnell in alle Kontinente der Erde übermitteln. In den letzten Jahren wurden auch bemannte Raumfähren ins All geschickt. Einige Wochen oder auch mehrere Monate führen die Astronauten in ihrer Kapsel

Beobachtungen und Untersuchungen durch. Sie verlassen sogar ihr enges Gehäuse und schweben im All, um notwendige Reparaturen an irgendeinem Weltraumteleskop durchzuführen. (177 Wörter)

Übung 88

Die Vorsilben ver- und zer-:

verbinden, Versuch, vertrauen, … zersägen, zerstören, Zerlegung, …
Prüfe, zu welchen Zeitwörtern die Vorsilben ver- oder zer- passen.
teilen, irren, reiben, spalten, rechnen, reißen, fluchen, setzen, beißen, trampeln, fallen, ankern, wühlen, hauen, streuen, schreiben, laufen, tauschen, schneiden, füttern, knautschen, setzen, kratzen, drehen, fließen
Hast du gemerkt, dass oft beide Vorsilben passen?

Übung 89

Zeitwörter in der Verbindung mit „zu“:

einen Brief zukleben – jemandem gut zureden – beim Flug zuschauen – das Paket zustellen – die Taschen fest zuhalten – eine Lücke zumauern – unser Erscheinen zusagen –
Aber „zu“ unverbunden bei der Nennform: *Ich habe nichts zu kleben. – Er beginnt zu reden. – Es war schwer, das Gewicht zu halten. – Sie wusste nichts zu sagen. – Vergiss nicht, die Fenster zu schließen! – Sie bemühten sich, schnell Hilfe zu leisten.*
Suche weitere Beispiele (zufügen, zutrauen, …).

Übung 90

mal – Mal, Male:

Kleinschreibung (dann Zusammenschreibung als Umstandswort): *jedesmal, keinmal, manchmal, diesmal, mehrmals, tausendmal, vielmals, mit einemmal, vierhundertmal*
Großschreibung (Getrenntschreibung als Hauptwort): d*as erste Mal, vom vergangenen Mal, beim letzten Mal, zum allerletzten Mal, voriges Mal, kein einziges Mal, letztes Mal, manches Mal, viele hundert Mal, ein ums andere Mal, dieses Mal, übernächstes Mal, zum soundsovielten Mal, zum wiederholten Mal, zum ersten Mal, unzählige Mal, duzend Mal, verschiedene Mal, ein für alle Mal, vom zweiten Mal, das dritte Mal*
Mit den Endungen -e oder -en muss „Mal“ mit großem Anfangsbuchstaben geschrieben werden: *etliche Male, beim vorigen Male,*

nach dem zehnten Male, viele Male, zu wiederholten Malen, bei verschiedenen Malen
Bilde Sätze.

Übung 91

weise, weisen – Waise – weiß:

Weissagung, Weisheit, Weisheitszahn, Beweis, Ausweis, Nachweis, Hinweis, Verweis, Überweisung, Zuweisung, weissagen, jemandem etwas weismachen, weisen, anweisen, abweisen, vorweisen, zurückweisen, einweisen, ausweisen, wohlweislich
Waise, Waisenhaus, Waisenkind, Vollwaise, verwaisen
weiß, weißlich, Eiweiß, Deckweiß, Edelweiß, Kohlweißling, Weißlack, Weißwein, Weißwaren, Weißnäherin, Weißbrot, Weißkäse, Weißglut, Weißdorn, Weißbuche, Weißkohl, Weißwurz, Weißfisch, Weißgerber, Weißrusse, Weißwurst, Weißblech, weißen
Lass dir die Wörter diktieren.

24. Ein verlockendes Angebot

Schon zum dritten Mal nacheinander war Peter Schulte zum Bürgermeister einer westfälischen Kreisstadt gewählt worden. Diesmal war seine Wiederwahl bei der letzten Stadtratssitzung sogar einstimmig erfolgt. Mit Recht konnte Schulte darauf stolz sein, dass ihm auch sonst seine Mitbürger voll vertrauten. Immer wieder kamen sie mit ihren Anliegen und Schwierigkeiten zu ihm, um Rat und Hilfe zu finden. In seiner Amtszeit als Bürgermeister war es in der Kreisstadt beachtlich aufwärts gegangen. Viele Gebäudeschäden waren längst beseitigt, ein Gymnasium und drei andere Schulen wurden errichtet. Das Rathaus hatte den notwendigen Erweiterungsbau erhalten, und eine gepflegte Parkanlage verschönte mit ihrer Blumenpracht seit Jahren die Stadt. Es war vorgesehen, nun auch den längst fälligen Krankenhausneubau durchzuführen. Über die bereits vorliegenden Baupläne verschiedener Architekten sollte in der nächsten öffentlichen Stadtratssitzung entschieden werden. Wenige Tage vorher erschien einer der Architekten beim Bürgermeister und versprach ihm, falls er die Ratsmitglieder zur Annahme seines Planes beeinflussen könnte und ihm die Bauleitung übertragen würde, einen ansehnlichen Geldbetrag oder den kostenlosen Umbau seines Eigenheims in ein behagliches, neuzeitliches Einfamilienhaus. Das war ein verlockendes Angebot.

Schulte wusste, dass es ihm nicht schwerfallen würde, den Stadtrat, der sich hauptsächlich aus Fraktionskollegen zusammensetzte, für diesen Architekten zu gewinnen. Aber er war sich sofort im Klaren, dass er auch diesmal aus seinem Ehrenamt als Bürgermeister keinen materiellen Nutzen ziehen würde. (221 Wörter)

Übung 92

Recht – recht:

Großschreibung: *mit Recht, nach Recht und Gewissen, ohne Recht, im Recht sein, Recht sprechen (suchen, finden), sein Recht fordern (erhalten, begehren), ein Recht haben (verleihen, verteidigen), von Rechts wegen, zu Recht bestehen (erkennen, behaupten), das Rechten, auf seinem Recht bestehen (pochen, hinweisen), Unrecht leiden, zu Unrecht, an den Unrechten kommen*

Kleinschreibung: *erst recht, es ist recht und billig, recht sein, es jemandem recht machen, recht tun, nichts recht machen, sich zurecht finden, unrechtmäßig, rechtmäßigerweise*

Bilde Sätze.

Übung 93

Schärfung mit ll:

Kollege, materiell, Porzellan, Karussell, Flanell, Medaille, Ballon, Kastell, Allianz, Ellipse, Parallele, Alliierte, Pullover, Grill, Emaille, Pupille, Krawall, Cellophan, Bagatelle

Setze in folgende Wörter l oder ll ein:

A____uminium, Krista____, Wa____nuss, Gese____schaft,

Geschwu____st, Me____odie, Nachtiga____, Gefä____igkeit,

Ko____onie, A____kohol, Gori____a, A____arm, Tunne____,

Mode____, Sche____fisch, A____mosen, Mo____kerei, gre____,

Po____itik, He____mut, Mi____itär, Mi____igramm

Arbeitshilfe: In 9 Wörter muss *ll* eingesetzt werden.

▶ Lösung Seite 283

Übung 94

Wortfamilie „helfen“:

helfen, ab-, auf-, aus-, be-, fort-, hinauf-, herunter-, mit-, nach-, ein-, durch-, ver-, weiter-, zurück-; Helfer, Not-, Helfers-, Pfarr-, Flucht-, Seelsorge-, Schul-, Kranken-, Armen-, Geburts-; Behelf, Not-; Behelfsheim, -mittel; behelfsmäßig; Hilfe, Kranken-, Alter-, Nach-, Aus-, Bei-, Ab-, Not-, Mit-, Arbeits-, Entwick-lungs-, Sprechstunden-, Putz-, Selbst-, Sofort-, Wirtschafts-, Ernte-, Büro-, Land-, Küchen-, Schreib-, -ruf, -stellung, -leistung; Hilfsquelle, -schule, -arbeiter, -bereitschaft, -dienst, -zeitwort, -werk, -aktion, -mittel, -kreuzer, -gelder, -truppen, -gemeinschaft, -mannschaft, Aus-kraft; Gehilfe, Forst-, Heil-, Handlungs-; Gehilfin, Haus-; Gehilfenprüfung; hilflos, -reich, be-lich; hilfsbereit, -bedürftig, aus-weise; Hilfe bringend, – suchend, – flehend; unbeholfen

Ordne so viele Wörter wie möglich folgenden Sachgebieten zu: Schule, Beruf, Medizin, Religion.

Übung 95

Wörter mit ts:

bereits, Ratssitzung, abseits, Hochzeitsreise, stets, nichts, aufwärts, Geburtstag, nachts, jenseits, Rätsel, Arbeitstag, Wirtshaus, …

Setze die Wortreihe fort.

25. Die Notwendigkeit unabhängiger Gerichte

Bereits in den Anfängen menschlichen Gemeinschaftslebens hat es, wie wir aus der Kulturgeschichte wissen, Richterämter gegeben. Kein Staat kann auf Gerichte verzichten, da sonst das Recht des Stärkeren Gültigkeit hätte. Müsste jeder einzelne selbst für sein Recht sorgen, herrschte das Faustrecht, und chaotische Zustände gefährdeten die Existenz jeder menschlichen Gemeinschaft. Allerdings wurden die richterlichen Aufgaben nicht immer von Personen wahrgenommen, die ausschließlich für die Rechtsprechung eingesetzt waren. In früheren Zeiten war oft der König gleichzeitig Herrscher und Richter. Noch im vergangenen Jahrhundert war in Deutschland vielerorts der Posten des Landrats mit dem des Amtsrichters vereinigt. Eine Koppelung des Richteramtes mit den Aufgaben von Gesetzgebung und Verwaltung widerspricht aber den geltenden demokratischen Grundsätzen und könnte die Unabhängigkeit der Rechtsprechung infrage stellen. Sie verlangt, dass Richter in ihren Entscheidungen völlig unbeeinflusst sind und an keinerlei Weisungen von Staat, Parteien oder Vorgesetzten gebunden sind. Früher entschied der Richter in Streitfällen oft zugunsten des Vornehmeren, oder man erzwang durch Quälereien und Folterungen Geständnisse. Beim mittelalterlichen Gottesurteil blieb die Urteilsfindung sogar dem Zufall überlassen. Oft wurden dabei völlig Unschuldige als Verbrecher grausam hingerichtet. Eine derartige Rechtsprechung ist in einem modernen Staat nicht mehr denkbar. In einem Rechtsstaat hat jeder ohne Rücksicht auf Herkunft, Rasse, Besitz, Stellung, religiöse oder politische Zugehörigkeit Anspruch auf Gerechtigkeit. In gleichem Maße wahren Gesetze die Rechte aller Bürger in sämtlichen Lebenslagen. (225 Wörter)

Übung 96

Wortfamilie „wahr":

wahr, für-, un-, -haft, -haftig, -scheinlich, -lich, -heitsliebend, -heitsgemäß; wahren, aufbe-, be-, ver-; wahrnehmen, -sagen, -haben, sich be-heiten; Wahrheit, -scheinlichkeit, -nehmung, -sager, -haftigkeit, -zeichen, Be-ung, Aufbe-ung, Ver-ung, Sicherheitsver-ung, Ge-sam, -heitsliebe; bewähren; Bewährung; Bewährungsfrist, -helfer; Bewährtheit

Schreibe die Wörter vollständig ab.

Übung 97

Wörter mit x:

Existenz, Textilien, Explosion, Examen, Experiment, Lexikon, exportieren, Taxe, Fixstern, Xylofon, Express, exerzieren, Axt, verhexen, Exil, Text, Boxen, Exempel, Saxofon, kraxeln, Exekution, Extrakt, expulsiv, fixieren, Exzellenz, Foxtrott, Plexiglas, Oxyd

Bilde davon abgeleitete oder zusammengesetzte Wörter.

Übung 98

Wörter mit qu:

Quälerei, Äquator, Quark, quer, Quartier, erquicken, Aquarium, quadratisch, Quaste, quietschen, Quecksilber, Quelle, quieken, Bequemlichkeit, Quantität, Qualität, quatschen, quirlen, Quarz, Quäker, quetschen, Quadrille, Quader, Kaulquappe, Quittung, Quartett, qualifiziert, bequem, hervorquellen

Ordne nach Wortarten.

Übung 99

Die Nachsilbe -nis:

Geständnisse, Wildnis, Erkenntnisse, Geheimnis, Ergebnisse, Bündnis, Gleichnis, ereignisreich

Bilde aus folgenden Zeitwörtern (Verben) mithilfe der Nachsilbe -nis Hauptwörter (Substantive) und setze sie in die Mehrzahl (Plural):
erlauben, ersparen, erleben, begraben, hindern, faulen, betrüben, gestehen, wagen, versäumen, bewenden, verhalten, vorkommen, geschehen, bekennen

26. Hohe Verantwortung

Wieder wird ein Angeklagter in den großen, weißen Sitzungssaal des Landgerichts hereingeführt. Alle Anwesenden warten gespannt auf die Eröffnungsworte des Richters. Der Verteidiger und der Staatsanwalt überschauen noch einmal flüchtig die vor ihnen liegenden Akten oder überdenken ihre Reden. Der Gesichtsausdruck einiger Zeugen spiegelt das Verantwortungsbewusstsein wider, da sie zwischen Wahrheit und Trug unterscheiden und dem Richter zur richtigen Entscheidung verhelfen sollen. Jede noch so unbedeutend erscheinende Nebensächlichkeit kann plötzlich eine hohe Bedeutung bekommen. Sie alle fühlen sich verantwortlich für das Schicksal ihres Mitmenschen, auch wenn er gegen die Ordnung des gesellschaftlichen Lebens verstoßen hat. Auf diese Verantwortung weist der Richter nochmals alle Zeugen hin, die versprechen müssen, nichts als die reine Wahrheit zu sagen. Dadurch soll Intrigen und Verleumdungen wirksam vorgebeugt werden. Die größte Macht hat der Richter, jedoch ist mit diesem Amt eine hohe Verpflichtung gegenüber seinen Mitmenschen verbunden. Daher muss er ein unparteiisches, gerechtes Urteil fällen, das den Belangen der menschlichen Gemeinschaft wie auch denen des Angeklagten gerecht wird. Bevor der Richter auf seinem verantwortungsvollen Posten das schicksalsschwere Urteil fällt, hört er sich, Recht und Unrecht dabei sorgsam gegeneinander abwägend, die Rede des Verteidigers und des Anklagevertreters an und fordert die Zeugen gegebenenfalls zu weiteren Stellungnahmen auf. Dann liegt die Entscheidung allein beim Richter und den anwesenden Schöffen. Welchen Weg der Angeklagte künftig einschlagen wird, hängt wesentlich vom Urteilsspruch ab, den der Richter mit seinen menschlichen und juristischen Fähigkeiten treffen muss. (236 Wörter)

Übung 100

i oder ie:

Intrige, widerspiegeln, Prinzip, Sinfonie/Symphonie, Marine, spazieren, Kiellinie, Revier, Gummi, Genie, Krankenvisite

Setze in folgende Wörter i oder ie ein:

Kompan____, erw____dern, W____derholung, Med____z____ner,

Blütenst____l, Baust____l, Pr____mel, Detekt____v, Vert____fung,

Kam____n, Ge____sichtsm____ne, Bleistiftm____ne, Kal____ber,

Augenl____d, Rept____l, F____bel, Vent____l, Gard____ne

Arbeitshilfe: In 5 Lücken muss *ie* eingesetzt werden.

▶ Lösung Seite 283

Übung 101

Wortfamilie „Recht“:

Recht, An-, Vor-, Erb-, Land-, Haus-, Stand-, Un-, Straf-, Zivil-, Kriegs-, Schul-, Kirchen-, Staats-, Wohn-, Faust-, Heimat-, Gast-, Eltern-, Familien-, Natur-, Gewohnheits-, Mitsprache-, Münz-, Markt-, Völker-, Wahl-, Vorschlags-, -losigkeit, -schreibung, -sprechung, -gläubigkeit, -fertigung, -eck, -schaffenheit, -mäßigkeit, -haber; Menschenrechte, Lebens-, Ehren-, Grund-, Bürger-; Rechtsanwalt, -lage, -pfleger, -grundlage, -sicherheit, -mittel, -staat, -streit, -kraft, -wissenschaft, -wesen, -weg, -schutz, -beistand, -fall, -gelehrter, -empfinden, -gefühl, -geschäft, -missbrauch; Gerechtigkeit; Berechtigung, Spiel-, Fahr-; recht, un-, ge-, auf-, waage-, senk-, -schaffen, -haberisch, -mäßig, -gläubig, -winkelig, -zeitig, -lich, -los, -fertigen, wider-lich; rechtskräftig, -gültig; entrechten; be-igen; Richter, Amts-, Jugend-, Scharf-, Preis-, Schieds-, Untersuchungs-, Grundbuch-, Laien-, Linien-, Kampf-, Ring-, Gleich-, -amt, -spruch; Bericht, Nach-, -schnur, -fest, -kranz, -linie, -stätte, -strahler, -preis, -spruch, -maße, -feuer, -fernrohr, -kreis; Richtung, Grund-, Hin-, Vor-, Aus-, Ein-, Marsch-, Fahrt-, Himmels-, Wind-, Kunst-, Glaubens-; Richtungsänderung, -pfeil, -anzeiger; Berichtigung; Gericht, Amts-, Land-, Oberlandes-, Reichs-, Bundesverfas-

sungs-, Bezirks-, Verwaltungs-, Kammer-, Schöffen-, Sozial-, Jugend-, Kriegs-, Vormundschafts-, Arbeits-, Schwur-, Stand-, Bezirks-, Militär-, Prisen-, Handels-, Zivil-, Straf-, Jugendschöffen-; Gerichtssitzung, -präsident, -herr, -gefängnis, Bundes-hof, -verhandlung, -gebäude, -diener, -vollzieher, -saal, -schreiber, -person, -barkeit, Amts-rat, -kasse; Bericht, -erstatter, Jahres-, Klassen-, Polizei-; richten, be-, er-, an-, ver-, auf-, ein-, zu-, ab-, aus-; berichtigen, benach-; richtig, auf-, un-; richtig stellen, - machen, - gehen; Richtigstellung

Ordne die verschiedenen Gerichte in alphabetischer Reihenfolge und schreibe deren Zuständigkeitsbereich hinzu (Amtsgericht im Stadt- oder Landkreis, ...).

Übung 102

Wortfeld „Recht sprechen“:

richten, verurteilen, freisprechen, bestrafen, für schuldig erklären, eine Schuld nachweisen, die bürgerlichen Ehrenrechte aberkennen, jemanden einer Tat überführen, einen Untersuchungsgefangenen entlassen, einen Urteilsspruch überprüfen, verhandeln, vernehmen, anklagen, vereidigen, begnadigen, verwarnen, ermitteln, Zeugen vorladen, verhören, entscheiden, beraten, Angeklagte vorführen lassen, beurkunden, den Eid vorsprechen, ermahnen, ein Verfahren einstellen, ein Urteil revidieren, einen Vergleich vorschlagen, eine Klage abweisen, auf freien Fuß setzen, den Prozess machen, zur Verantwortung ziehen, begutachten, ins Kreuzverhör nehmen, brandmarken, die Verhandlung vertagen, beschließen, einen neuen Termin festsetzen, die Beweisaufnahme abschließen, das Urteil verlesen, das Strafmaß bestimmen, schlichten, belehren, jemanden die Härte des Gesetzes spüren lassen

Ordne in die Bereiche „Gerichtsverhandlung“ und „Urteilsspruch“.

Übung 103

Fremdwörterbereich aus dem Rechtswesen:

Gerichtsassessor, Justizbeamter, Juristen, Protokollführer, Advokat, Notar, Landgerichtspräsident; Kriminalistik, Delikt, Attentat, Sabotage, Spionage; Prozess, Akten, Revision, Disziplinarverfahren, Amnestie, Plädoyer, Strafregister, Indizienbeweis, Lokaltermin, Paragrafen, Zivilkammer, Präzedenzfall, Bagatellsache, Berufungsinstanz, Konkursverfahren

Ordne die Wörter innerhalb der Gruppen in alphabetischer Reihenfolge.

27. Der Totogewinn

Mit großen Schritten eilt der vierzehnjährige Daniel zu seinem gleichaltrigen Freund. „Tom, stell dir vor, ich habe beim Fußballtoto fast vierhundert Euro gewonnen!" Tom starrt sprachlos seinen Freund an und macht ein ungläubiges Gesicht. Erst als Daniel seinen Tippschein aus der Tasche zieht, sind alle Zweifel beseitigt, und Tom gratuliert mit einem kräftigen Schlag auf die Schulter. „Ich möchte mir davon ein Moped auf Teilzahlung anschaffen, doch meine Eltern sind dagegen und wollen das Geld auf meinem Sparkonto gutschreiben lassen. Ich kann doch mit dem gesamten Betrag machen, was ich will; denn den Tippzettel habe ich ausgefüllt und den Einsatz von meinem Taschengeld bezahlt!", erzählt Daniel in sichtlicher Erregung. Tom weiß Rat: „Wir fragen meinen Vater, der kennt sich in Rechtsangelegenheiten gut aus." Tatsächlich kann Toms Vater genaue Auskunft geben. „Nach den geltenden Bestimmungen kannst du, Daniel, erst nach deinem achtzehnten Lebensjahr über das Geld frei verfügen. Da du ohne elterliches Einverständnis noch keinen Kaufvertrag abschließen darfst, haben Vater und Mutter das Recht, deinen Gewinn bis zu deiner Volljährigkeit zu verwalten. Das geschieht nicht, um dich in deinen Rechten oder in deiner persönlichen Freiheit einzuengen. Der Jugendliche, dem es oft noch an ausreichender Erfahrung mangelt, soll vor Ausbeutung und Schaden bewahrt werden." (204 Wörter)

Wenn ein adjektivischer Bestandteil mit einem Verb verbunden wird und das Verb dadurch eine neue Gesamtbedeutung erhält, schreibt man es zusammen.
(etw.) fertig machen – (jmd.) fertigmachen
Pudding kalt stellen – (jmd.) kaltstellen

Übung 104

Getrennt- und Zusammenschreibung von Zeitwörtern (Verben):
auf einem Konto gutschreiben lassen – in der Schule gut schreiben; einen Schaden feststellen – einen wackeligen Stuhl fest stellen; von einer Schuld freisprechen – bei einem Vortrag frei sprechen; sehen, wie Farben zusammenlaufen – Jogger, die zusammen laufen; Sitzplätze freihalten – der Jongleur, der etwas frei halten kann
Bilde Gegenüberstellungen mithilfe von Satzpaaren.

Übung 105

p oder pp:

Tippzettel, tippen, Stoppuhr, Apparat, Kapitel, operieren, Galopp, Stöpsel, Sirup, Kapelle, Kapital

Setze in die Lücken folgender Wörter p oder pp ein:

Te____ich, La____land, Kre____, Ta____ete, Hä____chen, za____elig,

A____etit, Ka____sel, A____ell, verdo____eln, Ra____s, Pa____el,

Mo____s, Geri____pe, ü____ig, A____otheke, hy____notisieren,

Attra____e, O____tiker, A____ostel, sto____elig, Pro____eller,

Tru____

Arbeitshilfe: In 14 Lücken muss *pp* eingesetzt werden.

▶ Lösung Seite 283

Übung 106

d oder t (mit 5 Schreibfehlern):

Gerhard, Moped, gesamt, jugendlich, Taschengeld, Entgelt, Branndwein, Gewalt, öffentlich, totwund, Versandabteilung, Endspiel, abendlich, wöchendlich, Rückgrat, Gradzahl, Soldbuch, Weidmann, Widerstand, Blindschleiche, schuldlos, entgültig, blond, Gurt, Brandgeruch, Bussard, Segeljacht, unermütlich, Gemütlichkeit, Totschlag, eilends, Backbord, Leitwerk, Spalt, zusehends

In 5 Wörtern wurde d mit t verwechselt. Suche die Fehler und ordne die Wortreihe (d – t).

▶ Lösung Seite 283

Zeichensetzung bei Grundformsätzen (Infinitivsätzen):

a) Die Verhältniswörter (Präpositionen) um, ohne, als, anstatt gelten als Erweiterung der Grundformsätze (Infinitivsätze) und werden wie diese behandelt.

b) Hängt die Infinitivgruppe von einem Substantiv ab, so wird ein Komma gesetzt.
Er fasst den **Plan**, heimlich abzureisen.

c) Hängt die Infinitivgruppe von einem Verweiswort ab, so setzt man ein Komma.
Anita **liebt** es, lange auszuschlafen

Beachte: Wenn die reine Grundform vorliegt, können bei b) und c) die Kommas weggelassen werden, sofern keine Missverständnisse entstehen: Die Angst(,) zu fallen(,) lähmte seine Schritte.

Übung 107

Übung

Schreibe zu den Beispielen von a) bis c) des Infokastens andere Sätze hinzu.

28. Von der Metallmünze zum bargeldlosen Zahlungsverkehr

Diktat

In den griechischen Städten und an der kleinasiatischen Küste wurden bereits sieben Jahrhunderte vor Christi Geburt die ersten Metallmünzen geprägt. Infolge des lebhaften Handels besaßen schon kurze Zeit später fast alle Länder des Mittelmeeres eigene Münzen. In Persien prägte man damals Gold- und Silbermünzen mit Herrscher- und Götterbildern. Da sich mithilfe des neuen Zahlungsmittels günstigere Handelsmöglichkeiten als auf dem bisher üblichen Tauschweg ergaben, stellten bald alle anderen Länder derartige Münzen her, die sich allmählich zum heutigen Geld entwickelten. Längst aber besitzt die Geldmünze nicht mehr den materiellen Wert, den sie anzeigt. So ist auch das besonders für hohe Werte überall eingeführte Papiergeld lediglich ein Ersatzmittel, das jederzeit gegen stofflich viel wertvollere Gegenstände eingetauscht werden kann. Dennoch ist das Geld ein allgemein anerkanntes Tausch- und Zahlungsmittel, das außerdem einen genauen Wertmaßstab für Güter und Leistungen darstellt. Durch Sparen führt das Geld zu einer Vermögensbildung, das dem Besitzer zu Privateigentum verschiedenster Art verhelfen kann. Das Kapital, das der Sparer einem Geldinstitut übergibt, bringt ihm Zinsen und kommt dann irgendeinem Wirtschaftsbetrieb zugute. Immer mehr wird in der Wirtschaft der bargeldlose Zahlungsverkehr bevorzugt. Nicht nur Geschäftsleute, sondern in zunehmendem Maße auch Lohn- und Gehaltsempfänger verfügen bei einer Bank oder Sparkasse über ein Konto. Von diesem können sie mithilfe von Schecks Zahlungen vornehmen, die als Gutschriften bei anderen Kontoinhabern verbucht werden. Das ist besonders bei hohen Geldbeträgen eine sehr bequeme Zahlungsweise. Der ordnungsgemäß ausgefüllte Scheck ist gleichwertiges Zahlungsmittel anstelle von Münzen und Banknoten. (244 Wörter)

Übung 108

gut – Gut:

a) Kleinschreibung: *zugutekommen, jemandem etwas zugute halten, etwas gut machen/etwas gutmachen, kurz und gut, gut und gern*

b) Großschreibung: *etwas im Guten sagen, Guten Tag sagen, Gutes und Böses, alles Gute, des Guten zuviel, zum Guten wenden, Gutes tun, Hab und Gut, nichts Gutes*

Bilde Sätze.

Übung 109

Schreibweisen des langen ä:

allmählich, Strähne, Währung, … nämlich, Gebärde, gären, …

Setze die Reihen fort und fülle die Lücken folgender Wörter mit ä oder äh:

w____rend, sp____rlich, M____re, M____rchen, Versp____tung,

Kapit____n, Gef____rdung, ____nlichkeit, Verm____lung,

h____misch, s____en, ausw____len, g____nen, str____nig,

erw____nen, Font____ne, L____mung, Tr____ne, qu____len

Arbeitshilfe: In 10 Lücken fehlt *äh*.

► Lösung Seite 283

Übung 110

Wortfamilie „gelten“:

gelten, ab-, ent-, ver-; Entgelt; unentgeltlich; Geltung, Welt-, Ver-, Wiederver-; Geltungsdrang, -streben, -trieb, -bedürfnis, -sucht; Geld, Klein-, Wechsel-, Falsch-, Kriegs-, Fahr-, Papier-, Hart-, Hand-, Spar-, Not-, Eintritts-, Buß-, Stand-, Reise-, Haushalts-, Sonntags-, Taschen-, Lehr-, Steuer-, Schmerzens-, Kranken-, Fersen-, Trink-, Bar-, Pacht-, Miet-, Wohnungs-, Kinder-, Schul-, Spiel-, Tage-, -wert, -börse, -kassette, -menge, -währung, -brief, -buße, -strafe, -schein, -stück, -schrank, -katze, -geber, -markt, -gewinn, -entwertung, -erwerb, -quelle, -ausgaben, -summe, -mittel, -opfer, -institut, -transport, -beutel, -wirtschaft, -spende, -überweisung, -wesen, -mangel, -reserve, -betrag, -zuteilung, -sammlung; geldlich, -gierig, bar-los;

gültig, gleich-, un-; Gültigkeit
Ordne die Wörter nach ihrer Schreibweise mit d oder t.

Übung 111

Übung

Zusammensetzungen mit „gleich“:
gleichwertig, -gültig, -zeitig, -mäßig, -schenklig, -altrig, -geschlechtlich, -seitig, -winklig, -namig, -berechtigt, -falls, -bedeutend, -farbig, -förmig
aber: gleich alt (groß, gut, lang, schnell, …)
Bilde Sätze.

29. Der Hamburger Hafen, ein wichtiger Handelsplatz

Diktat

Es lohnt sich, in Hamburg an Bord eines Motorschiffes zu gehen, um eine Hafenrundfahrt zu beginnen. Doch schon von den Landungsbrücken aus bekommt man einen unvergesslichen Eindruck von dem geschäftigen Treiben im Hafenbereich. Hier liegen Fährschiffe und Motorboote für den Personenverkehr bereit. Flinke Barkassen flitzen vorüber und kleine wendige Schlepper ziehen riesige Ozeandampfer zu den Anlegestellen. Hinter geräumigen Lagerhallen und den Gebäuden der Hafenverwaltung ragt der Michel auf, das Wahrzeichen Hamburgs. Er grüßt schon von weitem die ein- und ausfahrenden Seeleute. Soeben wird ein großer Frachter in ein Schwimmdock geschleppt, um nach langen Fahrten überholt zu werden. An den Kaimauern liegen Frachtschiffe der verschiedensten Nationen. Unmengen von Gütern werden mit elektrischen Kränen aus dem Schiffsinneren gehoben. Immer wieder greifen die Kranarme tief in die Laderäume der Dampfer und bringen Container, Ballen, Fässer und Kisten ans Tageslicht, um sie dann wieder in Güterzüge und Lastwagen abzusetzen, die pünktlich zum Verladen bereitstehen. Ein Teil der Ladungen wird in weiträumigen, am Hafenbecken befindlichen Lagerhallen oder Kühlhäusern aufbewahrt. Es vergeht vom frühen Morgen bis zur einbrechenden Dunkelheit keine Stunde, in der nicht Frachtschiffe ein- und auslaufen. Geschäftig nehmen flinke Motorboote und tuckernde Schlepper ihren Kurs kreuz und quer durch die Hafenbecken. Der Lärm dieses unruhigen Treibens reißt nicht einen Augenblick ab. Diese Eindrücke lassen uns die Bedeutung erahnen, die Hamburg als Umschlaghafen zukommt. (225 Wörter)

Übung 112

Die Schreibung des x-Lautes:

bugsieren, ringsum, wechseln, Achsel, Keks, volkstümlich, Klecks, explodieren, Xylofon

Schreibe noch andere Wörter mit dem x-Laut und fülle die Wortlücken durch x, chs, ks, cks oder gs:

Te___tilien, Hä___el, Dre___ler, schnurstra___,

Fi___stern, Blechbü___e, Ko___, e___istieren,

Kni___, Dei___el, kra___eln, E___port, glu___en,

Gewä___, Le___ikon, Eide___e, A___e, A___tstiel,

Ple___iglas, Bu___baum, ta___ieren, sä___isch,

Arbeitshilfe: In 9 Wörtern fehlt *x*, in 8 *chs*, in 4 *cks*, in 2 *ks*.

▶ Lösung Seite 283

Übung 113

ei – ai:

Setze in folgende Wörter ei oder ai ein:

K___mauer, ver___digen, M___sfelder, k___serlich,

Wegw___ser, b___zen, R___nfarn, Blaum___se, Violins___te,

s___twärts, L___enspielschar, k___men, aufsp___chern,

Froschl___ch, L___chnam, Korbw___de, W___zenkl___e,

R___sig, Vollw___se, W___ssagungen, Lak___, H___delerche,

H___nbuche, t___lw___se, W___dmann, R___sez___t, B___,

W___hrauch, Brotl___b, Eingew___de, H___, M___n___d,

Verst____gerung, M____schbottich, Rh____nw____n,

Vert____digung, ____fersüchtig, m____grün

Arbeitshilfe: In 15 Lücken muss *ai* eingesetzt werden.
► Lösung Seite 283 f.

Übung 114

Wortfeld „Verkaufsstätten“:

Fachgeschäft, Juweliergeschäft, Pelzgeschäft, Schreibwarenhandlung, Elektrohandlung, Briefmarkenhandlung, Fischladen, Milchladen, Kaufhaus, Möbelhaus, Großhandelsfirma, Weinlokal, Stehbierhalle, Milchbar, Eisdiele, Spielwarenmesse, Tankstelle, Fahrkartenschalter, Reisebüro, Zeitschriftenkiosk, Sargmagazin, Ersatzteillager, Bastlerzentrale, Würstchenbude, Obststand, Gastwirtschaft, Imbissstube, Restaurant, Konditorei, Bäckerei, Gärtnerei, Drogerie, Apotheke, Parfümerie, Optiker, Boutique, Antiquariat, Supermarkt

Setze die Wörter mit den passenden Hauptwörtern (Substantiven) zusammen (Bäckerladen, Bierlokal, Bierhalle, ...):

Bäcker, Bier, Blumen, Buch, Einzelhandel, Eisen, Erfrischung, Fleischer, Garten, Gast, Gemüse, groß, Jahr, Kauf, Lebensmittel, Leder, Markt, Musikalien, Reform, Reiseandenken, Schuh, Selbstbedienung, Speise, Sportartikel, super, Süßwaren, Tabakwaren, Versand, Versteigerung, Waren, Wein, Wochen, Zeitung, Zigaretten

Substantive: *Geschäft, Handlung, Halle, Haus, Kiosk, Laden, Lokal, Markt, Stand*

Übung 115

Wortfeld „fahren“:

fahren, rollen, kutschieren, kurven, rattern, starten, sausen, flitzen, huschen, losbrausen, abdampfen, losgondeln, rudern, kreuzen, paddeln, navigieren, segeln, staken, in See stechen, den Anker lichten, treiben, gleiten, fliegen, aufsteigen, hochschrauben, Höhe gewinnen, schweben, trudeln, kreisen, Tempo erhöhen, zurücksetzen, Fahrt beschleunigen, transportieren, bugsieren, abschleppen

Ordne die Wörter (allgemeine Ausdrücke, Tätigkeiten der Land-, Luft- und Wasserfahrzeuge).

30. Die Verkehrslage in der Bundesrepublik

Das Bundesgebiet ist das Land der größten Verkehrsdichte in Europa. In keinem anderen europäischen Teil finden wir eine so starke Verkehrsbelastung wie auf den von Norden nach Süden führenden Reisewegen der Bundesrepublik. Das gilt für die Schienenstrecken, für den Rhein, den bedeutendsten europäischen Schifffahrtsweg, und für die deutschen Fernverkehrsstraßen. Überbelastet sind nicht nur die Autobahnen, sondern auch die Bundesstraßen. Daher bemühen sich Bund, Länder, Kreise und Gemeinden durch ständigen Ausbau des Straßennetzes, den Wettlauf gegen die rasche Zunahme der Motorisierung zu gewinnen.
Die Deutsche Bahn hat in den vergangenen Jahren erhebliche Anstrengungen unternommen, ihren umfangreichen Betrieb zu modernisieren. Durch erhöhten Einsatz von Gliederzügen und elektrischen Zugmaschinen wurde eine wesentliche Beschleunigung und Verbesserung des Eisenbahnverkehrs erzielt. Besonders schnell und deshalb beliebt sind die Intercityexpresszüge.
Der Ausbau der Bundeswasserstraßen wird weiterhin nach festgelegten Plänen durchgeführt. Laufend müssen die Binnenschifffahrtswege erhalten und durch Kanalneubauten verbessert werden. Im Küstenbereich ist es erforderlich, die Seewege zu unseren Häfen an Trave, Elbe, Weser, Jade und Ems für die immer größer werdenden Ozeanriesen noch weiterhin zu vertiefen.
Auch im Luftverkehr konnte die Bundesrepublik einen hoffnungsvollen Anfang finden. Die Deutsche Lufthansa hat sich trotz erheblicher Konkurrenz ein gutes Ansehen im Weltverkehr erworben und verbindet nun die Bundesrepublik mit allen wichtigen Flughäfen der Welt.

(210 Wörter)

Übung 116

Dehnungs-h:

a) Nur vor l, m, n oder r: *Pfahl, Mehl, Sohle; Rahmen, Lehm, rühmen; Zähne, wohnen, Hühner; Fahrzeug, Verkehr, Ohr*

b) Nicht nach sch, qu oder mehreren Mitlauten: *Schar, Schere, Schule, schon; quälen, bequem, überqueren; kramen, Plan, Blume, Spur*

c) Nicht in Fremdwörtern: *Banane, Kostüm, Rakete, Margarine, Telefon, Drama, Kamel*

Schreibe zu den Beispielen bei a) bis c) eigene hinzu.

Übung 117

Eigenschaftswörter (Adjektive) als Bestandteile von Namen:

Deutsche Bahn (aber: deutsche Autobahn, deutsche Eisenbahnen, ...), Deutsche Lufthansa, Württembergische Metallwarenfabrik, Rheinische Post, Westfälische Rundschau, Bayerische Staatsbank, Badische Anilin- und Soda-Fabrik, Kölnisch Wasser

Führe die Reihe fort.

Übung 118

Der Ergänzungsstrich:

Straßen-, Schienen- und Wasserstraßennetz; Privat- und Staatsbahnen; Elektro-, Diesel- und Dampflokomotiven, Güter- und Personenwagen, Fahrrad- und Fußgängerwege

Schreibe ähnliche Beispiele.

Übung 119

Wortfamilie „fahren":

fahren, an-, ab-, auf-, aus-, be-, ein-, heim-, her-, hinauf-, fort-, nach-, mit-, nebeneinander-, weg-, ver-, vor-, vorbei-, vorüber-, zurück-, zusammen-, zwischen-, über-, dazwischen-, hoch-, zu-, nieder-; gefährden; Fahrrad, -bahn, -weg, -geld, -karte, -gelegenheit, -gestell, -weise, -ausweis, -schein, -stuhl, -gast, -zeug, -plan, -schule, -spur, -rinne, -zeit, -lehrer, -dienstleiter, -lässigkeit, -werk, -wasser, -straße; Fahrt, -richtung, -wind, -dauer, Auto-, Autobus-, Rad-, Eisenbahn-, Motorrad-, Wander-, Schul-, Wochenend-, Gesellschafts-, Himmel-, Berg-, Tal-, Rück-, Aus-, Ab-, Auf-, Ein-, Sonder-, Vor-, Über-, See-, Schiff-, Dampfer-, Kahn-, Boots-, Luft-, Nacht-, Hin-, Wall-, Rhein-, Schlitten-, Droschken-, Weltraum-; Fahrtenmesser, -buch; Fahrer, -flucht, Selbst-, Fernlast-, Sonntags-, Bei-, Rad-, Ski-, Renn-, Autobus-, Werks-, Kraft-, Meister-; Erfahrung, Lebens-; Vorfahren, Ver-, Nach-; Gefahr, Brand-, Lebens-, Kriegs-, Explosions-, -losigkeit; Gefahrenstelle, -zone, -herd; gefahrdrohend, -los, -voll; gefährlich; fahrlässig, -ig, -bar, -bereit, -untüchtig; erfahren, welt-, lebens-; Gefährdung; Gefährt; Gefährte, Lebens-, Weg-, Wander-; Gefährtin; Fährte, Fuchs-; Fähre, Eisenbahn-, Schiffs-, Auto-, Wagen-, Rhein-; Fährunglück; fertig, fried-, leicht-, un-; fertigen, an-, ab-, aus-, ver-; fertig bringen, -stellen, -machen; Fertigkleidung, -stellung, -ware, -keit; Fertigung, An-, Ab-, Aus-; führen, durch-, ab-, fort-, an-, ein-, herauf-, hinunter-, mit-, ver-, vor-, zu-, über-; Führer, -schein, -stand, -sitz, -schaft, -besprechung, Gruppen-, Heer-, Zug-, Lokomotiv-, Fremden-, Berg-,

Reise-, Flugzeug-, Partei-, Wander-, Ver-, Ent-, Betriebs-, Geschäfts-, Straßenbahn-, Fahrzeug-, Sprach-, Rädels-; Führung, Auf-, Unter-, Ver-, Aus-, Ein-, Stadt-, Fremden-, Betriebs-, Durch-, Vor-, Über-, Fort-, Weiter-; Führungszeugnis, -anspruch, -leiste, -schiene; Fuhre, Holz-; Fuhrlohn, -mann, -werk, -park, Ein-, Aus-, Zu-, Ab-; Furt

Beschreibe deine liebste Fahrweise (mit dem Fahrrad, Auto, Schiff, ...) und verwende dabei möglichst viele Wörter aus dem Wortfeld „fahren"

▶ Text 29, Übung 115 und der Wortfamilie „fahren".

31. Die Entwicklung des Luftverkehrs

Diktat

Die ersten Versuche der Menschen, den Luftraum fliegend zu erobern, haben uns bereits die Griechen schriftlich überliefert. Wenn es sich hierbei zwar nur um eine Sage und ein Wunschbild der Menschheit handelte, so ist doch dieser Traum innerhalb zweier Jahrtausende von der Technik verwirklicht worden. Zahlreich waren die vergeblichen Versuche, mit von Muskelkraft bewegten Schwingen sich wie die Vögel in die Lüfte zu erheben. Erst im achtzehnten Jahrhundert gelang mithilfe eines Heißluftballons ein erfolgreicher Flug. Nach diesem ersten Beginnen ging es in der Luftfahrttechnik unaufhaltsam vorwärts. Fessel- und Freiballons wurden weiterentwickelt und führten zum Bau lenkbarer Luftschiffe, mit denen erstmals zahlreiche Passagiere und Postsachen auf dem Luftweg befördert wurden. Aber der bahnbrechendere Erfolg war dem Flugzeug beschieden, das schon wenige Jahre nach dem 1. Weltkrieg den Zeppelin an Leistungsfähigkeit übertraf. Seit den Flügen der Gebrüder Wright wandelte sich die Form der Flugzeuge stetig. Schon bald sorgten stärkere Motoren und günstigere Verkleidungen für stärkere Leistungskraft, Schnelligkeit und erhöhte Sicherheit. Besonders im letzten Weltkrieg wurde die Weiterentwicklung und Vervollkommnung sehr rasch vorangetrieben. Düsentriebwerke verdrängen mehr und mehr die Propellerturbinen. Jedes Verkehrsflugzeug ist so komfortabel ausgestattet, dass es höchsten Ansprüchen genügt. Gegenwärtig werden Maschinen gebaut, die ein Vielfaches der Schallgeschwindigkeit erreichen können. Ein dichtes Netz von Fluglinien umspannt den Erdball und verbindet die Kontinente. Die Weiterentwicklung der Raketentechnik hat schließlich neue Möglichkeiten erschlos-

sen, die den Menschen sogar in den Weltraum vordringen lassen.
(234 Wörter)

Übung 120

Fremdwörter mit der Endung -on:

Luftballon, Balkon, Waggon, Beton, Kokon, Kanon, Bonbon, Kanton, Elektron, Patron, Person, Baron, Garnison, Natron, Bouillon, Mammon, Karton, Hormon, Saxofon (auch: Saxophon), Pavillon

Schreibe die möglichen Pluralformen.

▶ Lösung Seite 284

Übung 121

Fremdwörter mit den Endungen -in und -ine:

Benzin, Stearin, Kamin, Paraffin, Nikotin, Medizin, Disziplin, Glyzerin, Musselin, Turbine, Maschine, Saline, Limousine, Mandoline, Margarine, Apfelsine, Violine, Sardine, Rosine, Gardine, Marine, Kabine, Gelatine, Lawine, Ruine, Kantine, Clementine, Mandarine, Praline

Bilde zusammengesetzte Substantive (Benzinkanister, Stearinkerze).

Übung 122

Wortfamilie „fliegen":

fliegen, ab-, auf-, an-, aus-, durch-, herein-, ein-, hin-, hinaus-, fort-, nach-, heimwärts-, weg-, über-, vor-, ver-, vorüber-, vorbei-, zurück-, hoch-; Fliege, Eintags-, Schmeiß-; Fliegenpilz, -schnäpper, -fänger, -klappe, -gewicht, -fenster, -draht, -schwarm; Flieger, -horst, -bombe, -ei, -angriff, Kunst-, Jagd-, Segel-, Sport-, Kriegs-, Tief-, Marine-, Heeres-; Flug, -platz, -abwehr, -bahn, -linie, -gesellschaft, -hafen, -schrift, -blatt, -gast, -tag, -verkehr, -wesen, -stützpunkt, -post, -kapitän, -schüler, -lehrer, -wetter, -dauer, -reise, -karte, -wart, -basis, -sand, -taxi, -route, -asche, -geschwindigkeit, -saurier, -sicherung, -boot, Nacht-, Blind-, Tief-, Ab-, An-, Ein-, Sturz-, Gleit-, Segel-, Vogel-, Landstrecken-; Flugzeug, -träger, -führer, -absturz, -unglück, -besatzung, -halle, -konstrukteur, -rumpf, -industrie, -werk, -bau, Raketen-, Überschall-, Strahlen-, Düsen-, Motor-, Segel-, Wasser-, Bomben-, Kampf-, Kriegs-, Sport-, Verkehrs-, Transport-; Flügel, -spannweite, -altar, -haube, -rad, -samen, -tür, -mann, -schraube, Gänse-, Hühner-, Windmühlen-, Tür-, Fenster-, Konzert-, Vogel-, Trag-, Seiten-; Hautflügler, Starr-; flügellahm, -schlagend; flügelig, ein-, mehr-; geflügelt; beflügeln; Geflügel, -farm; flügge; Flocke, Schnee-, Seifen-; flockenförmig, -weise; flockig, groß-

Schreibe alle genannten „Flieger" und „Flugzeuge" heraus und erweitere die Reihen (Ferienflieger, ... Passagierflugzeug, ...).

Übung 123

Wörter mit sk:

Muskel, Skorpion, Mikroskop, Diskus, Skandinavien, Ski, Maske, Skizze, Skalp, Skelett, Sklave, Kiosk, Muskat, Oskar, Baske, diskutieren, skeptisch, Skandal, skrupellos, Obelisk, riskieren, Moskau, Omsk, Skunk, Baskenmütze, asketisch, Eskimo, Skorbut, Skat, Eskorte, Skonto, Diskont, Skala, Skulptur, Minsk, Skutari, Hygroskop, Cherusker

Bilde abgeleitete oder zusammengesetzte Wörter.

32. In der Halle des Frankfurter Flughafens

Vor wenigen Minuten ist Melanie mit ihren Eltern vom Frankfurter Hauptbahnhof am Rhein-Main-Flughafen angekommen. Sie haben zum ersten Mal eine Flugreise gebucht. Jetzt stehen sie in der weiträumigen Empfangshalle des größten deutschen Flughafens. „Ist das hier ein Betrieb", denkt Melanie und schaut etwas verwirrt auf das Menschengewimmel. Fluggäste aller Hautfarben aus den verschiedensten Ländern sieht sie hier und auf den Rolltreppen, die zum Untergrundbahnhof, zu den Tiefgaragen und den oberen Stockwerken führen. Dicht neben Melanie stehen einige Inderinnen, ganz in lange, seidige, farbenfrohe Umhänge gehüllt, und eine Delegation aus Zentralafrika. Dazwischen drängen sich die Spieler einer pakistanischen Hockeymannschaft. Sicherlich wollen sie mit der Linienmaschine nach Paris, auf deren Abflug soeben durch den Lautsprecher in Deutsch und Englisch hingewiesen wurde. Interessiert schaut Melanie auf die Informationstafel, auf der laufend neue Flüge der über sechzig Fluggesellschaften angezeigt werden, die Frankfurt im Liniendienst anfliegen. Häufig leuchten auch Namen von Charterflugzeugen auf, die besonders in der Ferienzeit an große Reiseunternehmen vermietet werden. Von den kilometerlangen Pisten hört man das Dröhnen der Triebwerke landender oder startender Maschinen. Inzwischen hat der Vater die letzten Formalitäten erledigt und sich nach dem Weg zu ihrem Flugsteig informiert. Bald werden auch sie in die Luft gehen. (202 Wörter)

Übung 124

Wortfamilie „Mann":

Kaufmann, Sports-, Hinter-, Vorder-, See-; Mannschaft, Hockey-, National-, Olympia-, Vereins-, Jugend-; Mannschaftsbetreuer, -aufstellung; Männerstimmen, -gesangverein, Männlichkeit; Männchen, Heinzel-, Strich-; mannhaft, männlich, mannshoch, bemannt, unbemannt

Bilde Zusammensetzungen mit folgenden Wörtern: *Berg, Amt, Schnee, Haupt, Tor, neben, Geschäft, Verbindung, Handel, Eis, wandern, Schutz, Medizin, leben, Dienst, Land, Ersatz, Fähre*

Setze die Zusammensetzungen mit dem Grundwort „Mann" in die Mehrzahl. (Bergmänner, Schneemänner, ...)

Übung

Komma bei wörtlicher Rede:

Die wörtliche Rede wird von Anführungszeichen umschlossen. Steht der Beisatz (= Ansagesatz) vor dem Sprechsatz, steht ein Doppelpunkt als zusätzliches Vorzeichen (Beispiel: Der Vater sagt: „Bleibt hier an dieser Säule stehen, damit wir uns nicht in diesem Gedränge verlieren.").

Steht der Beisatz (= Ansagesatz) hinter dem Sprechsatz, setzt man auch dann ein Komma, wenn der Sprechsatz mit einem Ausrufe- oder Fragezeichen schließt (Beispiel: „Bleibt hier!", sagt der Vater.). Ein Punkt steht nur am Ende des abschließenden Beisatzes (= Ansagesatz) (Beispiel: „Bleibt hier an dieser Säule stehen, damit wir uns nicht in diesem Gedränge verlieren", sagt der Vater.).

Steht der Beisatz (= Ansagesatz) zwischen Teilen des Sprechsatzes, wird er wie ein eingeschobener Satz durch zwei Kommas abgegrenzt (Beispiel: „Bleibt hier an dieser Säule stehen", sagt der Vater, „damit wir uns nicht in diesem Gedränge verlieren.").

Info

Übung 125

Schreibe weitere Sätze mit wörtlicher Rede, in denen du die Beisätze unterschiedlich positionierst.

Übung

Übung 126

Mal – Mahl:

Denkmal, Malheft, Kunstmaler, Ölgemälde, Malerei, abmalen – Mahlzeiten, Gemahl, Mehl, mehlig, zermahlen, Mühle, Mühlrad, Müller

Verbinde folgende Wörter mit Mal oder Mahl:

Erkennung, Buch, Gast, Grab, Mittag, merken, Fest, Werk, Schande, Brand, Stifte, Hochzeit

► Lösung Seite 284

Übung

Übung 127

g in Fremdwörtern:

Garage, Etage, Regie, Manege, Massage, Passagier, Jongleur, Sabotage, Genie, Dränage, Plantage, Ingenieur, Gage, Montage, Loge, Gelee
Bilde davon zusammengesetzte Hauptwörter (Tiefgarage, Etagendusche, ...).

33. Künstliche Satelliten

Eine Sensationsmeldung überraschte im Oktober 1957 die gesamte Weltöffentlichkeit. Den Sowjets war es gelungen, mit einem künstlichen Satelliten die Erde in einer elliptischen Bahn zu umkreisen. Für eine Umlaufzeit brauchte Sputnik, wie die Sowjets den neuen Erdtrabanten nannten, annähernd hundert Minuten. Viele Menschen reckten damals ihre Hälse oder griffen zu Ferngläsern, um den künstlichen Stern als regelmäßig wiederkehrendes Lichtpünktchen zu erspähen. Mit dem Start dieses Satelliten hatte das Zeitalter der Raumfahrt begonnen. Seitdem umkreisen weit mehr als fünfzig winzige Monde unseren Planeten in unterschiedlicher Höhe auf genau vorbestimmter Bahn. Allerdings hatten manche dieser Satelliten nur eine kurze Lebensdauer von wenigen Stunden, Tagen oder Wochen. Sie verschwanden spurlos im All oder wurden zur Erde zurückgeholt. Diese künstlichen Erdtrabanten haben die verschiedensten technischen oder wissenschaftlichen Aufgaben zu erfüllen. Daraus erklären sich auch die großen Unterschiede in ihrer Gestalt und Ausrüstung. Aber alle sind mit einer Sendeanlage ausgerüstet, die von einer Stromquelle gespeist wird. Die ersten Satelliten waren mit Batterien ausgerüstet, deren Lebensdauer jedoch beschränkt ist. Schließlich gelang es, die im Weltraum in unbegrenzter Menge vorhandene Sonnenenergie für den Betrieb der Apparaturen und der Sendeanlagen zu nutzen. So entstanden Sonnenbatterien, die durch die Fähigkeit mancher Stoffe das Licht unmittelbar in elektrischen Strom umwandeln. Die Wissenschaftler sind überzeugt, dass diese Flugkörper auf diese Weise noch nach hundert Jahren die Erde umkreisen und als Wetter-, Nachrichten- oder Fernsehsatelliten der Menschheit unschätzbare Dienste erweisen. (230 Wörter)

Übung 128

wieder – wider:

wiederkehren, anwidern, wieder finden, erwidern, widerlich, Wiederholung, wiederkommen, widersinnig, widerstehen

Verbinde folgende Wörter mit wieder oder wider:

Belebung, Stand, Hall, Aufnahme, holen, borstig, Haken, geben, Spruch, Wahl, Ruf

▶ Lösung Seite 284

Übung 129

ss – ß:

Wissenschaftler, Russen, Vermessung, genießen, Schlüssel, Wasser, blass, anfassen, reißen, Hass, Flüssigkeit, essbar, Russland, abmessen, Schließfach, Genuss, wässrig, Gefäß, Blässe, rissig, hassen, Fluss, Essbesteck, wissbegierig, russisch, Maßband, Schlosser, Genossenschaft, erblassen, Gewässer, Fassung, Riss, hässlich, fließen, Mittagessen, Gewissen

Je 3 Wörter gehören zu einer Familie. Suche sie zusammen und schreibe sie in dieser Reihenfolge auf.

Übung 130

Fremdwörter und Begriffe aus dem Bereich der Raumfahrt:

Satellit, Trabant (Begleiter), Astronaut (Sternenfahrer), Kosmonaut (Weltraumfahrer), Countdown (herunterzählen), Ballistik (Lehre von der Flugbahn der Geschosse), Atmosphäre (Lufthülle), Orbit (Erdumlaufbahn außerhalb der Atmosphäre), Sensor (Gerät für Messungen im Weltraum), Silizium (Hauptbestandteil der Sonnenbatterien), Kosmos (Weltall) – Rakete, Düse, Schub, Brennkammer, Steuerpult, Abschussrampe, Sonde, Mondfähre, Raumschiff, Sonnenbatterie, Erdtrabant

Bilde abgeleitete oder zusammengesetzte Wörter (atmosphärisch, kosmisch, ...).

Übung 131

Zusammensetzungen mit Mittelwörtern (Partizipien):

wiederkehrend, wegweisend, ferngelenkt, eingefahren, windgeschützt, welterfahren, voraussehend, aufbrausend, heilbringend, stadtbekannt, luftgekühlt, verwarnt, ausgewiesen, Wasser abstoßend, blutbefleckt, tierliebend

Ordne die Wörter (Partizipien im Präsens, im Perfekt).

34. Die fliegende Tankstelle

Wenn ein Jet während eines weiten Aufklärungsfluges Sprit benötigt, dann erfolgt das Tanken bei fast 800 km Stundengeschwindigkeit in neun Kilometern über der Erde. Schon seit Jahren landen Militärflugzeuge nicht mehr um den notwendigen Kraftstoff nachfüllen zu lassen. Von einer Nato-Luftwaffenbasis an der deutsch-holländischen Grenze startet ein Flugzeugtanker, der in seinem Rumpf hunderttausend Liter Treibstoff transportiert. Zwischen Ulm und Augsburg nähert sich der Tanker dem Fernaufklärer. Durch ein Sichtfenster am Heck beobachtet der Tankwart das Näherkommen des „durstigen" Flugzeugs. Direkt unter ihm ist der Tankausleger mit dem Füllrohr bereits ausgefahren. An der Oberseite des Cockpits ist die Öffnung, in die die Rohröffnung mechanisch einrastet. Fast viertausend Liter Flugbenzin werden je Minute in den Aufklärer gepumpt. Die größte Schwierigkeit für die Piloten ist es, den Abstand zwischen den beiden Maschinen und die Geschwindigkeit während der zehnminütigen Übernahme des Kraftstoffes exakt einzuhalten. Dann wird der Kontakt mit dem Abziehen des Tankrohres beendet, und der Aufklärer entschwindet in der vorgegebenen Richtung. Nach etwa drei Stunden landet das Tankflugzeug wieder auf dem heimatlichen Flughafen. (173 Wörter)

Übung 132

Fremdwörter mit dem Anfangsbuchstaben J:

Jet, Jogging, Joghurt, Jeep, Jalousie, Jackett, Jeans, Jam, Junkie, Jurist, Job, Junior, jobben, Jiu-Jitsu, Juwelier, Journal, Jazz

Ordne die Wörter nach ihrer Aussprache (j – dz) und versuche deutsche Bezeichnungen dafür zu finden.

Übung 133

Die Vorsilbe ent- (mit 3 Schreibfehlern):

Entfernung, entschwinden, entdecken, Unentlichkeit, unentwegt, entlassen, enttäuscht, Entziel, Entscheidung, unentschieden, entreißen, Entwurf, entsichert, unentbehrlich, Entstation, entwurzelt, entzwei

Berichtige die 3 Fehler.

▶ Lösung Seite 284

Mehrzahlbildung (Pluralbildung) bei Fremdwörtern durch -e und -en:
Die Endung -e wird ohne Umlautbildung angehängt: *Kurs, Metall, Ballon, Balkon, Akkord, Admiral, Rezept, Prozess, Kompass, Revier, Portal, Autobus, Ventil*
Die Endung -e wird angehängt, außerdem Umlautbildung: *General, Choral, Abt, Altar, Kaplan, Bass, Palast, Chor*
Die Endung -en wird angehängt: *Typ, Athlet, Rektor, Doktor, Insekt, Plastik, Fabrik, Nation, Professor, Operation*
Die Einzahlendungen (Singularendungen) -us, -a, -um werden gegen -en ausgetauscht: *Gymnasium, Museum, Album, Ministerium, Radius, Rhythmus, Virus, Regatta, Villa, Prisma, Basilika, Skala, Thema, Drama*

Übung 134

Schreibe die Pluralformen der Wörter des Infokastens auf.

Übung 135

Kommas zwischen einander untergeordneten oder gleichwertigen Gliedsätzen:
Niemand wird Langeweile empfinden, wenn er für die freie Zeit eine Lieblingsbeschäftigung hat, von denen es so viele gibt, dass man sie kaum aufzuzählen vermag. (einander untergeordnete Gliedsätze) – *Vielerorts gibt es Jugendgruppen, die selbst Filme drehen, die ihre fotografischen Erzeugnisse ohne fremde Hilfe entwickeln und vergrößern.* (gleichwertige Gliedsätze)
Bilde andere Satzgefüge mit mehreren Gliedsätzen.
Beachte: Zwischen Gliedsätzen, die nicht durch „und" oder „oder" verbunden sind, steht jeweils ein Komma.

35. Die Chinesische Mauer

Im Geografieunterricht erzählte unser Lehrer von seinem Ferienaufenthalt in China. Besonders beeindruckt war er von den gewaltigen Ausmaßen der Chinesischen Mauer. Sie ist das einzige Bauwerk, das die Astronauten vom Mond aus erkennen konnten. Fast 2500 Kilometer ist sie lang und durchschnittlich 16 Meter hoch. Ihre Breite reicht aus, dass zwei Fahrzeuge aneinander vorbeifahren können. Zweistöckige Wachttürme und Mannschaftshäuser unterbrechen die

Mauerführung und teilen sie in überschaubare Abschnitte ein. Die Türme waren früher mit Beobachtungsposten besetzt, die beim Anrücken hunnischer Reiterhorden die nächste Garnison alarmierten. Die für den Mauerbau in vorchristlicher Zeit erforderlichen Steinmassen hätten ausgereicht, einen zwei Meter hohen Wall um den Äquator zu legen. Die Mauer steigt mit den steilsten Bergen zu wolkenverhangenen Gipfeln empor, führt durch öde Gebirgslandschaften bis in tiefste Täler. Nach zeitgenössischen Angaben reichte eine Armee Soldaten für die Schaffung dieses Monumentalbaus nicht aus, sodass jeder dritte männliche Chinese zum Bau dienstverpflichtet wurde. Man kann nur ahnen, welche gewaltige Zahl an Menschen hierbei Blut und Leben eingebüßt hat. Nach Hunderten von Jahren können Touristen noch heute die Chinesische Mauer bewundern, die immer wieder stückweise renoviert werden muss. (185 Wörter)

Übung 136

-isch bei Eigenschaftswörtern von Ländernamen:

chinesisch, portugiesisch, dänisch, kolumbianisch, rheinisch, sächsisch, …

Bilde die Eigenschaftswörter von *Westfalen, Frankreich, England, Italien, Südamerika, Japan, Griechenland, Polen, Franken, Afrika!*

Übung 137

m – mm (Schwierigkeiten):

Programm, nummerieren, Nummer, Dammhirsch, Bahndamm, Kompass, Kommunismus, sämtlich, Dromedar

Fülle die Lücken folgender Wörter durch Einsetzen von m oder mm aus:

Ko_____ode, A_____boss, Tro_____ler, Ko_____et, Bräutiga_____,

Versa_____lung, Gesa_____theit, Zi_____t, Ko_____andant,

Hi_____beere, gekrü_____t, Ka_____eradschaft, tra_____peln,

Bro_____beere, Ra_____pe, ru_____oren, E_____igrant,

Bu_____erang, Ku_____pan, schi_____lig, Kre_____pe,

ko_____ponieren, Ko_____pott

Arbeitshilfe: In 6 Wörtern muss *mm* eingesetzt werden.
▶ Lösung Seite 284

Übung 138

Fremdwörter mit ou:
Touristen, Boullion, Cousine, Roulade, Limousine, Nougat, Couch, Patrouille, Countdown, Gouverneur, Souffleur, Potpourri
Verwende diese Wörter in Sätzen.

Übung 139

Wörter mit qu:
Äquator, Quelle, bequem, quetschen, quer, Quartier, Quiz, Quecke, qualmen, Quartal, quietschen, Quark, quälen, Quader, quaken, Quittung, Qualm, Qualität, quarzhaltig
Suche dazu zusammengesetzte oder abgeleitete Wörter (äquatorial, quellen, …).

36. Auf der Suche nach Erdöl

Erdöl ist einer der allerwichtigsten Rohstoffe für die moderne Technik. Es liefert nicht nur die Antriebsenergie für unsere Maschinen in Form von Petroleum, Benzin, Heizöl, Dieselkraftstoff und Düsentreibstoff. Erdöl wird auch zur Herstellung von mehr als 5 000 verschiedenartigsten Erzeugnissen benötigt. Bei dem ständig steigenden Bedarf werden aber die bisher bekannten Erdölreserven in einigen Jahrzehnten aufgebraucht sein. Daher ist man eifrig bemüht, noch unentdeckte Lager zu finden. Seitdem man weiß, wie sich das Öl in der Erdkruste gebildet hat, bohrt man nicht mehr auf gut Glück wie in den Anfängen der Erdölsuche. Vor den Probebohrungen horcht und tastet man mit Spezialinstrumenten den Boden ab und macht Luftaufnahmen. Dazu holen die Ölsucher Gesteinsproben oft sogar aus mehreren tausend Metern Tiefe. Ist nach langwierigen und kostspieligen Voruntersuchungen endlich die Stelle gefunden, an der eine Bohrung Erfolg versprechend zu sein scheint, wird ein Bohrturm errichtet. An seiner Spitze hängt an Drahtseilen ein riesiger Flaschenzug, der das Bohrgestänge hält. Dieses besteht aus einzelnen etwa zehn Meter langen Stahlrohren, die zusammengeschraubt werden. Je nach Art des Gesteins, das durchstoßen werden muss, wählt man den entsprechenden Bohrkopf, der manchmal sogar mit

Diamanten besetzt ist. Fernsehaugen an der Bohrspitze ersparen das Hochziehen und Zerlegen der Gesteinsproben. Zur Kühlung des Bohrmeißels muss ständig eine Spülflüssigkeit durch das hohle Gestänge hinuntergepumpt werden. Sobald die Erdölschicht erreicht ist, wird das Bohrgestänge gegen ein Abflussrohr ausgewechselt, dessen Messgeräte eine genaue Kontrolle des Ölstromes ermöglichen. (238 Wörter)

Übung 140

Wortfamilie „stellen“:

stellen, auf-, ab-, an-, aus-, be-, ein-, er-, ent-, fest-, frei-, her-, heraus-, anheim-, dar-, hin-, nach-, vor-, ver-, fertig-, zurück-, zu-, zusammen-, unter-, um-, bereit-; Stelle, Halte-, Bau-, Arbeits-, Schrift-, Post-, Grab-, Bett-, Schlaf-, Neben-, Dienst-, Brand-, Zahl-, Prüf-, Unfall-, Pfarr-, Außen-, Gefahren-, Naht-, Frei-, Lauf-, Wasser-, Geldwechsel-, Bild-, Abwehr-, Beförderungs-, Anlege-, Sammel-, Koch-; Stellenangebot, -vermittlung, -gesuch, -ausschreibung; Stellvertreter, -macher, -werk, -age; Gestell, Holz-, Bett-, Bretter-, Bücher-; Schriftsteller, Weichen-, Fest-; Stellung, Ein-, An-, Be-, Zu-, Vor-, Um-, Aus-, Auf-, Fest-, Frei-, Fertig-, Her-, Lebens-, Ab-, Grund-, Bereit-, Schlüssel-, -nahme; Stellungskrieg, -bau; Angestellter; Stall, Hühner-, ... -tür; Stallung; Anstalt, Schwimm-, Lehr-, Heil-, Straf-, Pflege-; Anstaltsleiter; stellungslos; stellenweise, -mäßig; stellvertretend; einstellig, mehr-, viel-, an-

Erweitere die Wortfamilie, indem du die Reihen mit „Stall“ und „Stellen“ fortsetzt (Kuhstall, ... Stellensuche, ...).

Übung 141

Wörter mit ff:

Pfefferminz, Kaffee, Riff, hoffentlich, Griff, Schaffner, Haff, Pantoffel, schlaff, treffen, Stoff, Schliff, Büffel, Affe, Offizier, Puffer, Pfiff, Offensive, Hoffart, Kartoffel, Giraffe, Waffeln, öffnen, Raffinesse, Muff, schnüffeln, Trüffel, Löffel, Kniff, Erschaffung, Scheffel, Karaffe, Griffel, knuffen, straff, Koffer, kläffen, Ziffer, bewaffnen, aufriffeln, betreffs, Raffinerie, Chauffeur, Souffleur

Ordne die Wörter nach dem Alphabet. Sammle die Fremdwörter.

Übung 142

Langes ü:

Flügel, kühl, berühren, Gefühl, Blüte, Ungetüm, Gestühl, Kür, Gestüt, wühlen, betrübt, Düne, Geschwür, Hüne, schwül, Führung,

kühn, Gebühr, Schüler, spülen, verblüht, natürlich, sühnen, Mühle, vergüten, Gemüse, gemütlich, brüten, ausführlich, behütet, wütend, verschnüren, Brühe, früh, Grünspan, Führer, für, müde, demütig, Parfüm, Krümchen, Hühnchen, Bühne, Drüse, Kostüm, ungestüm, berühmt, Übel, bügeln, rühren
Ordne die Wörter (unbezeichnete Dehnung, hl, hm, hn, hr, silbentrennendes h).

Aufeinanderfolge gleicher Mitlaute bei Zusammensetzungen:
errichten, auffangen, Strohhut, mitteilen, annehmen, Abbau, auffällig, unterrichten, verringern, vorrechnen, Erregung, Verrat, aussuchen, abblättern, forttragen, Ausstellung
Es werden 3 gleiche Mitlaute geschrieben. Zur besseren Lesbarkeit kann man zwischen diese Zusammensetzungen Bindestriche setzen (Bett-Tuch, Schiff-Fahrt, ...)
Betttuch, Schifffahrt, Fußballländerspiel, Krepppapier, Brennnessel, Schnelllauf, Schwimmmeister, Wolllappen, Rollladen, stilllegen, Stofffülle, Kontrolllampe, Schlammmassen, programmmäßig, Stammmiete, Stalllaterne, Stilllegung, Balletttänzerin

Übung 143

Verbinde er-, ver-, zer- oder vor- mit folgenden Wörtern:

______raten, ______rechnen, ______reißen, ______riegeln,

______rücken, ______raum, ______rinnen, ______richtung,

______retten, ______ruf

In einigen Fällen hast du mehrere Möglichkeiten.

37. Hilfe durch Roboter

Immer mehr übernehmen Roboter heute die früher von Menschen ausgeübten Tätigkeiten. Von besonderem Nutzen sind sie bei industriellen Arbeiten, die eintönig, langweilig und unangenehm sind. Das gilt besonders für das Schweißen und Nieten in Montagebetrieben oder in Autowerkstätten beim Lackieren der Karosserien. Hierfür sind Roboter sogar besser geeignet. Da sie nicht müde werden und mit gleichbleibender Genauigkeit und Qualität ohne Ruhepausen die Arbeiten ausführen, sind sie dem Menschen überlegen. Besonders Tätigkeiten, die gefährlich oder gesundheitsschädlich sind, kann der Mensch dem Roboter überlassen. Er kann auch an Arbeitsplätzen eingesetzt werden, die für den Menschen temperaturmäßig ungünstig sind, weil dort zu große Hitze oder unerträgliche Kälte herrscht. Besonders beim Entschärfen von Bomben oder anderen lebensgefährlichen Arbeiten sind Roboter äußerst nützlich. Für Weltraumeinsätze sind sie ideal, da sie bei Reparaturen an Erdsatelliten ohne Luft im All arbeiten können. Um alle diese Tätigkeiten auszuführen, braucht der Roboter wie der menschliche Körper Arme und Gelenke, die sich unabhängig voneinander bewegen können. So vielfältig und wertvoll so ein Roboter sein kann, darf er immer nur Helfer des Menschen sein, ihn aber nicht ganz vom Arbeitsplatz verdrängen. (183 Wörter)

Übung 144

Die Vorsilbe ent-:

entschärfen, Entfernung, entbehrlich, Entspannung, entzwei, Entdeckungen, entrinnen, Entschuldigung, …

Überprüfe, vor welche der folgenden Wörter die Vorsilbe passt.

führen, Kleidung, reißen, Zug, lachen, täuschen, Scheidung, wickeln, Kampf, Haltung, blättern, Wurf, Station, arbeiten, Schädigung

Bei vier Wörtern ist sie unangebracht.

▶ Lösung Seite 284

Übung 145

mpf – nf:

stumpf, krampfartig, versumpft, Empfehlungen, empfindlich, Impfung, auftrumpfen, Klampfe, kämpfen, schimpfen – sanft, Konferenz, Zukunft, Hanf, vernünftig, Senf

Schreibe davon verwandte Wörter (Baumstumpf, abgestumpft, … besänftigen, Sänfte, …).

Übung 146

ng – nk am Wortende:

Drang, jung, flink, schlank, Zwang, Ring, Zank, Wink, Schrank, Buchfink, Dank, Schmetterling, Anfang, lang, gering, Strang, Frühling, Gestank, Strunk, Rang, Schwung, Schwank, Rundfunk, Bank, Empfang, Prunk, Gesang, Öltank, Sprung, blank, Trunk, Zwilling, schlank, krank, eng, Gelenk, Ding, Frühling, streng, Geschenk

Setze die Wörter zu Reimreihen zusammen (Drang, Zwang, … Ring, Ding, … flink, Wink, …).

Übung 147

Übung

Dehnungs-h steht nur vor l, m, n oder r:
bezahlen, Stuhl, Lehm, berühmt, Sahne, Sohn, kehren, gefährlich
Bei Wörtern mit sch, sp und qu gibt es aber kein Dehnungs-h: *Schale, schamhaft, verschonen, Schere – Spur, sparen – Qualen, bequem, überqueren*
Stelle eine möglichst lange Reihe von Beispielwörtern zusammen.

38. Trümmer im Weltall

Diktat

Die zahlreichen Satelliten, die seit Beginn der Raumfahrt ins Weltall geschossen wurden, verglühen dort nicht vollständig, sondern umkreisen die Erde als Trümmerstücke. Dieser Weltraummüll ist eine große Gefahr für die Raumfahrzeuge. Ausgediente Satelliten, Trümmer explodierender Trägerraketen, Teile von Kameras und Teleskopen schwirren mit hohen Geschwindigkeiten durch den erdnahen Raum. Eine Kollision selbst winziger Teilchen kann bei einem Raumfahrzeug verheerende Folgen haben. Nur mit Glück entging eine amerikanische Raumfähre einer Katastrophe. Nach der Landung stellten Techniker an einer Verschlussklappe einen sechs Millimeter tiefen Einschlagskrater fest. In ihm befand sich ein Klümpchen aus Zinn, Silber und Blei, das vermutlich von einem explodierten Satelliten stammte. Bei geöffneter Ladeluke hätte das Metallstück leicht den Sauerstofftank zerstören können. Dies hätte fatale Folgen für die Astronauten bedeutet. Um die Bedrohung durch den umherschwirrenden Schrott zu verringern, werden alle wichtigen Teile eines Raumschiffes mit einer zusätzlichen Aluminiumschicht versehen. Daran werden auftreffende Weltraumtrümmer abgebremst und unschädlich gemacht. Trotz dieser Maßnahme bleibt die Gefahr für die Raumstation erschreckend hoch. Trümmerstücke von nur einem Zentimeter können die Schutzhülle und die Außenwand durchschlagen und das Leben der Besatzungsmitglieder gefährden. (181 Wörter)

Übung 148

e – ä:

Anstrengung, emsig, zielstrebig, Schlegel, ausmerzen, Schenke, Hutkrempe, ... Beschäftigung, beständig, verdrängt, Qualität, Schärpe, schäbig, selbstständig, erklären, besänftigen, überschwänglich
Setze die Wortreihen fort und fülle die Lücken folgender Wörter durch Einsetzen von e oder ä:

kr____chzen, ____nglisch, h____ftig, g____ren, G____rte,

Verh____ngnis, absp____nstig, D____mmerung, k____ntern,

S____nfte, Geb____rde, hartn____ckig, m____rkwürdig,

Kr____mpel, tr____ge, verg____llen, ver____chtlich,

Schneeschm____lze, F____lge, Schnürs____nkel, verh____rmt

Arbeitshilfe: In 16 Wörtern fehlt *ä*.
▶ Lösung Seite 284

Übung 149

Fremdwörter mit der Vorsilbe -inter:

Interesse, Intermezzo, Interview, international, Intervall, Internist, intervenieren, interkontinental, Internet, interparlamentarisch
Bilde abgeleitete Wörter (interessant, interessieren, ...).

Übung 150

t als Gleitlaut vor der Nachsilbe -lich:

wesentlich, Öffentlichkeit, eigentlich, vermeintlich, unkenntlich
Setze an folgende Wörter die Nachsilbe -lich:
Name, wissen, flehen, Woche, offen, hoffen, Versehen, Ordnung
Aber beachte die Schreibung folgender Wörter (d gehört zum Wortstamm): *jugendlich, freundlich, befremdlich, abendlich, verständlich, unvermeidlich, schändlich, endlich, stündlich, unhandlich, ländlich*
Bei „morgendlich“ ist ausnahmsweise ein d anstelle des ursprünglichen t eingeschoben.

Übung 151

Maßnahme – Familienname:

Verbinde -nahme und Name mit
vor, fest, an, Straße, bei, Ort, über, Stellung, spitz, Taufe, Rücksicht, ein, Verein, mit, ab, zu!
Bei zwei Verbindungen bestehen beide Möglichkeiten.

39. Die industrielle Revolution und ihre Auswirkungen

Ein in der Menschheitsgeschichte bisher noch nie erlebter wirtschaftlicher Aufschwung setzte ein, als in England die Dampfmaschine erfunden wurde. Der Kohlenreichtum des Inselstaates mag dazu beigetragen haben, dass diese bahnbrechende Erfindung rasch und vielseitig ausgenutzt werden konnte. Bis dahin waren Fabriken unbekannt, und alle benötigten Waren wurden von Handwerkern oder in eigener Heimarbeit hergestellt. Nun erzeugten Webstühle, von Dampfmaschinen betrieben, schneller und billiger Tuche, als es bei der üblichen Handarbeit möglich war. Die englischen Fabrikanten führten ihre Waren so preisgünstig nach dem Festland aus, dass die hier hergestellten Erzeugnisse nicht mehr abzusetzen waren. Um wieder konkurrenzfähig zu sein, wurden jetzt auch in anderen europäischen Ländern Spinnmaschinen und mechanische Webstühle für die Textilherstellung verwendet. Auch viele andere Gebrauchsgüter, die bisher handwerksmäßig hergestellt worden waren, entstanden jetzt in Spezialfabriken. Viele möglichst billige Arbeitskräfte wurden benötigt, daher wurden Frauen und sogar Kinder Fabrikarbeiter. Die Menschen zogen scharenweise aus den ländlichen Gebieten in die Nähe der Fabriken, sodass innerhalb weniger Jahrzehnte in den Industriezentren eine Menge Großstädte entstanden. Immer größer und vollkommener wurden die Maschinen, die von Ingenieuren entworfen und in besonderen Maschinenfabriken gebaut wurden.
Zunächst war England die auf dem Weltmarkt führende Nation. Doch allmählich gelang es den Industriestaaten auf dem Festland, diesen Vorsprung aufzuholen und das Mutterland der Maschinen auf verschiedenen Gebieten der Produktion zu überflügeln. So hatte auch Deutschland bald eine leistungsfähige Industrie besonders in den Bereichen der Chemie und der Elektrotechnik. (238 Wörter)

Übung

Übung 152

r – rr (Schwierigkeiten):

Setze r oder rr in die Lücken folgender Wörter ein:

Konku____enz, behe____bergen, Verwi____ung, he____aus,

Ba____ikade, Ba____acke, He____mann, Te____asse, Ziga____ette,

Ziga____e, Ka____awane, O____ient, Kata____h, unbehe____scht,

verdo____t, Ko____idor, Ka____ussell

Arbeitshilfe: In 16 Lücken muss rr eingesetzt werden.

▶ Lösung Seite 285

Übung

Übung 153

v oder w in Fremdwörtern:

Krawall, Karawane, Sklave, Ventil, Graveur, Juwelier, Visier, Whisky, Wadi, olivgrün, Provinz, Wacholder, Devisen, Krawatte, Novelle, Vene

Verwende die Wörter als Partnerdiktat und setze in die Lücken folgender Wörter v oder w ein:

Uni____ersität, Pa____ian, Ju____elen, eingra____ieren,

Ad____entszeit, ____it____e, La____ine, ____eranda, ____entilator,

Mö____e, Oli____enöl, ner____ös, ____rack, ____iolett, Kur____e,

Di____an, ____ulkan, ____olontär

Arbeitshilfe: 20 *v* und 10 *w* müssen in die Lücken eingesetzt werden.

▶ Lösung Seite 285

Übung

Übung 154

Fremdwörter mit -ie am Wortende:

Chemie, Industrie, Batterie, Partie, Drogerie, Lotterie, Bürokratie, Monarchie, Demokratie, Garantie, Kolonie, Harmonie, Philosophie, Telegrafie, Fantasie, Theologie, Melodie, Energie, Fotografie, Sympathie, Kompanie, Genie, Zoologie, Despotie, Aristokratie, Sinfonie/ Symphonie, Gemäldegalerie

aber: *Gummi, Wadi, Kali*
Ordne die Wörter alphabetisch.

Übung 155

Schreibweisen des langen ä (mit 4 Schreibfehlern):
allmählich, konkurrenzfähig, europäisch, Nähe, Quarantäne, Rarität, Kapitän, Gährung, verjährt, wärend, Träne, spährlich, Währung, unerklärlich, Äthiopien, wählerisch, hoffärtig, Äther, jäten, dämonisch, Kornähre, Prämie, Haarsträne, Domäne, Ernährung, Endmoräne
Berichtige die vier Schreibfehler und ordne die Wörter nach ihren Schreibweisen (ä, äh).
▶ Lösung Seite 285

40. Neuer Lebensraum in den Trockengebieten der Erde

Große Gebiete der Erdoberfläche sind menschenleer, weil sie völlig unfruchtbar sind. Riesige Landstriche sind Trockenzonen. Das größte dieser Gebiete erstreckt sich von der atlantischen Afrikaküste quer durch die Sahara bis nach Arabien und weiter von Pakistan bis nach China. Aus der Geschichte wissen wir, dass manche dieser Gebiete einst bedeutendes Kulturland waren. Die Täler des Euphrats und Tigris, des Nils und des Indus sind heute weitgehend versandet, und doch haben hier früher mächtige Völker Wohnraum und Nahrung gefunden. Das jetzt ausgedörrte Nordafrika war die Kornkammer des römischen Weltreiches. Ausgrabungen in Wüsten beweisen, dass es eine Zeit gegeben hat, in der dort Elefanten und Flusspferde gelebt haben. Durch Raubbau und radikale Rodungen der Wälder, durch falsche Bearbeitung oder Vernachlässigung des Bodens ist wertvolles Land verödet. Zurzeit wird nur etwa ein Zehntel der Oberfläche aller Kontinente landwirtschaftlich genutzt. Menschen vieler Staaten sind unterernährt und hungern. Durch die rasche Zunahme der Weltbevölkerung um täglich mehr als hunderttausend Menschen wächst der Bedarf an Lebensmitteln und Wohnraum in erheblichem Maße. Daher müssten die Völker in gemeinsamen Bemühungen versuchen, die Trockengebiete zu bewässern, indem sie das Grundwasser aus tiefen Schichten hochpumpen oder entsalztes Meerwasser nutzen. Die dazu erforderlichen Energien könnten Wind, Sonne oder Atomkraft liefern. Nur in weltumfassender Forschertätigkeit und internationaler Zusammenarbeit wird es schließlich gelingen, Nahrung aus einem Erdboden zu gewinnen, auf dem seit Jahrhunderten nicht einmal mehr spärliches Gras gedeihen kann. Hierbei würde ein wichtiger Beitrag zur Existenzsicherung künftiger Generationen geleistet. (243 Wörter)

Übung 156

Komma bei gleichartigen Satzteilen:

a) Mehrere Subjekte: *Wind, Sonne oder Atomkraft könnten die erforderlichen Energien liefern.*

b) Mehrere Prädikate: *Viele Menschen hungern, verelenden und sterben.*

c) Mehrere Attribute: *Die Täler des Tigris und Euphrats, des Nils und des Indus sind weitgehend versandet. – In zielstrebiger, weltumfassender Forschertätigkeit kann ein Wandel geschaffen werden.*

d) Mehrere Objekte: *Die Menschen benötigen Nahrung, Kleidung und Wohnraum.*

e) Mehrere adverbiale Bestimmungen: *Durch Raubbau und radikale Rodungen der Wälder, durch falsche Bearbeitung oder Vernachlässigung des Bodens ist wertvolles Land verödet. – Das Land liegt ausgedörrt, unfruchtbar und völlig versandet in der prallen Sonne.*

Schreibe zu den angegebenen fünf Arten andere Beispiele.

Übung 157

z oder tz:

genutzt, entsalzen, Existenz, Dutzend, Filz, beschützen, Medizin, Lizenz, Verletzung, sozial, Prozess, plötzlich, Residenz, Steinpilz, Schlitz, schmerzhaft, Gewürz, erhitzt, …

Ergänze folgende Wörter durch tz oder z:

Pel____, schwi____en, gli____ern, Schwei____, Bli____, Ar____t,

Hei____ung, Mär____, wi____ig, Kan____ler, tro____ig, ri____en,

nü____lich, Klo____, Pfeffermin____, Ta____e, Ker____e, Kau____,

zerpla____t, fli____en, Grü____e, Matra____e, abbei____en,

(Arbeitshilfe: 14 Wörter werden mit *tz* geschrieben.

► Lösung Seite 285

Übung 158

Schreibweisen des langen e:

Lebensraum, Generation, Demut, Ger, Wermut, Sirene, Seligkeit, … angenehm, lehmig, unversehrt, Ehrfurcht, Naturlehre, sehnsüchtig, … Meerwasser, verheerend, Allee, Komitee, seelisch, Pappelallee, …
Setze die Reihen fort und fülle folgende Lücken mit e, eh oder ee:

H____rzog, Probl____m, Z____bra, Arm____führer, s____lig,

Himb____rsaft, Schiffsr____der, R____be, Gel____, L____rling,

Sch____mel, F____de, Beschw____rde, Lorb____rblätter,

Klisch____, unbequ____m, pr____digen, G____stland,

Entb____rung, L____seite, Briefkastenl____rung, Ausd____nung,

W____rdienst, sch____l, Empf____lung, S____ne, T____leobjektiv

Arbeitshilfe: In 8 Wörtern fehlt *eh* und in je 10 *e* und *ee*.

▶ Lösung Seite 285

Übung 159

s oder z im Auslaut:

Existenz, Fels, Konkurrenz, als, gleichfalls, Malzbier, Eisenerz, Audienz, Hals, Schmerz, abends, vergebens, Weihnachtsgans, Raps, reizvoll, März, rechts, abseits, Pulsader, Mainz, Schweiz, Differenz, …
Ordne nach der Schreibweise (s – z). Setze s oder z in die Lücken ein:

Bestand____aufnahme, Glan____, Schmal____, nacht____,

bereit____, Gip____, Schwan____, Konsequen____, Fil____hut,

Stur____helm, Arbeit____tag, anfang____

Arbeitshilfe: Je 6-mal sind *s* und *z* erforderlich.

▶ Lösung Seite 285

41. Verdrängt die Technik die menschliche Arbeitskraft?

Schon vor Jahrtausenden verwendeten die Menschen zur Erleichterung schwerer körperlicher Arbeit Hilfsmittel. So verstanden sie, mit Hebeln, Rollen und Rädern bereits in der Frühzeit erstaunliche Leistungen zu erreichen. Als aber später die Dampfmaschine Tier- und Menschenkraft zu ersetzen begann und die ersten Maschinen aufgestellt wurden, zerstörten Arbeiter und Handwerker das vermeintliche Teufelswerk. Sie befürchteten, dadurch ihre Existenz zu verlieren. Ein Leben ohne Maschinen ist inzwischen an keinem Arbeitsplatz mehr denkbar. In Handwerk und Industrie, im öffentlichen und privaten Leben erleichtern sie den Alltag. Wissenschaft und Technik arbeiten laufend an der weiteren Verbesserung der Maschinen, die immer mehr die Menschen entlasten sollen. Sie helfen nicht nur bei der Güterherstellung, sie schreiben, vervielfältigen, rechnen, sortieren und beginnen sogar schon für die Menschen zu denken. Daher befürchten viele, dass die Automation große Teile der arbeitenden Bevölkerung erwerbslos machen könnte. Wenn auch manche Berufe an Bedeutung einbüßen oder sogar aussterben, so gibt es doch immer wieder neue Arbeitsmöglichkeiten. Auch künftig wird man Häuser und Straßen bauen und instand halten, Lebensmittel und Gebrauchsgüter herstellen, Maschinen und Fahrzeuge schaffen. Trotz zunehmender Mechanisierung und Automation werden immer tüchtige Facharbeiter und Handwerker dringend benötigt. Jede Maschine bedarf nämlich des Menschen, der über sie Herr ist. (203 Wörter)

Übung 160

Fremdwörter mit der Endung -enz:

Existenz, Konkurrenz, Konferenz, Exzellenz, Eminenz, Intelligenz, Potenz, Reagenzglas, Abstinenz, Lizenz, Essenz, Audienz, Korrespondenz, Kompetenz, Tendenz, Referenz, Karenzzeit, Prominenz

aber: *Regens, Dispens*

Schreibe die Wörter im Plural (Existenzen, ...).

Übung 161

Mit Hauptwörtern (Substantiven) zusammengesetzte Zeitwörter (Verben):

teilnehmen, notlanden, handhaben, stattgeben, stattfinden, heimgehen, haushalten, teilhaben, heimkehren, heimzahlen, segelfliegen, wettrennen, bergsteigen

Bilde die Mittelwörter der Vergangenheit (Partizipien im Perfekt), die Grundformen mit „zu“ und verwende sie in Sätzen.

(teilnehmen: teilgenommen – teilzunehmen – Wir hätten gern bei deiner Feier teilgenommen.)

Übung 162

Wortfeld „arbeiten“:

arbeiten, schaffen, herstellen, erzeugen, werken, wirken, sich beschäftigen, handeln, sich anstrengen, sich regen, sich rühren, zupacken, etwas leisten, sich plagen, sich mühen, sich abschinden, bewältigen, schuften, sich abquälen, sich placken, sich betätigen, sich abrackern, sein Brot verdienen, einen Beruf ausüben, produzieren, anfertigen, seinen Dienst versehen, ein Gewerbe betreiben, ein Geschäft führen, eine Arbeit ausführen, einen Posten ausfüllen – bauen, tragen, schleppen, graben, eggen, pflügen, säen, beschneiden, vulkanisieren, betonieren, drechseln, reinigen, jäten, roden, umbrechen, fällen, schmieden, hämmern, schweißen, löten, feilen, fräsen, schleifen, verzinken, vernieten, schrauben, nageln, hobeln, bohren, leimen, sägen, polieren, abbeizen, lackieren, tapezieren, anstreichen, weißen, kalken, mischen, kehren, putzen, wischen, spülen wringen, waschen, bügeln, messen, zuschneiden, heften, nähen, sticken, häkeln, stricken, weben, färben, spinnen, kneten, mengen, formen, backen, garnieren, schlachten, hacken, wursten, räuchern, verkaufen, bedienen, sortieren, stapeln, lagern, ernten, kochen, dünsten, rösten, rechnen, schreiben, überprüfen, beaufsichtigen, lehren, predigen, unterrichten, anweisen, anleiten, üben, studieren, lernen

Schreibe von den Verben das Partizip Perfekt (gearbeitet, …).

Übung 163

Die Vorsilbe auto-:

Automation, Autogramm, Autobus, autonom, Automobil, autogen, Autokratie, Autodidakt, Automat, Autonomie, automatisieren

Schreibe die Bedeutung der Wörter hinzu.

42. In einem Chemielabor

Diktat

Wer erstmals in seinem Leben ein großes Laboratorium eines chemischen Werkes besucht, hat zunächst nur den einen Wunsch, recht schnell wieder ins Freie zu kommen. Die meist nicht sehr angenehmen Gerüche verschlagen dem Besucher den Atem. Außerdem ist er verwirrt über die vielen Menschen in weißen Kitteln, die auf langen, marmornen Tischplatten Flüssigkeiten mischen, filtern, destillieren oder an hochempfindlichen Waagen arbeiten. Eine Fülle von Glaskolben, Standzylindern und Reagenzgläsern sind an jedem Arbeitsplatz griffbereit. Verschiedenfarbige Rohrleitungen durchziehen den Raum. In Gefäßen, die über Bunsenbrennern erhitzt werden, brodelt und knattert es. Dampf wird abgelassen, Druckluft zischt, Behälter klappern. Der Uneingeweihte glaubt sich in eine moderne Hexenküche versetzt. Die hier schaffenden Menschen spüren die dem Fremden auffallenden Unannehmlichkeiten längst nicht mehr. Sie wissen, dass das Labor die Herzkammer jeder chemischen Fabrik ist. Hier wird erfunden, untersucht, gemischt und zusammengesetzt, was im Werk erzeugt wird. Viel Geduld und Ausdauer sind dazu erforderlich, denn oft sind Tausende von Versuchen notwendig, bis das gewünschte Ergebnis vorliegt. Außerdem werden den Produkten des Werkes im Labor nach allen Regeln der chemischen Kunst Stichproben entnommen und Fertigwaren auf ihre Bestandteile überprüft. Von der Kopfschmerztablette bis zum Pflanzenschutzmittel, vom Kunstleder bis zum Plastikbeutel werden die vielfältigen in chemischen Werken hergestellten Gegenstände ausprobiert und kontrolliert. Ohne die gewissenhafte Kleinarbeit der im Labor tätigen Menschen wären viele Dinge nicht vorhanden, die uns im alltäglichen Leben zur Selbstverständlichkeit geworden sind. (230 Wörter)

Übung 164

Übung

Schreibweisen des langen a:

Waage, verstaatlichen, Maar, Saal, …

Strahl, Wahrzeichen, Mahnung, Bundestagswahl, Stahl, prahlen, …

Atem, Fertigware, schmal, Marmelade, Denkmal, Schicksal, …

Setze die Reihen fort und fülle die Lücken folgender Wörter durch Einfügen von a, aa oder ah:

____sgeier, Rauchschw____den, Abendm____l, Kapl____n, Port____l,

S____tbeet, Ork____n, gef____rvoll, Holzsp____n, Dr____t, M____t,

Tom____te, f____l, Kr____n, Skl____ve, w____gerecht,

w____gemutig, pr____lerisch, qu____lvoll, Kapit____l,

K____rfreitag, W____nsinn, h____rig, ____nungslos

Arbeitshilfe: In 12 Wörtern fehlt *a*, in 7 *ah* und in 5 *aa*.
▶ Lösung Seite 285

Übung 165

Fremdwörter mit -ik:

Fabrik, Technik, Physik, Astronautik, Botanik, Gotik, Tragik, Optik, Panik, Republik, Athletik, Grammatik, Statistik, Politik, Romantik, Plastik, Akustik, Gymnastik, Keramik

Bilde abgeleitete Wörter (fabrizieren, ...).

Übung 166

Wortfamilie „schaffen":

schaffen, an-, ab-, be-, bei-, er-, herbei-, fort-, herauf-, hin-, mit-, ver-, zurück-, weg-; Schaffensdrang, -freude, -kraft; Schaffner, Straßenbahn-, Autobus-, Zug-, Post-; Anschaffung, Ab-, Er-, Be-; Geschäft, Lebensmittel-, Einzelhandels-, Discount-, Schuh-, Blumen-, Tausch-, Geld-, Verlust-, Dienst-; Geschäftsleben, -inhaber, -mann, -zeit, -gewinn, -zimmer, -führer, -bereich, -bücher, -stelle, -freund, -grundlage, -träger, -verbindung; Geschäftemacher; rechtschaffen; geschäftlich, -ig; geschäftsfreudig, -fähig, -kundig, -mäßig; schöpfen, er-, aus-, ab-; Schöpfeimer, -brunnen, -werk, -kelle; Schöpfer; Schöpfung, Ton-; Schöpfungswerk, -geschichte; Geschöpf; schöpferisch; Schöffe; Schöffengericht, -stuhl

Schreibe die Verben als Partizipien im Perfekt (angeschafft, ...) und die Substantive im Plural.

Übung 167

rr – r (mit 5 Schreibfehlern):

verwirrt, Korektur, Gitarre, Beherrschung, sperrig, verdorrt, Parkett, Arrak, Katarrh, Terror, knurren, Zigarrette, Karrabiner, Kardinal,

mürrisch, Garrage, Forelle, Terrasse, Starrsinn, Autorität, Koridor, Perlon, Arrest, Keramik
Berichtige die fünf Schreibfehler. Ordne die Wörter nach der Schreibweise des r-Lautes und füge verwandte und zusammengesetzte Wörter hinzu.
▶ Lösung Seite 285.

43. Der erste Morgen in der Lehrwerkstatt

Diktat

Fast zwei Jahrzehnte war Kevins Vater schon in einem großen Stahlwerk tätig; denn Arbeitsweise und Betriebsklima behagten ihm hier. Daher hatte sich Kevin um eine Lehrstelle in diesem Werk beworben und war nach einer kurzen Eignungsprüfung angenommen worden. Nun stand Kevin heute zum ersten Mal mit einigen anderen Jungen in der weiten, geräumigen Lehrwerkstatt, in der reihenweise Werkbänke und Maschinen aufgestellt waren. Noch etwas scheu schaute Kevin den Leiter der Lehrwerkstatt an, der ihm zunächst seinen Spind und anschließend den künftigen Arbeitsplatz zeigte. Mit einem aufmunternden Klaps sagte der Ausbilder zu Kevin: „Ich hoffe, dass du auch so ein tüchtiger, zuverlässiger Qualitätsarbeiter wie dein Vater wirst." Dann reichte ihm der Ausbildungsleiter ein Werkstück aus Stahl, dessen Schnittflächen er glatt feilen sollte. „Na, das machst du schon recht geschickt", meinte der Meister, der ihm eine Zeit lang beim Arbeiten zuschaute. Kevin, durch dieses Lob angespornt, bemühte sich nun noch mehr, seinen ersten Auftrag sorgfältig und gewissenhaft auszuführen; denn er wollte von Anfang an einen guten Eindruck machen. Außerdem wusste er, dass eine einzige Unachtsamkeit beim Feilen das Werkstück unbrauchbar machen konnte. Besonders war Kevin bedacht, dass keine Rillen oder gar Einkerbungen entstanden. Schließlich zeigte er seine Erstlingsarbeit dem Meister, der sie von allen Seiten kritisch betrachtete und mit der Schieblehre die Ausmaße überprüfte. „Bis auf ein paar kleine Unebenheiten schon ganz gut. Aber jetzt machen wir erst einmal Mittag, und dann weiter so!", sagte der Ausbildungsleiter. Froh über den guten Start folgte Kevin den Übrigen in die Kantine. (253 Wörter)

Übung 168

Schreibung der Tageszeiten:

Mittag machen; zu Mittag essen; gegen Mittag; bis zum Mittag; es ist Mittag; des Mittags; am Sonntagmittag; heute Mittag; seit gestern Mittag; jeden Freitagmittag – mittags; von morgens bis mittags; dienstagmittags

Übe auch mit anderen Tageszeiten und bilde Sätze.

Übung 169

Wortfeld „Industriebetriebe“:

Werk: *Stahl-, Flugzeug-, Volkswagen-, Elektro-, Großkraft-, ...*
Fabrik: *Farben-, Lack-, Strumpf-, Lampen-, Waggon-, Textil-, ...*
Hütte: *Glas-, Kupfer-, Eisen-, Blei-, Zink-, Schmelz-, ...*
Halle: *Werks-, Montage-, Maschinen-, Lager-, ...*
Werkstatt: *Lehr-, Reparatur-, Schlosser-, Schreiner-, Industrie-, ...*
Porzellanmanufaktur, Weberei, Spinnerei, Färberei, Eisengießerei, Siederei, Raffinerie, Schiffswerft, Laboratorium, Ziegelei

Setze die Reihen fort.

Übung 170

Fremdwörter aus dem Bereich der Industrie:

-or: *Motor, Generator, Labor, Kontor, Transformator, Reaktor, Ventilator, Kondensator, Traktor, Kompressor, Phosphor*
-ik: *Fabrik, Technik, Mechanik, Optik, Keramik, Statik, Physik, Dynamik*
-al: *Mineral, Kapital, Material, Potential, Windkanal*
-ine: *Maschine, Turbine, Margarine, Vaseline, Limousine, Draisine*
-tät: *Kapazität, Elektrizität, Stabilität, Elastizität*
-il: *Textil, Automobil, Ventil, Profil*
-ie: *Industrie, Energie, Batterie, Chemie, Maschinerie, Aktie, Raffinerie*
-eur: *Konstrukteur, Patroneur, Monteur, Installateur, Graveur*
-ent: *Patent, Element, Zement, Transparent, Ferment, Produzent*
-tion: *Konfektion, Fabrikation, Produktion, Kalkulation, Konstruktion, Automation, Rotation*
-on: *Ballon, Perlon, Nylon, Dralon, Waggon, Karton, Elektron*
-ur: *Reparatur, Glasur, Tinktur, Politur, Manufaktur*
-at: *Apparat, Automat, Fabrikat, Inserat, Format, Plakat*

-ieren: *vulkanisieren, fabrizieren, konstruieren, produzieren, isolieren, konservieren, transportieren, rotieren, montieren, galvanisieren, mechanisieren*

Finde für jede der Endungen weitere Beispielwörter.

Übung 171

Wortfeld „sprechen":

sprechen, sagen, erwidern, erkundigen, fragen, vortragen, antworten, entgegnen, schimpfen, fluchen, schreien, rufen, flüstern, tuscheln, jammern, beteuern, bemerken, klagen, plaudern, unterhalten, erzählen, berichten, stottern, meinen, bekräftigen, schwatzen, schelten, murren, jubeln, einwenden, prahlen, erwähnen, reden, äußern, lallen, babbeln, lispeln, schluchzen, bedauern, fordern, behaupten, bekunden, zustimmen, schwören, ergänzen, zu Bedenken geben, seufzen, vorschlagen, empfehlen, grölen, lügen, feilschen, verbieten, abstreiten, erklären, danken, murmeln, nörgeln, raunen, soufflieren, schnauzen, quatschen, zetern, raten, zitieren, unterrichten, vorlesen, debattieren, betteln, bitten, bestreiten, tratschen, sabbeln, verurteilen, entschuldigen, diskutieren, mahnen, quasseln, nennen, kommandieren, befehlen

Schreibe zu jedem dieser Wörter ein zusammengesetztes oder abgeleitetes.

3.3 Verzeichnis der Diktattexte

4. Lösungen

1. Aufsatz

1.1. Informierende, berichtende und kommentierende Texte

► ***Lösung zu Übung 1***

1. Schlagzeile, Untertitel
2. Vorspann, wichtigste Information (Statistik, Zahlenangaben)
3. Zahlen für Brandenburg im Vergleich mit anderen Bundesländern
4. Vergleich neue – alte Bundesländer
5. Ursache für zurückgehende Todeszahl
6. Maßnahmen gegen zu schnelles Fahren

► ***Lösung zu Übung 2***

Die Hauptinformation sind die Zahlenangaben: Todeszahl insgesamt rückgängig, Brandenbung noch an der Spitze. – Vergleichsziffern, Ursachenforschung und geplante Maßnahmen sind eher Zusatzinformationen.

► ***Lösung zu Übung 3***

z. B. „Die Zahl der Verkehrstoten in Deutschland ist insgesamt rückgängig, allerdings bleibt Brandenburg trotz ebenfalls zurückgehender Zahlen weiterhin ‚Spitzenreiter'. Insgesamt starben im ersten Halbjahr 1997 auf Deutschlands Straßen 3.902 Menschen, in Brandenburg waren es nach Angaben des Statistischen Bundesamtes 314. Damit steht Brandenburg trotz 6 % Rückgang noch weit an der Spitze vor Mecklenburg-Vorpommern.

Überhaupt zeigt sich ein starkes Gefälle zwischen alten und neuen Bundesländern. Die insgesamt rückläufige Anzahl von Verkehrstoten wird vor allem auf technische Neuerungen zurückgeführt. Gegen Raser kündigte der Bundesverkehrsminister wesentlich härtere Strafen an, da die unangepasste Geschwindigkeit nach wie vor Unfallursache Nummer eins sei.

► ***Lösung zu Übung 4***

1. Meldung bei der Feuerwehr: 800 m^2 in Flammen, Löscharbeiten durch starken Wind und Hitze erschwert – 2.14 Uhr: Einsatzkräfte haben Lage unter Kontrolle, müssen aber noch bleiben; viele weitere

Glutherde – 3. keine Verletzten, aber Evakuierung der Mieter des gesamten Straßenzuges – 4. Kritik an Brandschutz: fehlende Brandwände könnten das Übergreifen des Brandes ermöglicht haben – 5. 16 Uhr: Brandkommissariat und Brandschutz besichtigen den Ort; vermutliche Brandursache: technisches Versagen, da Ausbruch des Feuers in unbewohntem Dachstuhl; Prüfung wegen nicht vorhandener Brandwände – 6. Möglicherweise Auswirkungen auf die gesamte Siedlung; alle Häuser haben identische Dachstühle.

► ***Lösung zu Übung 6***

Der Hinweis auf die „Raser" (letzter Abschnitt) bezieht sich zwar auf die Ankündigung des Bundesverkehrsministers; Wortwahl und Wiedergabe der Begründung des Ministers zeigen aber die Haltung des Artikels gegen das Rasen.

► ***Lösung zu Übung 7***

z. B.:

1) Es ist schön, dass die Zahlen sinken, endlich lernen die Leute besser und rücksichtsvoller zu fahren.
2) Die Leute in Ostdeutschland können einfach nicht vernünftig fahren und sollten den Führerschein nicht so einfach bekommen.
3) Die Brandenburger fahren besonders schlecht und sollten besonders behandelt werden.
4) Das ist gut so und zeigt, dass die Forschung und Entwicklung hier unbedingt weitergehen müssen.
5) Man muss sich harte Maßnahmen gegen die Raser überlegen.
6) Die angekündigten Maßnahmen sind richtig und erfolgversprechend.

► ***Lösung zu Übung 8***

1) Die Zahlen täuschen: 3.902 Menschen in 6 Monaten – das ist fast die Bilanz eines kleinen Krieges und zeigt, dass der Straßenverkehr eingeschränkt werden muss.
2) Das liegt wohl kaum an den Menschen dort, sondern an den schlechten Straßen und veralteten Fahrzeugen.
3) Es liegt nicht an den Brandenburgern, sondern an den Alleebäumen, die dort so zahlreich sind und sich als Todesfalle entpuppen; deshalb sollten sie entfernt werden.
4) Der Rückgang ist erfreulich und zu begrüßen, aber Technik allein löst das Problem nicht, sondern das Verhalten der Menschen muss sich auch ändern.

5) Gegen das Rasen helfen nur Appelle an die Einsicht der Menschen, aber keine noch so hohen Strafen.
6) Die angekündigten Maßnahmen reichen nicht aus, sondern sind nur ein Tropfen auf dem heißen Stein. Oder auch: Strafen allein lösen das Problem nicht.

▶ ***Lösung zu Übung 9***

- Im ersten Absatz.
- Es werden nur die Zahlen und Brandenburgs Spitzenposition genannt; mehr ist für die Absicht des Kommentars nicht notwendig. (Stattdessen enthält er Zahlen zur Beteiligung Jugendlicher.)
- Im Verkehrsverhalten Jugendlicher, besonders der Raserei.
- „... die Gemeinschaft kann das nicht länger hinnehmen"
  „... keine Grenzen ... den Überlegungen, wie man die Raser zur Vernunft bringt."
  „Brandenburg soll besser fahren!" (Zitat)
- Manche möglichen Strafmaßnahmen wirken etwas übertrieben. Damit will er auf das Gewicht des Problems hinweisen.

▶ ***Lösung zu Übung 10***

„ ... die Gemeinschaft kann das nicht länger hinnehmen"
„ ... Überlegungen, wie man die Raser zur Vernunft bringt"

▶ ***Lösung zu Übung 11***

1c, 2e, 3a, 4b, 5d

▶ ***Lösung zu Übung 14***

Gemeinsam haben die Texte das Thema und die Ansicht, dass die jugendlichen Raser die Hauptursache für die vielen Verkehrstoten sind. Unterschiedlich: Der Artikel „Die Bäume sind schuld" ist sprachlich wesentlich schärfer geschrieben und konzentriert sich auf einen weiteren Punkt: die Forderung, die Alleebäume für breitere Straßen zu fällen.

▶ ***Lösung zu Übung 15***

Der Artikel arbeitet mit dem Stilmittel der Ironie, indem er die ‚Schuld' der Bäume in übertriebener Weise in den Vordergrund stellt.

▶ ***Lösung zu Übung 16***

Wortneuschöpfung: „Fettlebe"; (durchgehendes) sprachliches Bild: Küche, Kantine, Rezept; verschiedene Sprachschichten: Abzählreim

(„Zehn kleine Negerlein"), Rezept-Stil („Würzen wir also nach."), Bericht-Stil („Es ist erst ein paar Jahre her …"), Ausrufe („Gesegnete Mahlzeit"), Anspielung („Politkommissar" [DDR])

▶ ***Lösung zu Übung 17***

1) „Ihr habt wirklich hervorragend gespielt!" oder „Das war eine schwache Leistung!"
2) „Ich fühle mich gut vorbereitet und sehe der Arbeit mit Zuversicht entgegen." oder „Wenn ich die Arbeit doch nur nie schreiben müsste!"
3) „Ich komme gut mit meinem Chef klar." oder „Ich habe ein schlechtes Verhältnis zumeinem Chef."
4) „Das hast du gut gemacht!" oder „Das war eine schwache Leistung, von dir hätte ich mehr erwartet."

▶ ***Lösung zu Übung 18***

Der Schreiber kritisiert 1. die Kosten für das Konzert; 2. dass die Stars nur an sich und ans Geld, aber nicht an die Fans denken; 3. den Aufwand der Mädchen für das Konzert (Schule schwänzen, sich bringen lassen); 4. das Gehabe der Ordner und den Gehorsam der Mädchen; 5. die unechten Gefühle; 6. die schlechte Qualität der Show.

▶ ***Lösung zu Übung 19***

Der Text nimmt fast dieselbe Haltung zu dem Konzertereignis ein, nur wird sie wesentlich humorvoller und ironischer aufgeschrieben.

▶ ***Lösung zu Übung 20***

Kritikpunkt	**Text 1**	**Text 2**
1) Kosten für das Konzert	„viel Geld"	„eigentlich kein nennenswerter-Betrag"
2) Stars denken nur ans Geld	„die nur an ihr Geld denken"	„Spaß und Uneigennützigkeit ins Gesicht geschrieben"

Kritikpunkt	Text 1	Text 2
3) Aufwand für das Konzert	„Sie schwänzen die Schule … Sie lassen sich von ihren Eltern fahren …"	„die Schule ist da nicht so wichtig, und Vatis Tank ist immer voll"
4) Gehorsam im Stadion	„militärischen Gehorsam"	„widerspruchslos Gehorsam geleistet … Lehrer wohl auch gern"
5) unechte Gefühle, unerwiderte Liebe	„Starsanhimmeln, die sich in keiner Weise um sie kümmern"	„die große Liebe"
6) Qualität der Show	„dass die künstlerische Darbietung nichts taugt"	„mittelmäßige Show"

▶ ***Lösung zu Übung 21***
Vergleiche Lösung zu Übung 19

▶ ***Lösung zu Übung 22***
„diese Verliebtheit hat ihre Vorteile, zweifellos", „und wenn's am schönsten ist, in Ohnmacht fallen", „in Zweierreihen Hand in Hand der Gänsemutter hinterher"

▶ ***Lösung zu Übung 23***
„eine mittelmäßige Show"

▶ ***Lösung zu Übung 24***
„einige warten schon seit 2 Tagen", „harren eine Nacht vorher aus", „um von den Ordnern platziert zu werden"

▶ ***Lösung zu Übung 26***
Es gibt eine neue Art von Tamagotchis, die aufgezogen' werden, um gegeneinander zukämpfen.

▶ ***Lösung zu Übung 28***

- Die ‚Kampf-Tamagotchis' sind harmlose Computer-Tierchen und Spielzeuge; sie haben sogar noch einen pädagogischen Wert.
- Die ‚Kampf-Tamagotchis' machen die Kinder aggressiv und erziehen zur Bösartigkeit, deshalb sollten sie verboten werden.

▶ ***Lösung zu Übung 29***

- Kinder können Tamagotchis von der Wirklichkeit unterscheiden; Kinder erleben Gewalt anders als Erwachsene; Eltern können die Kontrolle über die Tamagotchis behalten; ein Verbot regelt nichts; die Tamagotchis gewöhnen Kinder an regelmäßige Pflichten und die Übernahme von Verantwortung.
- Bösartigkeit und Brutalität erscheinen als erstrebenswerte Qualitäten; Kinder empfinden Freude an Gewalt und dem ‚Tod' des Gegners; der Tod wird verharmlost; Kinder lernen keine Pflichten, sondern werfen das Tamagotchi, wenn sie keine Lust mehr darauf haben, in die Ecke.

▶ ***Lösung zu Übung 30***

1) „Sie kennen nur die lieben Tamagotchis, die man füttern und pflegen musste, wenn sie einen Laut gaben? Die sind jetzt völlig ‚out'. Die neue Generation stellt sich endlich dem Leben als Kampf. Nur die Härtesten kommen durch. Sie können ihre Tamagotchis gegeneinander kämpfen, sich einander totbeißen oder mit Steinen bewerfen lassen."
2) „15 Euro für ein ruhiggestelltes Kind, das neben seinem Vergnügen auch noch die Regelmäßigkeit von Pflichten lernt und Freude am Kampf hat – das ist ein angemessener und fairer Preis."
3) „Machen Jugendliche heutzutage nicht oft einen trägen Eindruck? Das Leben aber verlangt Härte. Die können sie jetzt von Kindesbeinen an trainieren – mit den neuen ‚Kampf-Tamagotchis"
4) „Es ist doch schön zu beobachten, wie Kinder und Erwachsene sich gleichermaßen an diesem Spiel erfreuen. Dass es in Geschäften schon zu Prügelszenen um die letzten Exemplare gekommen ist, zeigt nur, um welch herrliches Vergnügen es sich dabei handelt."
5) „Die wenigen Millionen Batterien und Tonnen Plastikabfall, die durch die Tamagotchis entstehen, kann die Umwelt auch noch verkraften."

► ***Lösung zu Übung 31***

- Die zweite Glosse; der erste Text befasst sich mit Tamagotchis allgemein.
- Die Kinder werden durch die Tamagotchis ihrer Umwelt fremd.
- In der zweiten Glosse: übertriebene Darstellung von Kindern als ‚Kampfsport'-Trainer. Ironische Darstellung von Tamagotchi-Wettkämpfen'.
- Die erste Glosse bezieht sich nicht nur zu wenig auf das Thema, sondern benutzt insgesamt zu wenig ironische Darstellungsmittel.

► ***Lösung zu Übung 32***

275.000 Jugendliche suchen noch eine Lehrstelle; 111.000 Stellen sind noch zubesetzen; der Minister hält es für sinnlos, eine Lehrstelle zu blockieren und dann doch ein Studium aufzunehmen; er hat das Ziel, dass alle Ausbildungswilligen eine Chance bekommen; er hat etwas unternommen: 5.000 Briefe an Großunternehmen, 23 neue Berufsbilder, 50 modernisierte Ausbildungsberufe; weitere Vorschläge: Wegfall des zweiten Berufsschultages im 2. und 3. Lehrjahr, Entlastung der Betriebe von Kammergebühren, tarifvertragliche Regelungen, neue Ausbildungsberufsangebote, mehr Ausbildungsplätze bei von Ausländern geführten Betrieben; von einer Lehrstellenabgabe hält der Minister nichts.

► ***Lösung zu Übung 33***

Die Tatsache, dass 275.000 Jugendliche noch einen Ausbildungsplatz suchen, aber nur 111.000 Stellen angeboten werden, erschüttert den Bundesbildungsminister Rüttgers. Er hat an die Betroffenen appelliert, die Flinte nicht ins Korn zuwerfen, sondern weiterhin nach Ausbildungsmöglichkeiten, besonders in neuen Ausbildungsberufen, zu suchen. Ziel der Politik sei es, dass jeder Ausbildungswillige eine Chance erhalte. Zu diesem Zweck haben Bildungs- und Wirtschaftsminister 5.000 Briefe an Großunternehmen geschrieben. Auch neue Berufsbilder und damit Ausbildungsmöglichkeiten seien geschaffen worden. Für notwendig hält der Minister die Streichung des zweiten Berufsschultages ab dem 2. Ausbildungsjahr, eine finanzielle Entlastung ausbildender Betriebe, tarifvertragliche Regelungen sowie neue Ausbildungsplätze bei von Ausländern geleiteten Betrieben.

► ***Lösung zu Übung 34***

Geeignet sind a), c), d) und f), da sie eine Meinung wiedergeben.

▶ ***Lösung zu Übung 36***
Gestrichen werden können b) und d), da es sich nicht um sachliche Meinungsäußerungen handelt.

1.3 Die Reportage

▶ ***Lösung zu Übung 1***
Sie bemängeln, dass er nur das Ergebnis und den Ausgang des Turniers angibt, aber keine interessanten Eindrücke vom Spiel und dem Turniergeschehen wiedergibt.

▶ ***Lösung zu Übung 2***
Die Ergebnisse wird jeder, der sich dafür interessiert, schon kennen, die genannten anderen Eindrücke aber nicht. Gerade die sind für die Leser interessant.

▶ ***Lösung zu Übung 3***
Sie soll sich nicht nur auf die Wiedergabe bloßer Fakten beschränken, sondern auch Interessantes, was darüber hinausgeht, enthalten.

▶ ***Lösung zu Übung 4***
z. B. persönliche Meinungen einholen, besonderen Wert auf wichtige Einzelheiten legen, Hintergrundinformationen geben, lebendig schildern

▶ ***Lösung zu Übung 5***
Unser Spiel gegen die Ottmarshausener war eine mittelschwere Zumutung. Im Mittelfeld ging so gut wie nichts zusammen. Thomas Gerner und Achim Heyde verfehlten sich mehrfach. „Ich weiß nicht, was die beiden im Training gemacht haben," sagte der genervte Herr Heckner noch während des Spiels, „zugehört und gut trainiert haben sie anscheinend nicht." Es war schon ein Bild für sich, unseren Sportlehrer da auf der Bank hin- und herrutschen zu sehen und verzweifelt seine Kommandos brüllen zu hören. Bei den Spielern sind sie anscheinend nicht angekommen.
Auch unser Torwart, Manuel Erhardt, war nicht gerade in Bestform. „Beim 1:0 hat Björn die Sicht versperrt. Die Abwehr war allgemein recht konfus." Diesen Eindruck kann man durchaus teilen, aber ob das als Entschuldigung ausreicht? Beim dritten Tor für die Ottmarshausener sah Manuel jedenfalls ganz schön alt aus. Er stand viel zu

weit vor dem Tor und hätte diese ‚Gurke' wirklich gut bekommen können.
Nach dem Spiel habe ich mit Herrn Heckner und dem Team zusammengesessen. Nun überlegt man, wie es weiter gehen soll. (...)

► ***Lösung zu Übung 6***

Die Nachricht berichtet von der Absicht der Versicherung und den Hoffnungen der Geschädigten. Die Reportage berichtet in Einzelheiten von der Tätigkeit des Schadensregulierers.

► ***Lösung zu Übung 7***

z. B.: „Mit dem Schadensregulierer unterwegs", „Schadensregulierung im Hochwassergebiet", „Ein Versandhauskatalog im Kopf – die schwierige Augabe der Schadensregulierung"; „Zwischen Hoffen und Bangen – Die Hochwasserbetroffenen vor der Schadensregulierung"

► ***Lösung zu Übung 8***

1) Bei Herrn Latocha
2) Der Versicherungsvertreter nimmt die Schäden auf
3) Herrn Latochas Wohnung und seine Evakuierung
4) Der Zustand in derThälmann-Siedlung
5) Bei Herrn Jordan
6) Bei Frau Meyer
7) Aufgaben und Ansichten von Herrn Mewes von der Versicherung
8) Ausblick

► ***Lösung zu Übung 9***

- konkrete Geschichten (Namen, Alter, genaue Angaben), z. B. die Nennung der Betroffenen mit Namen und Einzelheiten zur Familiengeschichte;
- Zitate, z. B. jeder der Beteiligten kommt direkt zu Wort, der Reporter tritt hinter die einzelnen Personen zurück;
- anschauliche, z. T. gefühlsmäßig ‚gefärbte' Wortwahl, z. B. Verben: „wubbelt", „überwältigen ihn seine Gefühle", Adjektive: „mit einem wuchtigen Tritt", „durchweichte Dokumente", Adverbien: „kämpft tapfer mit den Tränen", „ist fest entschlossen", Satzbau: „Tausende von Mücken surren durch die Sommerhitze. Die Luft steht. Die Menschen aber arbeiten." (Aneinanderreihung einfacher Hauptsätze, Parataxe), „Viel Geld für einen Rentner. Zuviel." (unvollständige Sätze)

► ***Lösung zu Übung 10***

„In Mewes Kopf muss es aussehen wie in einem Versandhauskatalog. Problemlos rattert er die Preise für Kühlschränke, je nach Modell versteht sich, Zwiebelmuster-Geschirr, selbst Handtücher oder Kleidung herunter."

„Verunsichert blickt er über den feuchten Haufen Sperrmüll, der einst seine Einrichtung war und jetzt in der heißen Sommersonne vor dem Haus ausdampft."

„Noch steht brackiges Wasser in den Straßen. Die Gärten sind mit schleimigem Morast überzogen. An den getünchten Wänden hat die braune Flut ihren Pegel gezeichnet."

► ***Lösung zu Übung 11***

Satz 2 ist in seinen Angaben genauer als Satz 1; aus Präteritum und Passiv des ersten Satzes werden Präsens und Aktiv im zweiten Satz. Dadurch wirkt der zweite Satz auch gegenwärtiger', es passiert mehr.

► ***Lösung zu Übung 12***

Mit einem bunten Fest und vielen Dankesbekundungen verabschiedet die Ziltendorfer Bevölkerung die Soldaten, die so lange und ausdauernd im Kampf gegen die Fluten geholfen haben. Die Oderfluten haben vor allem an älteren Häusern, deren Substanz ohnehin schon angegriffen war, irreparable Schäden hinterlassen. Am Dienstagmorgen ordnet auf Weisung des Innenministeriums die Polizei die Evakuierung der Ziltendorfer Niederung an: Alle Bewohner müssen sich bis zum Mittag in Eisenhüttenstadt melden und dürfen nur ihre persönlichen Dinge mitnehmen.

Viele Menschen fragen sich, ob die Versicherung die Schäden, die in ihren Wohnungen und Häusern entstanden sind, übernehmen wird, oder ob sie allein dastehen, wenn die Flut vorüber ist.

► ***Lösung zu Übung 13***

Der linke Auszug wirkt durch gleich bleibenden Satzbau monoton und wenig spektakulär. Der rechte Auszug bekommt durch Weglassen der Prädikate etwas Schlaglichthaftes, es entsteht eine Art dramatischer Wirkung.

► ***Lösung zu Übung 14***

Weglassen der Prädikate; genauere und anschaulichere Adjektive.

▶ ***Lösung zu Übung 15***

1) Tage- und nächtelanger Einsatz. Nur Sandsäcke stapeln, einen nach dem anderen. Am Ende dann die alles beherrschende Müdigkeit. Sekundenschnelles Einschlafen.
2) Georg Beerfeld betritt sein Haus: Erschrecken. Das gesamte Erdgeschoss ein Trümmerhaufen. Die Schränke aufgequollen vom Wasser, nicht mehr zu gebrauchen, Schrottwert. Ebenso der Inhalt.
3) Große Erwartungen, wenn der Versicherungsvertreter kommt. Alles verloren, und die Rente war schon zuvor knapp genug. Wird es Ausgleich geben?
4) Die plötzliche Armut, der ungewohnte Gang zum Sozialamt und zu den hilfeleistenden Organisationen. Zugleich Angst sich zu blamieren, bloßzustellen. Bei den anderen als Habenichts da zu stehen. So geht die DRK-Frau selbst zuden Leuten. Sieht nach, wo geholfen werden muss und kann.

▶ ***Lösung zu Übung 16***

Durch das Zitat wirkt der Text lebendiger und authentischer (‚echter', ‚wirklicher').

▶ ***Lösung zu Übung 17***

Die Gemeindevertreter sagten, sie würden den Grad der Hochwasserschäden genaukennen und wüssten, wer das Geld am dringendsten braucht.

▶ ***Lösung zu Übung 18***

1) Die Versicherungsvertreter arbeiten bis zur Erschöpfung.
„Drei Dörfer habe ich heute besucht", sagt Herr Heinrich, „Drei Dörfer, das bedeutet, ca. 200 Anträge entgegennehmen, erste Auskünfte erteilen und die Anträge fürs Büro vorbereiten."
2) „Ohne euch hätten wir das hier nicht geschafft." So oder ähnlich ist es in Ziltendorf gegenüber den Soldaten heute oft zu hören. Alle sind sehr dankbar. „Besonders froh bin ich, dass mir die Jungs den schweren Wohnzimmerschrank auf den LKW geladen haben, bevor das Wasser ins Haus kam", freut sich Frau Lange.
3) Die Bevölkerung ist auf die Art und Weise der Evakuierung nicht gut zu sprechen. „Die Polizei hat uns praktisch gar keine Zeit gelassen, wichtige Dinge mitzunehmen!", klagt Herr Plassmann.
4) Frau Meyer will ihr Haus auf jeden Fall wieder aufbauen. „Ich hänge an dem Stück Land hier. Hier habe ich meine Kinder groß-

gezogen und die meiste Zeit meines Lebens gewohnt", erinnert sie sich.

▶ ***Lösung zu Übung 19***

Im ersten Text wird eine übergeordnete, unparteiische Perspektive eingenommen; der zweite Text berichtet deutlicher aus der Sicht des Rentners.

▶ ***Lösung zu Übung 20***

Die Nachricht muss unparteiisch und sachlich sein.

▶ ***Lösung zu Übung 21***

Das entspricht der Anforderung der Lebendigkeit und Anschaulichkeit; so lassen sich auch in stärkerem Maße Hintergrundinformationen einbauen.

▶ ***Lösung zu Übung 22***

a) Während die Soldaten Tag und Nacht Zehntausende von Sandsäcken zu einem künstlichen Deich gegen die Oderfluten aufschichten, arbeiten sie bis an den Rand ihrer Kräfte. Der Schweiß fließt, so mancher Fluch entfährt ihnen, dann aber auch wieder Aufmunterungen. So haben sie nicht nur Arbeit, sondern auch Spaß. Und dann die Freude: Er hält. Das Gefühl, eine sinnvolle Arbeit getan zu haben. Und natürlich ist es schön zu erleben, wie sich auch die Einheimischen freuen.
b) Diese Feier haben sie sich verdient. Und das Dorf stellt dafür alles auf die Beine, was es kann. Ein Fußballturnier, und es spielt keine Rolle, dass die Wiesenauer gewinnen. Gulaschkanone, Spanferkel, ein gutes Bier – nach Wochen der Arbeit können sie endlich einmal wieder genießen. Das setzt sich dann abends auf dem Fest mit Musik und Tanz fort.

▶ ***Lösung zu Übung 23***

Verben: konnten sie das Nötigste zusammenraffen (packen), ihr Haus ist hin (ist beschädigt), problemlos rattert er die Preise herunter (zählt ...auf);

Adjektive: den feuchten (–) Haufen Sperrmüll, mit schleimigem (–) Morast, der verwüsteten (zerstörten) Wohnung;

▶ ***Lösung zu Übung 24***

zum Beispiel:

Günter Jordan ist tieftraurig.	„Günter Jordan kämpft tapfer mit den Tränen."
Die Rentnerin will wieder neu anfangen	„Die rüstige 77-Jährige ist fest entschlossen, sich vom Hochwasser nicht unterkriegen zu lassen."
Der Vertreter besucht jeden Versicherten	„Mit einer scheinbar unendlichen Geduld geht Herr Mewes von Versicherten zu Versicherten und registriert gründlich die Schäden."
Herr Latocha teilt seiner Frau mit, dass ihre Wohnung zerstört ist.	„Unter Tränen und mit zitternder Stimme berichtet Herr Latocha stockend seiner Frau von der Verwüstung, die das Hochwasser in der Wohnung angerichtet hat."

► ***Lösung zu Übung 25***

Nachricht	**Reportage**
1. Überschrift/Untertitel 2. Zusammenfassung des Wichtigsten in Kürze 3. nähere Erläuterung der Hauptinformation 4. Zusatzinformationen	1. persönl. Beispiel (I a) 2. Tätigkeit der Hauptfigur 3. persönl. Beispiel (I b) 4. Verallgemeinerung, Lagebericht 5. persönl. Beispiel (II) 6. persönl. Beispiel (III) 7. Aufgaben der Hauptfigur 8. Ausblick

► ***Lösung zu Übung 26***

Die Nachricht muss zunächst über den allgemeinen Sachverhalt bzw. das Ereignis berichten, die Reportage kann einen Sachverhalt an einem Beispiel verdeutlichen.

► ***Lösung zu Übung 27***

Im zweiten und vorletzten Absatz.

► ***Lösung zu Übung 28***

Ein Beispiel zu Beginn macht den eigentlichen Sachverhalt, das, worum es geht, klarer und verständlicher und weckt Interesse. Es ist gut, gegen Schluss noch einmal etwas allgemeiner zu werden, da so das Berichtete noch einmal gebündelt werden kann.

▶ ***Lösung zu Übung 29***

Beziehung zum Anfang der Reportage wieder herstellen; Möglichkeit eines persönlichen Ausblicks; Herstellen von Betroffenheit.

▶ ***Lösung zu Übung 30***

Nach dem Besuch des Versicherungsvertreters blickt Herr Latocha wieder etwas zuversichtlicher in die Zukunft. „Es wird genug Arbeit für uns übrig bleiben, aber wenn die Versicherung die Schäden zu einem Großteil ersetzt und vielleicht noch einige Spendengelder kommen, können wir hier alles wieder aufbauen." Wie er das machen wird, weiß er freilich noch nicht, aber in einem Jahr möchte er wieder in seinem alten Haus wohnen.

▶ ***Lösung zu Übung 31***

- Die Betriebe haben genauer geplant; es gibt in beinahe jeder Branche noch freie Plätze; ein neues Sonderprogramm von Bund und Ländern startet; einige zusätzliche Lehrstellen wurden an dem ‚Tag des Ausbildungsplatzes' ausfindig gemacht.
- Bankkaufmann/-frau
- Es wurden zusätzliche Lehrstellen ausfindig gemacht, aber nicht so viele wie erwartet.
- Mobilität und die Bereitschaft auch persönlich bei Betrieben anzufragen.
- Höhere Schulausbildung oder berufsvorbereitende Maßnahmen.

▶ ***Lösung zu Übung 32***

Lehrstellenbewerber, Anbieter, Arbeitsamt/Vermittler

▶ ***Lösung zu Übung 33***

zum Beispiel:

- „Auf Lehrstellensuche – Jugendliche berichten"
- „Wie man Lehrstellen aufspürt" (Der Arbeitsvermittler unterwegs in den Betrieben)
- „Der Tag des Ausbildungsplatzes in Berlin"
- „Erfahrungen eines ausbildenden Handwerksmeisters"

▶ ***Lösung zu Übung 35***

„Ich befinde mich hieran der Moltkebrücke in Tiergarten"

→ Ader Moltkebrücke in Tiergarten ist die Situation besonders dramatisch.

„Ich kann Ihnen sagen, ich empfinde Mitleid für diese Leute, aber ich bewundere die mutigen Feuerwehrleute…"
→ Man kann nur Mitleid empfinden für die Betroffenen und Bewunderung für die mutigen Feuerwehrleute.

„Wie ich vorhin schon sagte, man kann die Feuerwehrhelfer und die freiwilligen Helfer nur bewundern"
→ [kann ausgelassen werden, da Wiederholung; allenfalls:] *Auch die zahlreichen freiwilligen Helfer verdienen Bewunderung und Anerkennung.*

„Ich wünsche allen, die heute ohne eine trockene und warme Wohnung sind, alles Gute und viel Glück. Damit schalte ich zurück nach Hamburg."
→ *So kann man den obdachlos Gewordenen nur alles Gute wünschen und viel Glück, dass sie bald wieder ein Dach über dem Kopf haben.* [Letzter Satz entfällt.]

▶ ***Lösung zu Übung 37***
die Bergung von Möbeln oder eingeschlossenen Haustieren; die Schwierigkeiten beim Installieren der Pumpen; die umständliche Sperrung eines Autobahntunnels …

▶ ***Lösung zu Übung 38***
das langsame Volllaufen der Kellerräume, Durchregnen durch undichte Dächer, entstandene Schäden, Dankbarkeit gegenüber Feuerwehr und freiwilligen Helfern …

1.4 Die Erörterung

▶ ***Lösung zu Übung 1***
Ein Mann sitzt am Tresen und macht sich Gedanken über einen Jungen, der wahrscheinlich sein Sohn ist und der Drogen nimmt. Der Mann trinkt mehrere Flaschen eines alkoholischen Getränks, während er darüber reflektiert, dass der Junge mit Drogen seine Probleme nicht lösen könne. Auch er selbst habe Probleme und nehme keine Drogen. Diesen letzten Satz sagt der Mann augenscheinlich bereits in betrunkenem Zustand.

▶ ***Lösung zu Übung 2***
Drogen sind für ihn z. B. nur Haschisch, Heroin, Kokain.

► ***Lösung zu Übung 3***

Offensichtlich nicht.

► ***Lösung zu Übung 4***

Alle Mittel, von denen man abhängig werden kann: Alkohol, Medikamente, Heroin, Fernsehen, Computer, Extremsportarten.

► ***Lösung zu Übung 5***

Jugendliche greifen zu Drogen,

- weil sie Probleme mit den Eltern haben,
- weil sie angeben wollen,
- weil sie neugierig sind,
- weil sie dazugehören wollen,
- weil Auf klärungskampagnen versagt haben,
- weil sie schulische und berufliche Probleme haben.

► ***Lösung zu Übung 6***

Man kann sie z. B. danach ordnen, ob sie in den individuellen, familiären, sozialen und beruflichen Bereich hineingehören.

► ***Lösung zu Übung 7***

Weitere Gründe könnten z. B. sein: Angst vor der Realität, Unsicherheit/mangelndes Selbstbewusstsein, Enttäuschung in einer Partnerschaft, Ablehnung im Freundeskreis, Gefühl von Einsamkeit, Gefühl der Überforderung, keine Erfolgserlebnisse, z. B. in der Schule.

► ***Lösung zu Übung 8***

Je nach der persönlichen Gewichtung wirst du das eine oder andere Argument für das wichtigste halten. Du könntest z. B. mit dem individuellen Bereich (z. B. mangelndes Selbstbewusstsein, Neugier) beginnen, dann auf den familiären Bereich (z. B. Ablehnung in Familie, Probleme in der Familie) zusprechen kommen und über den sozialen Bereich (Clique, Enttäuschung in Partnerschaft) auf den beruflichen Bereich (Überforderung, mangelnde Erfolgserlebnisse) eingehen.

► ***Lösung zu Übung 9***

Ich finde, dass jeder Mann heutzutage einen Bügelkurs besuchen sollte,	**These**

da diese Fähigkeit beim Führen eines Haushaltes hilfreich sein kann.	**Argument**
Viele Leute meinen, dass Frauen schlechtere Autofahrer seien als Männer.	**These**
Sie würden sich nämlich oft im Spiegel schminken und könnten so nicht auf den Verkehr achten.	**Argument**
Gestern habe ich selbst eine Autofahrerin beobachtet, die während des Fahrens ihren Lippenstift aufgetragen hat,	**Beispiel**
sodass sie in diesem Moment nicht bemerkte, dass von rechts ein Auto kam, das Vorfahrt hatte.	**Folgerung**
Dass Frauen schlechtere Autofahrer seien als Männer, stimmt einfach nicht,	**These**
denn gerade Autofahrerinnen sind wesentlich weniger in Unfälle verwickelt als ihre männlichen Kollegen.	**Argument**
Diese beweist die Unfallstatistik des ADAC, außerdem bekommen Frauen bei KFZ-Versicherungen einen Rabatt und müssen weniger bezahlen als Männer.	
Somit muss doch wohl etwas daran sein, dass Frauen besser Auto fahren als Männer!	**Folgerung**

► ***Lösung zu Übung 10***

- Viele fordern, dass Schüler ihre Schule selbst putzen sollen, weil sie dann lernen, sich umweltbewusst zu verhalten. In unserer Klasse haben wir eingeführt, dass jeder, der etwas auf den Boden fallen lässt, am Ende des Vormittags die ganze Klasse aufräumen muss. Fortan war unser Klassenzimmer immer sehr sauber. Somit ist bewiesen, dass die Eigenbeteiligung von Schülern bei der Reinigung der Schule sinnvoll ist.
- Man sollte Alkohol und Zigaretten erheblich verteuern, weil dann weniger Menschen rauchen und trinken würden. Ein Jugendlicher z. B., der 10,– Euro Taschengeld bekommt, würde es sich sicher zweimal überlegen, ob er sein ganzes Geld für Zigaretten ausgibt. Wenn man Jugendliche wirklich schützen will, muss man also den Preis für diese Suchtmittel erhöhen.

► ***Lösung zu Übung 11***

Schüler sollen ihre Schule selbst putzen,

weil sie sowieso so wenig arbeiten.	schlecht, weil nicht verallgemeinerbar
weil das für ihre spätere Berufstätigkeit sinnvoll ist.	schlecht weil nicht alle Reinigungskräfte werden
weil sie so umweltbewusstes Verhalten lernen.	gut, weil nachprüfbar
weil das die einzige Möglichkeit ist, bei der sie lernen, mit Lappen und Besen umzugehen.	schlecht, sie haben auch zu Hause die Möglichkeit
damit es ihnen in der Schule besser gefällt.	gut, Schüler selbst verantwortlich machen
weil das die Lehrerfreut.	schlecht für These unerheblich
weil sie sonst in ihrem eigenen Müll versinken.	schlecht, Reinigungsfirmen putzen Schule
weil sie ihre Schule selbst putzen sollen.	schlecht, These wird nur wiederholt
weil die Putzfrauen dadurch entlastet werden.	gut, nachprüfbare Tatsache
weil das so in der Schulordnung steht.	schlecht, weil es nicht in der Schulordnung steht.
weil sie dann nicht so gedankenlos mit ihrem Müll umgehen.	gut, allgemeine Erfahrung

► ***Lösung zu Übung 12***

Folgen: Krebs, Lebererkrankung, Verkehrsunfälle führen zu Schäden an der Volkswirtschaft; Familien zerbrechen, Kinder alkoholabhängiger Eltern werden auch alkoholabhängig.

► ***Lösung zu Übung 13***

Weitere Folgen sind z. B.: Kriminalität, Geldmangel, mangelnde berufliche Perspektive, geringe Konzentrationsfähigkeit, Vereinsamung.

► ***Lösung zu Übung 14***

Der Leser ist der Ansicht, dass Drogenabhängige selbst schuld an ihrer Sucht seien. Daher sollte man sie einsperren und sie für ihren Aufenthalt bezahlen lassen. Arbeit sei die beste Therapie für Suchtkranke, die sich ihre Eingliederung in die Gesellschaft erst wieder verdienen sollten.

► ***Lösung zu Übung 15***

Die These von der Schuld für die eigene Sucht ist nicht haltbar. Meist ist es eine Verkettung äußerer Umstände, die Menschen zu Drogen greifen lässt. Außerdem haben Therapieprogramme durchaus Erfolg. Menschen das ganze Leben einzusperren geht nicht an die Ursache des Drogenproblems; Resozialisierungsmaßnahmen sind notwendig, sie gehen aber nicht von der Annahme aus, die ehemals Süchtigen seien geheilt. Dass eine sinnvolle Arbeit eine gute Therapie ist, ist wohl die einzige Behauptung, der man zustimmen kann.

► ***Lösung zu Übung 16***

Hilfen für Drogensüchtige: nach dem Entzug z. B. betreutes Wohnen, sinnvolle Arbeit, psychotherapeutische Behandlung, Stärkung der Selbstverantwortung und der Selbstständigkeit, sportliche Betätigung.

► ***Lösung zu Übung 17***

Der Leserbrief hat je nach Gewichtung ein anderes Aussehen. Er könnte zum Beispiel so formuliert werden:
„Der Brief von Leser Alfons M. hat mich sehr erschreckt. Er meint dass alle Abhängigen für ihre Sucht selbst verantwortlich seien und dass man sie wegsperren müsste. Natürlich muss man andere Jugendliche vor Drogen schützen, aber die, die Drogen nehmen, sind doch meist nur die Opfer. Die wirklich gefährlichen Leute sind die Dealer. Die muss man einsperren und hart bestrafen. Aber für Suchtkranke sollte man alle Therapiemöglichkeiten nutzen, um sie wieder für ein normales Leben fit zu machen. Wenn sie eine sinnvolle Arbeit haben, in einer netten Wohngemeinschaft leben, wo sie das Gefühl haben, dass sich jemand um sie kümmert, dann werden sie viel schneller wieder

ins normale Leben zurückfinden als im Gefängnis. Drogenabhängige sind kranke Menschen, man darf sie nicht wie Aussätzige behandeln, wie es Herr Alfons M. vorschlägt." Claudia B., Heidelberg

▶ ***Lösung zu Übung 18***

Welche **Gründe** führen dazu, dass immer mehr **Menschen Schulden** machen?

Gründe	**Menschen**	**Schulden**
Kaufsucht zugeringes Einkommen falsche Beratung bei Banken materialistisches Weltbild	Jugendliche Erwachsene Arbeitslose	In welcher Form? Kredite, Ratenzahlung?

Welche **Folgen** kann dieser Umstand haben?

kein finanzieller Spielraum
psychische Probleme

Warum wünschen sich immer mehr **Menschen** einen **perfekten Körper**?

Warum	**Menschen**	**perfekter Körper**
Vorbilder im Fernsehen soziale Kontakte Schönheitsideal gesellschaftliche Entwicklung	Wer wünscht das?	Wie sieht er aus? schönes Gesicht durchtrainierter Körper

Welche **Gefahren** sind mit dieser **Entwicklung** verbunden?

Gefahren	**Entwicklung**
zeitintensiv teuer mangelnde Akzeptanz anderer Menschen u. eigener Schwächen Gefahr des In-sich-selbst-Verliebtseins einseitige Fixierung auf Schönheit, innere Werte treten zurück	zwangsläufig? Was fördert Entwicklung?

▶ ***Lösung zu Übung 19***

Das Schaubild mit der Statistik des Drogenberichts zeigt die Entwicklung der Zahl der Menschen, die durch illegale Drogen sterben, im Zeitraum von 1994 bis 2004. Von 2000 bis 2004 fällt die Zahl der Drogentoten erheblich von 2.030 und 1.385 und unterschreitet die Jahreswerte der 90er Jahre. Dagegen wächst der Prozentsatz von erstauffälligen Drogenkonsumenten harter Drogen, bei Amphetaminen um 40, bei Kokain um 11 und bei Ecstasy um 17 Prozent. Nur bei Heroin fiel er um 2 Prozent. Die Fotografie eines Menschen, der sich Drogen einspritzt, dient der Illustration.

▶ ***Lösung zu Übung 20***

- nicht gelungen, persönliche Wertung in der Einleitung nimmt Spannung
- gelungen, aktuelles Beispiel mit Überleitung
- gelungen, persönliches Erlebnis mit Statistik verbunden, auch Überleitung vorhanden
- gelungen, persönliches Erlebnis mit Statistik

▶ ***Lösung zu Übung 21***

Einleitung zu Thema „Schulden“: Vor kurzem sah ich einen Bekannten, der noch zur Schule geht, mit einer neuen 80er herumfahren. Auf meine Frage, ob er das Motorrad von seinen Eltern geschenkt bekommen habe, lachte er und meinte, er habe sich das Geld von Bekannten geliehen und sich davon die Maschine gekauft. Nicht nur mein Bekannter, sondern auch immer mehr Deutsche finanzieren Anschaffungen „auf Pump". Im folgenden Aufsatz möchte ich die Gründe für dieses Verhalten untersuchen und mögliche Folgen ins Auge fassen.

Einleitung zum Thema „Schönheit": Nach einer neuen Statistik schießen Fitnessstudios überall wie die Pilze aus dem Boden. Die Vorstellung eines makellosen Körpers spornt immer mehr Menschen an, sich stundenlang mit Kraftmaschinen zu beschäftigen. Weniger sportlich orientierte Menschen lassen sich Falten oder Fettpolster chirurgisch entfernen. Aus welchem Grund sich immer mehr Menschen einen perfekten Körper wünschen und welche Gefahren mit dieser Entwicklung verbunden sind, will ich im Folgenden erörtern.

► ***Lösung zu Übung 22***

Argumente für Gründe: Neugier, Gruppendruck, zu wenig Aufmerksamkeit von Eltern und Lehrern; Argumente für Folgen: Griff zu härteren Drogen, Geldbeschaffung durch kriminelle Handlungen; Argumente für Abhilfemöglichkeiten: Therapie, Entkriminalisierung, größere Aufmerksamkeit von Eltern und Erziehern.

► ***Lösung zu Übung 23***

Ein Grund, der Jugendliche zu Drogen greifen lässt, ist sicherlich die Neugierde. Man möchte auch einmal das ausprobieren, was nach den Erlebnisberichten der Freunde sehr abenteuerlich erscheint. Außerdem wollen Jugendliche in ihrem jeweiligen Freundeskreis akzeptiert sein. Wenn in einem solchen Freundeskreis Drogen konsumiert werden, so ist der Gruppendruck auf jeden Einzelnen sehr hoch.	**Argument**
Um nicht als Außenseiter zu gelten, greift dieser Jugendliche dann auch zu Drogen.	**Folge**
Ein wichtiger Grund liegt in der Tatsache, dass Jugendliche heute viel zu wenig Aufmerksamkeit von den Erwachsenen bekommen.	**Argument**
Viele Eltern haben in Beweis unserer Zeit viel zu viel mit sich selbst zu tun, als dass sie Zeit hätten, sich Gedanken um die Erziehung ihrer Kinder zumachen.	**Beweis**
Viele Kinder werden einfach vor den Fernseher „abgeschoben", Kinder werden nicht mehr oder zuwenig gelobt, vielmehr werden sie, was beinahe noch schlimmer ist, bei	**Beispiele**

Misserfolgen zuwenig von den Eltern unterstützt.
Manche Eltern verstärken das mangelnde Selbst-
wertgefühl der Kinder, indem sie ihnen suggerieren,
dass sie ja ohnehin nichts zu Stande brächten. Häu-
fig ist daran auch die berufliche oder private Unzu- **Argument**
friedenheit der Eltern schuld, die dann auf die
Kinder projiziert wird. Die Folge eines solchen Um- **Folge**
gangs ist, dass Jugendliche ohne Selbstbewusstsein
aufwachsen. Kommen sie in den falschen Freundes-
kreis, so sind sie leicht zu beeinflussen und greifen
in diesem Zusammenhang möglicherweise auch zu
Drogen. Die Folgen des Drogenkonsums sind er- **These**
schreckend. Hat man erst einmal so genannte
„weiche Drogen", z. B. Haschisch, probiert, so wird,
wenn die oben beschriebenen Probleme nicht aus **Argument**
der Welt geschafft worden sind, der Wunsch nach
einem noch umfassenderen Eintauchen in die
„heile" Welt immer stärker. Er äußert sich im Griff
zu härteren Drogen, wie z. B. Heroin. Statistiken
beweisen, dass fast alle Heroinabhängigen über so **Beweis**
genannte „weiche Drogen" den Einstieg in die
Abhängigkeit gefunden haben. Greift der Jugend-
liche aber erst einmal zu Heroin, so befindet er sich
auf einem Weg, der bei vielen Abhängigen schon **Folge**
zum Tod geführt hat. Die Geldreserven der jugend-
lichen Drogenkonsumenten sind meist nach kurzer **These**
Zeit aufgebraucht. Um sich das notwendige Geld
zubeschaffen, müssen sie Straftaten begehen, wie **Argument**
z. B. Diebstähle oder Überfälle. Manche finanzieren
sich ihre Sucht auch durch den Verkauf von Drogen
an andere Abhängige, durch das so genannte „Dea-
len". Polizeistatistiken beweisen, dass Drogenkon-
sumenten ein ständig steigender Anteil an verübten **Beweis**
Straftaten zur Last gelegt werden muss. Dieser
Gesichtspunkt muss der Anlass dafür sein, darüber
nachzudenken, wie man Drogenabhängigen aus
ihrer Lage, aus der sie mit eigener Kraft kaum mehr
herausfinden, helfen könnte. Therapeutische Ein-
richtungen, Entziehungskuren, aber auch die Ent-
kriminalisierung der Drogenabhängigkeit bieten **These**
wichtige Ansätze, die im Einzelnen zu untersuchen

wären. Wichtiger erscheint bei allen diesen Ansätzen aber die Bekämpfung des eigentlichen Problems, welches die Jugendlichen überhaupt erst zur Droge greifen ließ. Zunächst müsste an die Eltern appelliert werden, sich mehr für ihre Kinder zu interessieren, mehr Verständnis für die Probleme der Jugendlichen zu Argument zeigen und ihnen ein Gefühl für den eigenen Wert zuvermitteln. Eltern könnten sich z. B. die Zeit nehmen, um mit ihren Kindern Sport zu treiben oder mit ihnen über aktuelle Themen zu diskutieren. Auch die Lehrer sollten sich darum bemühen, die Schüler nicht einfach als Nummer, sondern als Menschen zu betrachten und entsprechend mit ihnen umzugehen. Eine Folge wäre, dass Schüler mit weniger Angst vor den Noten und mehr Freude aufs Lernen in die Schule gehen.

These

Argument

Beispiel

Folge

► ***Lösung zu Übung 24***

Argumente	**Beweis/Beispiel („Stütze")**	**Folge**
Gründe für die Sucht: • Jugendliche bekommen zu wenig Aufmerksamkeit • Jugendliche haben schlechte berufliche Perspektiven	• Leistungsdruck und große Klassen, steigende Schülerzahlen • Arbeitslosenzahl unter Jugendlichen besonders hoch	• Jugendliche fühlen sich allein gelassen und nehmen Drogen • Drogen als Flucht vor harter Realität der Beschäftigungslosigkeit
Folgen der Sucht: • Kriminalität, Prostitution, um Drogengeld zu ver dienen • Drogensucht verstärkt Probleme der Jugendlichen	• Fernsehberichte, Buch *Wir Kinder vom Bahnhof Zoo* • permanente Suche nach Geld und Suchtmitteln	• weiteres Abrutschen in Drogen sucht, erhöhte Aidsgefahr • Apathie, Depression wg. ausweglos erscheinender Lage

Abhilfemöglichkeiten • berufliche Perspektiven, Ausbildungsplätze • Verstärkung der Aufklärungsarbeit	• Zeitungsbericht über ehemalige Drogenabhängige, die Schreinerlehre machen • ehemalige Drogenabhängige, die von ihren Erfahrungen berichten	• Jugendlicher,der Ausbildung erfolgreich macht, fühlt sich von Gesellschaft akzeptiert und wird nicht drogenabhängig oder rückfällig • Glaubwürdigkeit, besser als abschreckende Filme/Bücher

▶ ***Lösung zu Übung 25***

Die ausgearbeiteten Argumente sind:

Gründe Auch in der Schule bekommen die Jugendlichen viel zu wenig Aufmerksamkeit. Die schwierige Arbeitsmarktsituation trägt die Konkurrenz um den Arbeitsplatz bis in die Schule hinein und äußert sich in hohen Leistungsanforderungen. Der menschliche Aspekt tritt häufig in die zweite Reihe, der Lehrer sieht den Schüler nur noch als Nummer, ohne seine individuellen Schwierigkeiten zu bemerken. Diese Entwicklung wird durch steigende Schülerzahlen und immer größere Klassen gefördert. Eine Folge der mangelnden Aufmerksamkeit ist, dass sich der Jugendliche allein gelassen fühlt und dass er den Mangel an menschlicher Zuwendung und den zunehmenden Leistungsdruck mit Drogen zu kompensieren versucht. Als den wichtigsten Grund für die Zunahme des Drogenkonsums sehe ich das Problem, dass die Jugendlichen von heute fast keine Perspektiven mehr haben. Immer mehr Jugendliche sind arbeitslos, und manche suchen die Schuld dafür bei sich selbst. Sie liegen dann den Eltern auf der Tasche, sind enttäuscht, wissen mit ihrer Zeit nichts Sinnvolles anzufangen. Sie fühlen sich überflüssig in einer leistungsorientierten Gesellschaft, weil ausgerechnet sie nichts Produktives leisten. Für viele ist diese ausweglos erscheinende Situation nicht zu ertragen. Die Drogen ermöglichen eine Flucht aus der harten Realität in eine scheinbar schöne, heile Welt.

Folgen Viele, vor allem weibliche Drogenabhängige verdienen sich das Geld durch Prostitution. Besonders deutlich wird dieser Umstand nicht nur in Fernsehdokumentationen, sondern auch in Büchern, wie z. B. in Christiane F.s *Wir Kinder vom Bahnhof Zoo*. Prostituierte sind zudem leichte Opfer für Gewaltverbrechen, als Angehörige eines verachteten „Gewerbes" sind sie zudem gesellschaftliche Außenseiter. Auch die Gefahr einer Infektion durch AIDS ist bei ihnen sehr hoch.

Eine besonders gravierende Folge ist, dass der Drogenkonsum die eigentlichen Probleme der Jugendlichen keinesfalls löst, sondern sie im Gegenteil noch verstärkt. Die permanente Suche nach Geld und dem Suchtmittel schließt den Abhängigen aus der Gemeinschaft der Nicht-Abhängigen aus, weil sich seine Gedanken nur noch um seine Abhängigkeit drehen. Vollständige Apathie, aber auch Depressionen bis hin zu Selbstmordversuchen können Ausdruck der für den Abhängigen ausweglos erscheinenden Lage sein.

Abhilfe Eine berufliche Perspektive zu vermitteln, ist eine der wichtigsten Maßnahmen, um Jugendliche vor dem Abgleiten in den Drogenkonsum zu bewahren. Ein Jugendlicher, der eine Ausbildung macht oder seiner geregelten Arbeit nachgeht, fühlt sich von der Gesellschaft akzeptiert und ist selbstbewusst. In einem Zeitungsbericht wurde z. B. von ehemaligen Drogenabhängigen erzählt, die jetzt eine Schreinerlehre absolvieren und nach Abschluss ihrer Ausbildung bereits eine feste Anstellung haben. Somit ist die Gefahr gering, dass sie erneut zu Drogen greifen werden.

Schließlich sollte man die Aufklärungsarbeit in Schulen und Betrieben verstärken. Dabei sollten vor allem solche Experten eingesetzt werden, die besonders glaubwürdig sind. Das sind z. B. ehemalige Drogenabhängige, die eine erfolgreiche Entziehungskur bzw. Therapie hinter sich haben. Diesen Fachleuten werden die Jugendlichen sehr viel mehr Glauben schenken als jemandem, der seine Erfahrung nur aus Büchern oder Broschüren hat.

▶ ***Lösung zu Übung 26***

Gliederung des Hauptteils

Gliederung	I. Gründe für Drogenkonsum
individuell	Neugierde
Freunde	Gruppenzwang
Familie, Schule	zu wenig Aufmerksamkeit von Eltern und Lehrern / Suche nach menschlicher Nähe
gesellschaftlich/ beruflich	Perspektivlosigkeit
	II. Folgen des Drogenkonsums
individuell	Griff zu härteren Drogen Geldbeschaffung durch kriminelle Handlungen
gesellschaftlich	Prostitution und die Folgen Psychische Folgen: Depression, Apathie, Ausschluss aus Gesellschaft
	III. Abhilfemöglichkeiten
individuell	Therapie, Entkriminalisierung
Familie, Schule	größere Aufmerksamkeit der Eltern und Lehrer
gesellschaftlich	staatliche Initiativen, z. B. Aufklärung

▶ ***Lösung zu Übung 27***

Gliederung des Hauptteils

Gliederung	I. Gründe
individuell	1. Krankheit: Kaufsucht
beruflich	2. zu geringes Einkommen, z. B. wegen Arbeitslosigkeit 3. falsche Beratung bei Bank o. Versicherung, z. B. bei Hausfinanzierung oder Konsumkrediten
gesellschaftlich	4. Ausrichtung auf materialistisches Welt- und Menschenbild, durch Fernsehen gefördert;

	Nachbarn nacheifern, Konsumwünsche durch Werbung, Vorbilder im Fernsehen
	<u>II. Folgen für Einzelnen</u>
individuell	1. kein finanzieller Spielraum durch Zins- und Tilgungslasten 2. psychische Probleme, Mangel an Optimismus, Fatalismus 3. möglicherweise Flucht in Sucht oder Suizid
	<u>III. Folgen für Gesellschaft</u>
Familie	1. Familien zerbrechen, Scheidungskinder, negative Auswirkung auf Leistungsfähigkeit
gesellschaftlich	2. Anstieg der Obdachlosigkeit 3. Anstieg von Sozialhilfeempfängern bedeutet höhere Sozialausgaben 4. Spaltung der Gesellschaft in Arm und Reich
<u>Gliederung</u>	<u>I. Gründe:</u>
weniger wichtig	1. Vorbilder aus Musik, Kunst, Theater, Film, Fernsehen 2. Besuch des Fitnessstudios, um soziale Kontakte herzustellen und um gesund zu bleiben, v. a. für Berufstätige 3. Schönheit und Fitness als Ideal, das auf Gesundheit hindeutet
sehr wichtig	4. gesellschaftliche Entwicklung: Betonung des Äußerlichen, Gesundsein als Stärke
	<u>II. Gefahren:</u>
weniger wichtig	1. Besuch des Fitnessstudios ist zeitintensiv (weniger Zeit z. B. für Familie) und teuer; teuer sind auch kosmetische Operationen, kann zufinanziellen Schwierigkeiten führen 2. mangelnde Akzeptanz anderer Menschen, die keinen durchtrainierten Körper haben; könnte zu gesellschaftlicher Ausgrenzung von z. B. Behinderten führen

3. mangelnde Akzeptanz der eigenen Schwächen, auch der körperlichen; Schwierigkeiten im Umgang mit Krankheiten
4. Gefahr des In-sich-selbst-Verliebtseins

sehr wichtig 5. Gefahr, dass Äußerlichkeiten immer mehr an Bedeutung gewinnen, während innere Werte zurücktreten.

▶ ***Lösung zu Übung 28***

Schluss 1: eine Aufforderung, ein Appell

Schluss 2: Ausblick auf zu erwartende künftige Entwicklungen zur Thematik

Schluss 3: persönlicher, sich auf die Argumentation stützender Wunsch, der sich auf die Thematik bezieht.

▶ ***Lösung zu Übung 29***

Die Schlüsse sind alle gelungen. Man sollte den auswählen, der am besten zum eigenen Aufsatz passt.

▶ ***Lösung zu Übung 30***

Thema „Schulden": Wir haben gesehen, welche schwerwiegenden Folgen unbedachte Kreditaufnahme haben kann. Man sollte es sich daher genauüberlegen, wenn man Geld leiht, ob man die Anschaffung wirklich unbedingt tätigen muss. Vielleicht gibt es auch die Möglichkeit, eine kostengünstigere Lösung zu finden. Die Vorstellung, über Jahre hinaus mit hohen Zins- und Tilgungsverpflichtungen leben zu müssen, sollte jeden vor unüberlegter Kreditaufnahme abschrecken.

Thema „Schönheit": Meiner Meinung nach sollte man nicht immer versuchen, einem Ideal von Schönheit hinterherzulaufen, das man ohnehin nicht erreichen kann. Auch Leiden und Krankheit, Alter und Verfall haben ihren Sinn im menschlichen Leben. Man sollte lieber seine eigenen Schwächen annehmen lernen als vor ihnen davonzulaufen.

▶ ***Lösung zu Übung 31***

Vorschlag für die Ausarbeitung (stichwortartig)

A. Einleitung: verschmutzte Schulräume, Schmierereien auf den Tischen und an den Wänden

B. Überleitung:	Gründe, weshalb Schüler ihre Schule selbst putzen sollen
C. Hauptteil:	1. Kosten für Reinigung werden gespart 2. Möglichkeit, Erfahrungen in der Arbeitswelt zusammeln 3. Erziehung zur Sauberkeit 4. Respekt vor Eigentum anderer 5. Umweltbewusstsein wird geweckt
D. Schluss:	Appell an Lehrer, Schüler zu umweltgerechtem Verhalten aufzufordern

► ***Lösung zu Übung 32***

R Bei meiner Freundin in der Schule wurde der Versuch gestartet, das
Schüler ihre Schule selbst reinigen. Dazu habe ich heute auch einen Zeitungsbericht gelesen, in dem so eine Maßnahme von Politikern vorgeschlagen wurde. Ich möchte mich im Folgenden mit den Gründen für das Thema befassen.

Ein Vorteil wäre, dass die Putzfrauen entlastet werden, weil sie mit
ihrer Arbeit kaum fertig werden, weil so gut wie keiner auf Ordnung
A (ugs.), R achtet. Die Schüler schmeißen z. B. ihr Kaugummiepapier oder Essens-
Z tüten anstatt in den Müll, einfach auf den Boden.

Ein zweiter Vorteil ist, dass man dadurch Geld spart, weil weniger Putzpersonal benötigt wird. Von diesen Geldern könnte man z. B. alte Schulbücher ersetzen oder neues Lernmaterial besorgen.

R, Z Noch ein guter Grund ist, das die Schüler lernen was Ordnung heißt,
weil sie es für ihr späteres Leben dringend benötigen. Normalerwei-
se ist das Sache der Eltern, ihr Kind richtig zu erziehen, doch manche
Z Eltern versäumen es leider, oder sind selbst unordentlich. Wenn die
R, Z, Z Jugendlichen wissen, das sie allen Dreck den sie liegen lassen später
wieder wegräumen müssen und das unnötig Zeit kostet, hinterlassen
sie ihre Arbeitsplätze gleich ordentlich.

Z, R Der wichtigste Grund wäre das die Jugendlichen so mehr Respekt vor
Z Eigentum haben das ihnen nicht gehört und sie gehen damit sorgfäl-
tiger um. Wenn sie anderes Eigentum beschädigen, verstoßen sie
R auch gegen ein Grundrecht, das jeder Mensch hat, nähmlich Recht
/I/log auf Eigentum.

Bei der Erläuterung des Themas, haben sich viele Gründe für diesen Vorschlag das Schüler ihre Schule putzen sollen ergeben. Mann kann also sagen, dass die Schüler ihren Dreck nicht überall herumliegen lassen sollten, sondern ihren Platz ordentlich hinterlassen. Jedoch sollte man die Schüler nicht regelmäßig ihre ganze Schule putzen lassen, weil das zu viel Zeit beansprucht. Wenn aber Jugendliche es für nötig halten z. B. ihren Tisch vollzukritzeln oder Papier im Klassenzimmer herumzuwerfen, halte ich es für sinnvoll, dass sie es wieder sauber machen.

Z
Z
St („sollten")
A (ugs.)

In Zukunft sollte man darauf achten, das bevor die Schüler das Klassenzimmer verlassen es relativ ordentlich ist. Viele Jugendliche halten das aber nicht für wichtig, deshalb sollten die Politiker ein Gesetz erlassen, das die Jugendlichen dazu verpflichtet, die Klassenzimmer ordentlich zu verlassen.

R, St
R,

- Inhaltlich werden alle wesentlichen Gesichtspunkte genannt

▶ ***Lösung zu Übung 32***

In der heutigen Zeit des Internets gibt es viele Informationen die man häufig umsonst haben kann. Doch welche Gründe gibt es, um vorsichtig mit dem Internet zu sein? Deshalb möchte ich mich im Folgenden mit den Gründen für die Vorsicht im Internet befassen.

Z
A

Da heutzutage jeder verdienen möchte, muss man auf den Internetseiten aufpassen, dass wenn man Programm oder sonstige Informationen herunterlädt ~~man~~ nicht die Einzugsermächtigung ausfüllt und sie per Internet abschickt, weil jeder kommt an die Einzugsermächtigung mit guten Computerkenntnissen heran. Da ich auch mal zufällig über eine Einzugsermächtigung gestollpert bin, ist es eigentlich nicht allzu schwer an eine zu kommen.

lädt man Programme … herunter
herankommt
A
R
Z

Außerdem raten viele Zeitschriften ab, sich per Internet anzumelden oder jegliche Information mit vertrauten Daten abzuschicken.

A (vertraulichen)

Der zweite Grund sind die Viren im Internet, da es sehr viele Viren laut statistischen Erfragungen der Zeitschrift PC-Welt gibt, sollte man sich ein Programm zulegen, das den Download auf Viren überprüft und dann erst das Programm auf die Festplatte lässt.

Z, Z

G Ein weiterer Grund sind die Telefonkosten, wenn man sich einen
G „Onlinemeter" zulegt, der die „Onlinezeit" überprüft und man die
Z Onlinekosten nicht überprüft, kann es einem passieren, wie einem
Freund von mir, dass man am Ende des Monats eine Telefonrechnung
R über 470,– bekommt. Am Besten legt man sich gleich eine Flatrate zu.
R Doch vorallem ist der wichtigste Grund der Schutz vor Hackern, man
Z/St sollte immer auf die Anzeige des Modems achten wenn die Internet-
R seite aufgebaut ist, ob das Modem weiterarbeitet oder nicht. Vorallem
sollte man sich ein Schutzprogramm besorgen, dass einen Eingriff
eines Hackers aus dem Internet auf die Festplatte verhindert.

Wenn das Modem arbeiten sollte, sollte man es sofort ausschalten, da sich sonst der Hacker einen Zugang auf die Festplatte verschafft und wichtige Informationen lesen oder sogar löschen kann.

dass man ...

Sb Deshalb bin ich der Meinung, wenn man alle Vorkehrungen trifft und
Z sich eine feste „Onlinezeit" bestimmt wie zum Beispiel eine Stunde
R, Z pro Tag, kann man problem- und sorgenlos Durchs Internet surfen

1.5 Die Charakteristik

► ***Lösung zu Übung 1***

Die Charakterisierung beschreibt das Wesen einer literarischen Figur.

► ***Lösung zu Übung 2***

Die Wesensbeschreibung kann entweder aufgrund von Angaben erfolgen, die andere Figuren machen (direkte Charakterisierung) oder aufgrund von Folgerungen, die der Beschreiber aufgrund des Verhaltens der Figur zieht (indirekte Charakterisierung).

▶ *Lösung zu Übung 3*

TEMPELHERR. Ich wich' ihm lieber aus. – War' nicht mein Mann! - Ein dicker, roter, freundlicher Prälat! Und welcher Prunk! KLOSTERBRUDER. Ihr solltet ihn erst sehn Nach Hofe sich erheben. Itzo kömmt Er nur von einem Kranken. TEMPELHERR. Wie sich da Nicht Saladin wird schämen müssen! PATRIARCH. *(indem er näher kömmt, winkt dem Bruder).* Hier! – Das ist ja wohl der Tempelherr. Was will Er? KLOSTERBRUDER. Weiß nicht.	Direkte Charakterisierung: Patriarch als prunkliebender Mann. Indirekte Charakterisierung: Vermutung dass Patriarch eher an Äußerlichem orientiert ist

▶ *Lösung zu Übung 4*

z. B. Verhaltensweisen/Handlungen, Inhalt und Art des Sprechens, Kleidung, Aussehen, Gedanken

▶ *Lösung zu Übung 5*

Aspekt	**Merkmale**
1. äußere Erscheinung	Geschlecht, Alter, Körperbau, Aussehen, Kleidung
2. soziale Situation	Beruf, gesellschaftliche Stellung, soziale Beziehungen
3. äußeres Verhalten	Eigenarten, Gewohnheiten, Verhaltens- und Handlungsweisen, Sprache und Sprechweise
4. psychisches Verhalten	Interessen, Gefühle, Denkweisen, Einstellungen, Triebrichtungen, Problemorientierungen

5. gesellschaftliche Bedingtheit und ihre Wirkung	gesellschaftliche Gründe für Verhalten
6. emotionale und soziale Beziehungen	Art des Umgangs der Personen miteinander

► *Lösung zu Übung 6*

Aspekt	**Fragestellungen**
1. äußere Erscheinung	Was erfährt der Leser über die körperlichen Merkmale einer Figur (Geschlecht, Alter, Körperbau, Glieder, Hände, Gesicht, Augen)? Wodurch ist das äußere Erscheinungsbild bestimmt (Kleidung, Frisur, Schmuck, Accessoires)?
2. soziale Situation	Welches Verhalten zeigt sich anderen Personen gegenüber (Verwandte, Freunde, Untergebene)?
3. äußeres Verhalten	Wodurch ist die Sprache gekennzeichnet (Wortwahl, Satzbau, Sprachebene, Eigentümlichkeiten)? Welche typischen Ausdrucksmerkmale fallen besonders ins Auge (Gang, Gestik, Mimik, Stimme)? Welche besonders typischen Eigenschaften werden von einem außenstehenden Beobachter oder von der Gestalt selbst genannt (direkte Charakterisierung als Fremdcharakteristik bzw. Selbstcharakteristik)?
4. psychisches Verhalten	Welche besonders typischen Eigenschaften werden von einem außenstehenden Beobachter oder von der Gestalt selbst genannt (direkte Charakterisierung als Fremdcharakteristik bzw. Selbstcharakteristik)?

5. gesellschaftliche Bedingtheit und ihre Wirkung	Wie lässt sich die Herkunft der charakteristischen Merkmale und Verhaltensweisen deuten (Vererbung, Erziehung, soziale Einflüsse, Schicksalsschläge)?
6. emotionale und soziale Beziehungen	Wie wirkt die Figur auf ihre Umwelt? Welches Verhalten zeigt sich anderen Personen gegenüber (Verwandte, Freunde, Untergebene)?

► ***Lösung zu Übung 7***

Der Patriarch, welcher mit allem geistlichen Pomp den einen Kreuzgang heraufkömmt, und die Vorigen. 1, 2, 3
TEMPELHERR.
Ich wich' ihm lieber aus. – War' nicht mein Mann!
Ein dicker, roter, freundlicher Prälat!
Und welcher Prunk!
KLOSTERBRUDER. Ihr solltet ihn erst sehn 2
Nach Hofe sich erheben. Itzo kömmt
Er nur von einem Kranken. 3
TEMPELHERR. Wie sich da
Nicht Saladin wird schämen müssen!
PATRIARCH. *(indem er näher kömmt, winkt dem Bruder).*
Hier!
Das ist ja wohl der Tempelherr. Was will
Er?
KLOSTERBRUDER. Weiß nicht. 3
PATRIARCH *(auf ihn zugehend, indem der Bruder und das Gefolge zurücktreten).*
Nun, Herr Ritter! – Sehr erfreut,
Den braven jungen Mann zu sehn! – Ei, noch
So gar jung! – Nun, mit Gottes Hilfe, daraus
Kann etwas werden.
TEMPELHERR. Mehr, ehrwürd'ger Herr, 3
Wohl schwerlich, als schon ist. Und eher noch,
Was weniger. PATRIARCH. Ich wünsche wenigstens,
Dass so ein frommer Ritter lange noch
Der lieben Christenheit, der Sache Gottes
Zu Ehr' und Frommen blühn und grünen möge!
Das wird denn auch nicht fehlen, wenn nur fein 4

Die junge Tapferkeit dem reifen Rate
Des Alters folgen will! – Womit war' sonst
Dem Herrn zu dienen?
TEMPELHERR. Mit dem nämlichen,
Woran es meiner Jugend fehlt: mit Rat.
PATRIARCH. Recht gern! – Nur ist der Rat auch anzunehmen.
TEMPELHERR. Doch blindlings nicht?
PATRIARCH. Wer sagt denn das? – Ei freilich
Muss niemand die Vernunft, die Gott ihm gab,
Zu brauchen unterlassen, – wo sie hin-
Gehört. – Gehört sie aber überall
Denn hin? – O nein! – Zum Beispiel: wenn uns Gott 4, 5
Durch einen seiner Engel, – ist zu sagen,
Durch einen Diener seines Worts, – ein Mittel
Bekannt zu machen würdiget, das Wohl
Der ganzen Christenheit, das Heil der Kirche,
Auf irgendeine ganz besondre Weise
Zu fördern, zu befestigen: wer darf
Sich da noch unterstehn, die Willkür des,
Der die Vernunft erschaffen, nach Vernunft
Zu untersuchen? und das ewige
Gesetz der Herrlichkeit des Himmels, nach
Den kleinen Regeln einer eiteln Ehre
Zu prüfen? – Doch hiervon genug. – Was ist
Es denn, worüber unsern Rat für itzt
Der Herr verlangt?
TEMPELHERR. Gesetzt, ehrwürd'ger Vater,
Ein Jude hätt' ein einzig Kind, – es sei
Ein Mädchen, – das er mit der größten Sorgfalt
Zu allem Guten auferzogen, das
Er liebe mehr als seine Seele, das
Ihn wieder mit der frömmsten Liebe liebe.
Und nun würd' unsereinem hinterbracht,
Dies Mädchen sei des Juden Tochter nicht;
Er hab' es in der Kindheit aufgelesen,
Gekauft, gestohlen, – was Ihr wollt; man wisse,
Das Mädchen sei ein Christenkind, und sei
Getauft; der Jude hab' es nur als Jüdin
Erzogen; lass' es nur als Jüdin und
Als seine Tochter so verharren: – sagt,
Ehrwürd'ger Vater, was wär' hierbei wohl

Zu tun?
PATRIARCH. Mich schaudert! Doch zu allererst
Erkläre sich der Herr, ob so ein Fall
Ein Faktum oder eine Hypothes'.
Das ist zu sagen: ob der Herr sich das
Nur bloß so dichtet, oder ob's geschehn,
Und fortfährt zu geschehn.
TEMPELHERR. Ich glaubte, das
Sei eins, um Euer Hochehrwürden Meinung
Bloß zu vernehmen. 4
PATRIARCH. Eins? – Da seh' der Herr
Wie sich die stolze menschliche Vernunft
Im Geistlichen doch irren kann – Mitnichten!
Denn ist der vorgetragne Fall nur so
Ein Spiel des Witzes: so verlohnt es sich
Der Mühe nicht, im Ernst ihn durchzudenken.
Ich will den Herrn damit auf das Theater
Verwiesen haben, wo dergleichen pro
Et contra sich mit vielem Beifall könnte 4, 5
Behandeln lassen. – Hat der Herr mich aber
Nicht bloß mit einer theatral'schen Schnurre
Zum Besten; ist der Fall ein Faktum; hätt'
Er sich wohl gar in unsrer Diözes',
In unsrer lieben Stadt Jerusalem
Ereignet: – ja alsdann –
TEMPELHERR. Und was alsdann?
PATRIARCH. Dann wäre an dem Juden fördersamst
Die Strafe zu vollziehn, die päpstliches
Und kaiserliches Recht so einem Frevel,
So einer Lastertat bestimmen.
TEMPELHERR. So?
PATRIARCH. Und zwar bestimmen obbesagte Rechte
Dem Juden, welcher einen Christen zur
Apostasie verführt, – den Scheiterhaufen, –
Den Holzstoß –
TEMPELHERR. So?
PATRIARCH. Und wie vielmehr dem Juden, 4, 5
Der mit Gewalt ein armes Christenkind
Dem Bunde seiner Tauf entreißt! Denn ist
Nicht alles, was man Kindern tut, Gewalt? –
Zu sagen: – ausgenommen, was die Kirch'

An Kindern tut.
TEMPELHERR. Wenn aber nun das Kind, 4
Erbarmte seiner sich der Jude nicht,
Vielleicht im Elend umgekommen wäre?
PATRIARCH. Tut nichts! der Jude wird verbrannt! – Denn besser,
Es wäre hier im Elend umgekommen,
Als dass zu seinem ewigen Verderben 4, 5
Es so gerettet ward. – Zudem, was hat
Der Jude Gott denn vorzugreifen? Gott
Kann, wen er retten will, schon ohn' ihn retten.
TEMPELHERR. Auch trotz ihm sollt' ich meinen, – selig machen.
PATRIARCH. Tut nichts! der Jude wird verbrannt.
TEMPELHERR. Das geht
Mir nah'! Besonders, da man sagt, er habe
Das Mädchen nicht sowohl in seinem, als
Vielmehr in keinem Glauben auferzogen,
Und sie von Gott nicht mehr nicht weniger 4, 5
Gelehrt, als der Vernunft genügt.
PATRIARCH. Tut nichts!
Der Jude wird verbrannt ... Ja, wär' allein
Schon dieserwegen wert, dreimal verbrannt
Zu werden! – Was? ein Kind ohn' allen Glauben
Erwachsen lassen? – Wie? die große Pflicht,
Zu glauben, ganz und gar ein Kind nicht lehren?
Das ist zu arg! Mich wundert sehr, Herr Ritter,
Euch selbst . . .
TEMPELHERR. Ehrwürd'ger Herr, das Übrige, 4
Wenn Gott will, in der Beichte. *(Will gehn.)*
PATRIARCH. Was? mir nun
Nicht einmal Rede stehn? – Den Bösewicht,
Den Juden mir nicht nennen? – mir ihn nicht
Zur Stelle schaffen? – O da weiß ich Rat!
Ich geh sogleich zum Sultan. – Saladin, 4
Vermöge der Kapitulation,
Die er beschworen, muss uns, muss uns schützen;
Bei allen Rechten, allen Lehren schützen,
Die wir zu unsrer allerheiligsten
Religion nur immer rechnen dürfen!
Gottlob! wir haben das Original.
Wir haben seine Hand, sein Siegel. Wir! –
Auch mach ich ihm gar leicht begreiflich, wie

Gefährlich selber für den Staat es ist,
Nichts glauben! Alle bürgerliche Bande
Sind aufgelöset, sind zerrissen, wenn
Der Mensch nichts glauben darf. – Hinweg! hinweg 4, 5, 6
Mit solchem Frevel! ...
TEMPELHERR. Schade, dass ich nicht
Den trefflichen Sermon mit bessrer Muße
Genießen kann! Ich bin zum Saladin
Gerufen.
PATRIARCH. Ja? – Nun so – Nun freilich – Dann –
TEMPELHERR. Ich will den Sultan vorbereiten, wenn
Es Eurer Hochehrwürden so gefällt.
PATRIARCH. Oh, oh! – Ich weiß, der Herr hat Gnade funden 4
Vor Saladin! – Ich bitte meiner nur
Im Besten bei ihm eingedenk zu sein. -
Mich treibt der Eifer Gottes lediglich.
Was ich zu viel tu, tu ich ihm. – Das wolle
Doch ja der Herr erwägen! – Und nicht wahr,
Herr Ritter? das vorhin Erwähnte von
Dem Juden, war nur ein Problema? – ist
Zu sagen -
TEMPELHERR. Ein Problema. *(Geht ab.)*
PATRIARCH. (Dem ich tiefer
Doch auf den Grund zu kommen suchen muss.
Das wär' so wiederum ein Auftrag für
Den Bruder Bonafides.) – Hier, mein Sohn! 6
(Er spricht im Abgehn mit dem Klosterbruder.)

▶ ***Lösung zu Übung 8***

In Lessings Drama „Nathan der Weise" geht es um die Gedanken von Humanität und religiöser Toleranz. Der positiven Identifikationsfigur, dem aufgeklärten Nathan, ist der Patriarch strukturell als Antipode gegenübergestellt.

Der Patriarch, der Bischof von Jerusalem, tritt nur an einer Stelle des Dramas auf, nämlich in IV, 2, seine Pläne führen allerdings zu zwei Auftritten des von ihm geschickten Klosterbruders in 1,5 und IV, 7. Er wird als prunkliebender (vgl. z. B. V. 2456), machtbewusster (vgl. z. B. V. 671) und autoritärer (vgl. z. B. V. 2531–2534) Kirchenpolitiker eingeführt. ~~Das Ziel des Patriarchen ist es, die Pläne Saladins, die auf eine Verlängerung des Waffenstillstandes und einen Friedensschluss abzielen, zu unterlaufen.~~

Das Gespräch mit dem Tempelherrn gibt näheren Aufschluss über seinen Charakter: So behauptet er die Unfehlbarkeit der bischöflichen Aussagen (vgl. V 2480 ff.), die nicht mit Hilfe der Vernunft bewertet werden dürfen (vgl. V. 2487–2490). Die humane Handlung eines Juden, ein christliches Waisenkind aufzuziehen, wird von ihm ohne Einschränkung als „Apostasie" (V. 2537) bezeichnet, für die der Jude hinzurichten sei. Als der Tempelherr den Namen des Juden nicht preisgeben will, droht der Patriarch mit der weltlichen Macht des Saladin und gibt schließlich klein bei, als ihm der Tempelherr vom bevorstehenden Besuch beim Sultan erzählt. Nach dem Abgang des Tempelherrn beauftragt er den Klosterbruder damit, den Namen des besagten Juden in Erfahrung zu bringen.
Der Patriarch ist diejenige Figur, der alle Abneigung der Leser bzw. der Zuschauer gilt. Sein Amt als christlicher Bischof missbraucht er als Machtinstrument, von tiefer religiöser Durchdringung im Lichte christlicher Nächstenliebe ist bei ihm nichts zu spüren. Der Patriarch ist diejenige Figur, der alle Abneigung der Leser bzw. der Zuschauer gilt. Dass es Lessing grundsätzlich um die Anprangerung von religiöser Intoleranz geht, beweist der Verzicht auf einen konkreten Namen, den der Bischof trägt.

► ***Lösung zu Übung 9***

Aspekt	**Fragestellungen**
1. äußere Erscheinung	genaue Bezeichnung von Name, Alter und Beruf, äußerliche Erscheinung nur vage beschrieben (Hinweis auf kleine Statur in Z. 25 und Z. 47.), historische Persönlichkeit
2. soziale Situation	hohes Ansehen in der Bevölkerung, die zu seinen Ehren umfangreiche Geburtstags-feierlichkeiten abhält
3. äußeres Verhalten	altersbedingte Einschränkungen wie Gicht (vgl. Z. 23), mangelndes Interesse an Sexualität (vgl. Z. 20 f.), Zittern (vgl. Z. 91)

4. psychisches Verhalten	Hang zu Vorurteilen (vgl. die Ablehnung des Obers aufgrund historischer Pauschalierung in Z. 32–39) Hang zur Melancholie (vgl. Z. 27 f. u. ö.), Vereinsamung und Neigung zu starkem Alkoholkonsum
5. gesellschaftliche Bedingtheit und ihre Wirkung	Widerspruch zwischen der Abneigung, öffentlich gefeiert zu werden und der Entrüstung über die mangelnde öffentliche Anerkennung seines Werkes (durch den Kellner)
6. emotionale und soziale Beziehungen	misanthropische und menschenscheue Züge: Keller versucht den offiziellen Feierlichkeiten zu entkommen, indem er sich unter falschem Namen in einem Hotel einquartiert; fühlt sich als Außenseiter. Das Gespräch mit dem Ober ist ihm unangenehm (vgl. Z. 32–39). Durch die kritischen Äußerungen des Obers fühlt sich Keller verletzt, auch wenn er sonst öffentliche Ehrungen vermeiden will.

► ***Lösung zu Übung 10***

Der zeitgenössische Schweizer Autor Thomas Hürlimann wählt in dem vorliegenden ersten Kapitel seiner Novelle *Dämmerschoppen* mit Gottfried Keller einen Künstler zur Hauptfigur, der sich selbst in der Romantik als Verfasser bedeutender Novellen einen Namen gemacht hat; Beispiele für Kellers novellistische Werke sind etwa *Die Leute von Seldwyla* (1856 und 1874) und *Züricher Novellen* (1878). Im vorliegenden Text sitzt der bekannte Dichter Gottfried Keller am Vorabend seines 70. Geburtstages auf der Terrasse des Hotels „Sonnenberg" am Seelisberg. Er genießt hohes Ansehen in der Bevölkerung, die zu seinen Ehren umfangreiche Geburtstagsfeierlichkeiten abhält; dennoch ist er froh darüber, den offiziellen Geburtstagsvorbereitungen entkommen zu sein, und er genießt allein eine Flasche Gumpoldskirchner. Dies ist ein Hinweis auf seinen menschenscheuen, wenn nicht sogar misanthropischen Charakterzug. Seine äußere Erscheinung wird trotz der Nennung von Name, Alter und Beruf nur vage beschrieben (Hinweis auf kleine Statur in Z. 25 und Z. 47.), es handelt sich um eine historische Persönlichkeit. Der Gruß zweier Mädchen ist der Anlass für weitere Reflexionen Kellers: Zunächst ist er glücklich darüber, dass er kein sexuelles Verlangen (vgl. Z. 20 f.) mehr hat. Dann entschließt er sich dazu, noch sitzen zu bleiben, da er Angst vor der Schwermut hat, die ihn beim Alleinsein zuweilen befällt. Weitere altersbedingte Einschränkungen wie die Gicht (vgl. Z. 23) und das Zittern (vgl. Z. 91) kennzeichnen seine äußere Erscheinung. Einen weiteren Hinweis auf seine psychische Situation, nämlich seinen Hang zu Vorurteilen, erhält man, wenn man Kellers Umgang mit dem Ober betrachtet: Er vermutet, dass der ihm einschenkende Ober, den er als Innerschweizer identifiziert, ein Gespräch mit ihm beginnen will; mit einem historischen Rückblick und dem Verweis auf die Käuflichkeit der einst stolzen Bauern der Innerschweiz macht er seine Aversion gegenüber dem Ober verständlich.

Während der Ober von der Terrassenbrüstung aus auf den See blickt, wird es langsam dunkel. Keller denkt darüber nach, dass er, obgleich bereits ein Greis, dennoch nicht enttäuscht sei. Er ist froh darüber, dass die Schwermut ihn nur kurz gestreift, nicht aber von ihm Besitz ergriffen habe. Die häufige Verwendung des Begriffs „Schwermut" lässt die Vermutung zu, dass Kellers Persönlichkeit grundsätzlich von hohen depressiven Anteilen (vgl. Z. 28 u. 94 f.) bestimmt wird, die darüber hinaus an Vereinsamung leidet und eine Neigung zu starkem Alkoholkonsum offenbart.

Widerspruchvoll wird seine Persönlichkeitsstruktur schließlich, als er sich über die Äußerungen des Obers entrüstet, der gesteht, von dem gefeierten Jubilar wenig zu halten, weil er dessen Werke für altmodisch erachte. Auf der anderen Seite ist es gerade seine Abneigung, öffentlich gefeiert zuwerden, die ihn in das Lokal gebracht hat.

▶ ***Lösung zu Übung 11***

- wenige Angaben über sein Äußeres („langbeinig", vgl. Z. 29), keine historisch bestimmbare Person, möglicherweise erfunden
- gesprächsfreudig (vgl. Z. 31 ff.), dienstbeflissen (vgl. Z. 31), aber auch aufdringlich (vgl. Z. 100 f.)
- informiert, teilt aber auch offen seine Meinung mit, ohne auf die des Gastes Rücksicht zu nehmen, wirkt dadurch vorlaut und anmaßend.

2. Grammatik

► *Lösung zu Übung 1*

1. Er spielte mit ihr Backgammon, als seine Eltern kamen.
2. Sie las das Buch, ***das ihr empfohlen worden war,*** **nachdem sie die Verfilmung gesehen hatte.**
3. Sie hörte das Konzert, ***das ihr gut gefiel,*** als sie Aufgaben machte.
4. Er durfte ihre CDs hören, während sie im Kino war.
5. Sie freute sich über die gute Note, ***die sie auf das Referat erhalten hatte.***
6. Sie schrieb die Hausaufgaben, ***die sie zu machen vergessen hatte,*** in der Schule von ihrer Freundin ab.
7. Sie besuchte ihre Großeltern, ***die zurückgezogen lebten,*** als sie in der Stadt war.
8. Sie ärgerte ihn, **indem sie mit seinen Freunden flirtete**.
9. Sie warf ihm den Ball zu, **nachdem sie ihn aufgehoben hatte.**
10. Sie bemerkte, **dass er sie ausnützte,** und kündigte.
11. Sie gewinnt, *weil sie schwindelt*.
12. Das Bild, ***das sie geschenkt bekommen hatte,*** hängte sie ins Kinderzimmer.
13. Er schenkte ihr einen PC, *weil er glaubte*, **sie müsse lernen, mit diesem umzugehen**.
14. Das Wörterbuch, ***das er benützte,*** gehörte seiner Großmutter.
15. Er vergaß, **dass er ein Wörterbuch verwenden durfte**.
16. Er besucht in den Ferien seinen älteren Bruder, ***der in Bern wohnt***.
17. Wir besuchen unsere kranken Großeltern, ***die in Graz wohnen,*** in den Semesterferien.
18. *Da sie eine ansteckende Krankheit hatte,* durfte er sie nicht besuchen.
19. Die Dame, ***die vor dem Geschäft steht,*** ist meine Tante.
20. Sie fuhr zu ihren Großeltern, *da diese sie eingeladen hatten*.
21. Er fragte seine Mutter, **ob sie ihm Geld borgen könne**.
22. *Wer nicht kochen kann,* muss putzen.
23. Er las die Zeitung, **nachdem er gegessen hatte.**
24. Nach der Aerobicstunde fragte mich meine Schwester, **ob ich noch Zeit hätte,** *da sie etwas mit mir bereden müsse*.

gleichzeitiger/**vorzeitiger Temporalsatz**, ***Relativsatz***, *Kausalsatz*, **indirekter Fragesatz/Objektsatz**, *Subjektsatz*, **Modalsatz**

▶ ***Lösung zu Übung 2***

Der Hirsch

Ein einäugiger Hirsch weidete normalerweise auf der Wiese neben dem Meer, und zwar so, **dass er immer das gesunde Auge landwärts hielt**, denn er glaubte, **von der Seeseite her habe er keine Gefahr zu fürchten.** Das Schicksal hatte aber anders entschieden.

Eines Tages segelte ein Schiff an ihm vorbei, und **da sein gesundes Auge dem Lande zugekehrt war**, bemerkte er es nicht und weidete nichts ahnend fort.

Sobald die Schiffer aber die köstliche Beute erblickten, schossen sie Pfeile nach ihm. Als ein Pfeil ihn mitten ins Herz traf, erkannte er seinen Irrtum.

Der Esel und der Fuchs

Ein Esel und ein Fuchs waren so befreundet, **dass sie sogar zusammen auf die Jagd gingen**. Als ihnen aber auf einem ihrer Streifzüge ein Löwe plötzlich den Weg versperrte, befürchtete der Fuchs, **er könne nicht mehr entfliehen**, und nahm deshalb zu einer List Zuflucht, *mit der er glaubte, sein Leben retten zu können*, **indem er den Esel opferte**. So bot er dem Löwen mit falscher Freundlichkeit den Esel als leichtes Mahl an. **Da der Löwe versprach, den Fuchs zu schonen**, führte dieser den Esel zu einer Grube, *in die das Tier*, das seinem vermeintlichen Freund vertraute, *fiel*. Der Löwe aber, *der wusste*, **dass sich der Esel nicht befreien konnte**, verschlang nun zuerst den Fuchs, *der seinen Freund hintergangen hatte.*

gleichzeitiger Temporalsatz, *Relativsatz*, **Kausalsatz**, **Objektsatz**, **Modalsatz**

► *Lösung zu Übung 3*
Er behauptet: „Der Hund **bewacht** das Haus sehr gut." (Indikativ, Präsens)
Er behauptet, dass der Hund das Haus sehr gut ***bewache***.
Er behauptet, der Hund ***bewache*** das Haus sehr gut.

Konjunktiv I, da dieser eindeutig zu erkennen ist und man die Aussage objektiv wiedergeben möchte.

Er meint: „Der Hund **kann** das Haus sehr gut **bewachen.**"
Er meint, dass der Hund das Haus sehr gut bewachen ***könne***.
Er meint, der Hund ***könne*** das Haus sehr gut ***bewachen***.
Konjunktiv I, da dieser eindeutig zu erkennen ist und man die Aussage objektiv wiedergeben möchte.

Sie erklärte: „Ich **fahre** bald **los.**"
Sie erklärte, dass sie bald ***losfahre***.
Sie erklärte, sie ***fahre*** bald ***los***.
Konjunktiv I, da dieser eindeutig zu erkennen ist und man die Aussage objektiv wiedergeben möchte. Das Pronomen *sie* ist 3. P. Sg.

Sie erklärten: „Wir **fahren** bald **los.**"
Sie erklärten, dass sie bald ***losführen***.
Sie erklärten, dass sie bald ***losfahren würden***.
Sie erklärten, sie ***führen*** bald ***los***.
Sie erklärten, sie ***würden*** bald ***losfahren***.
Konjunktiv II oder *würde*-Konstruktion, denn Konjunktiv I wäre nicht eindeutig zu erkennen, da das Pronomen *sie* 3. P. Pl. ist.

Sie versprachen: „Wir **laufen** jedes Wochenende eine Stunde durch den Park."
Sie versprachen, dass sie jedes Wochenende eine Stunde durch den Park ***laufen würden***.
Sie versprachen, sie ***würden*** jedes Wochenende eine Stunde durch den Park ***laufen***.
***Würde*-Konstruktion, denn Konjunktiv II und Konjunktiv I wären nicht eindeutig zu erkennen, da das Pronomen *sie* 3. P. Pl. ist.**

▶ ***Lösung zu Übung 4***

Der Esel und die Ziege

Ein Bauer besaß einen Esel und eine Ziege, doch erhielt der Esel wesentlich mehr und besseres Futter als die Ziege, weil er viel arbeiten und schwere Lasten tragen musste. Da die Ziege den Esel um dessen Mahlzeiten beneidete, überlegte sie, wie sie dem Esel schaden könne. Der Bauer sollte auf ihn so wütend werden, dass er die Mahlzeiten des Esels einschränken und ihn schlagen würde.
Deshalb erklärte die Ziege eines Tages, sie wolle dem Esel einen guten Rat geben, da dieser doch jeden Tag so schwere Lasten tragen und von morgens bis abends arbeiten müsse. Sie riet dem Esel, der gerne hören wollte, wie er sein Arbeitspensum reduzieren könne, er solle sich in eine Grube, an der er vorbeikomme, fallen lassen und sich verletzt stellen, dann müsse er eine Weile nicht mehr arbeiten.
Der Esel hielt sich am folgenden Tag an den Rat, rutschte bei einer Grube mit Absicht aus und stürzte in die Grube. Er brach sich zwar nichts, doch konnte er sich, nachdem man ihn aus der Grube gezogen hatte, nur mühsam nach Hause schleppen. Sein Herr, der sich um den Esel sorgte, bat sogleich einen Tierarzt, nach seinem Tier zu sehen. Dieser meinte, der Patient solle eine frische, pulverisierte Ziegenlunge einnehmen, um schnell gesund zu werden. Da der Esel dem Bauern mehr wert war als die Ziege, musste diese für ihren Plan mit dem Leben bezahlen.

3. Rechtschreibung, Zeichensetzung, Testdiktate

► ***Lösung zu Übung 1***

s, ss oder ß: Pastete, Pastor, Alpenpass, verpasst, Fassade, Weinfass, Verfassung, fast, gefasst, Fastnacht, wissbegierig, bewusstlos, Unwissenheit, Weisheit, Karosserie, rostig, russisch, rußig, Russland, Genossenschaft, genießen, Genuss, pusten, Kürbis, bisschen, Imbiss, Krokus, Küster, Dressur, Sportdress, Dresden, griesgrämig, Grießbrei, Gros, Größenwahn, fristgemäß, gemästet, Messing, Messopfer

► ***Lösung zu Übung 2***

nn oder n (die berichtigten Fehler): niemand, Kanister, Feuersbrunst

► ***Lösung zu Übung 3***

tt, th, dt oder t: Gitarre, Brutto, Mathematik, Industriestadt, Gesandter, Klarinette, Nougat, kritisch, ermitteln, Rettich, Hagebutte, Schlittschuh, Kabarett, Wildbret, Attest, Literatur, Parkettfußboden, Witwe, verwandt, Werkstatt, Drittel, Zitherspieler, Kapitel, Katharina, Schottland, Kilowatt, Edith, Gewandtheit, Jütland

► ***Lösung zu Übung 9***

d oder t vor der Nachsilbe -lich: abendlich, wissentlich, jugendlich, namentlich, flehentlich, unvermeidlich, öffentlich, befremdlich, endlich, vermeintlich, stündlich, gründlich, verständlich, wesentlich

► ***Lösung zu Übung 10***

d oder t im Auslaut: Spind, leidlich, Branntwein, Geduld, endgültig, Hort, Gewalt, Brandstelle, Entfernung, jugendlich, niemand, blind, bald, Splint, öffentlich, seitlich, Endspurt, blond, seltsam

► ***Lösung zu Übung 13***

Tod – tot: totschlagen, todmatt, Totgeburt, todkrank, todgeweiht, tödlich, scheintot, totlachen, totgeglaubt, mausetot, totarbeiten

► ***Lösung zu Übung 14***

Städte – Stätte: Kleinstädte, Ruhestätte, Sportstätte, Schulungsstätte, Hafenstädte, Industriestädte, Kampfstätte, Gaststätte, Brandstätte, Handelsstädte, Geburtsstätte/Geburtsstädte, Pflegestätte, Opferstätte, Kreisstädte, Lagerstätte, Grenzstädte, Schlafstätte, Grabstätte, Hauptstädte, Garnisonsstädte

► ***Lösung zu Übung 16***
ss, s oder ß: fesseln, Festung, flüssig, flüstern, Flosse, fließend, Streuselkuchen, Preußen, Rüssel, Gerüst, Weißblech, Verweis, Interesse, restlos, wässrig (oder: wässerig), vergesslich, Messgesang, Mesner, Vermessenheit, unablässig, Kreisel, rissig, verblassen, Süßigkeiten, meistens, Prisma, Meißel, kurzfristig, Kompasse

► ***Lösung zu Übung 19***
ö oder öh (die berichtigten Fehler): löten, Felsenhöhle, ölig, ungehörig

► ***Lösung zu Übung 22***
Schreibweisen des Z-Lautes: vorwärts, Heizung, Operation, zinslos, Matrize, nirgends, seufzen, Schweiz, Matratze, erhitzt, Kapuze, bereits, schluchzen, Aktionär, Brezel, Konkurrenz, vergebens, kritzeln, Portion, gereizt, glitzern, Ration, abseits, Halsschmerzen

► ***Lösung zu Übung 28***
k oder ck (die berichtigten Fehler): Paket, Sekt, Hektoliter, Kontakt

► ***Lösung zu Übung 29***
d, dt oder t: Geduld, Gestalt, verwandt, bekannt, Kinderhort, blind, Stadtrat, Radpanne, schuldbewusst, bald, nirgends, scheintot, todmüde, Gewandtheit, Gradzahl, Rückgrat, gemütlich, unermüdlich, Gewalt, Hochwald, Buntstifte, Schund

► ***Lösung zu Übung 31***
a oder ah: kahl, Lokal, Scham, ideal, Granate, Ornat, Quadrat, Limonade, Schal, Pfahl, schmal, oval, Drama, Plage, Signal, klar, Parade, Mahlzeit, Porzellan, Orakel, planlos, Tran, Kathedrale, Stahl, Vorname, fahl, Abnahme

► ***Lösung zu Übung 38***
th oder t: Therese, Portal, Thermosflasche, Terminkalender, Korinthen, Komet, Ruth, Hypothek, Prozent, Thüringen, Nikotin, Lothringen, Thomas, mutig, Zither, Methode, Patient, Edith, atmen, katholisch

► ***Lösung zu Übung 40***
Schreibweisen des langen o: Bohnerwachs, Probe, Anemone, Solbad, Schonung, Briefbote, Moorgebiet, Bohrer, Koog, Pol, Eichenbohle, Pfirsichbowle, Weißkohl, Harmonium, ohnmächtig, Moos, Patrone,

Ohr, Orakel, Chlor, Drohne, Choral, Mohnblumen, Tontopf, Zoo, Segelboot, unbewohnt, Telefon

▶ ***Lösung zu Übung 41***
sst, ßt oder st: Kanister, restlos, verpasst, vermisst, Verlust, verblasst, Pflaster, belästigen, entblößt, verbüßt, Quaste, Rastplatz, bewusstlos, flüstern

▶ ***Lösung zu Übung 43***
ö oder öh: Verhör, aushöhlen, Flöte, Tagelöhner, trösten, spröde, Blödsinn, töricht, verhöhnen, strömen, Versöhnung, gewöhnlich, Köder, römisch, Nadelöhr, fröhlich, tödlich, ungehörig, Föhnwind, löten, Vermögen

▶ ***Lösung zu Übung 46***
ll oder l: Karussell, Kolonie, Helmut, Holstein, Kristall, Aluminium, Kastell, Ellipse, Porzellan, Wallfahrt, Medaille, Protokoll, industriell, Alkohol, Tunnel, Politur, Schatulle, Sellerie, Altar, Satellit

▶ ***Lösung zu Übung 47***
Schreibweisen des Z-Lautes: ärztlich, Zinssatz, Schwitzpackung, Matratze, Finanzminister, Kapuze, nachts, Medizin, glitzern, vergebens, Seufzer, Munition, seitwärts, Schätzer, Marzipan, verdutzt, Akazie, Prozess, Metzgerei, Matrize, Revolutionär, Brezel, geizig

▶ ***Lösung zu Übung 48***
mm oder m (die berichtigten Fehler): gesamt, Damhirsch, Promenade, Kamerad

▶ ***Lösung zu Übung 54***
eu oder äu: Beschleunigung, Läutewerk, Beule, haarsträubend, träufeln, Scheusal, Erläuterung, leutselig, Seufzer, Spreu, ohrenbetäubend, Keule, bereuen, kräuseln, Versäumnis, neulich, geläufig, getreulich, räuspern, Enttäuschung

▶ ***Lösung zu Übung 55***
Schreibweisen des langen e: seelisch, Lehne, Zebra, Frikassee, Sehnenzerrung, Thema, Livree, Kehlkopf, Allee, poetisch, Semikolon, Seelilie, Sehstärke, Klischee, Schema, lehrreich, Galeere, Pegel, Mehrheit, Meerrettich, Krem, Meteor, Weizenmehl, Bekehrung, stehlen, Klee, Frotteetuch, lehmig, Schiffsreeder, Abwehr, Wermut, Lorbeerblätter

► ***Lösung zu Übung 56***
k, ck oder kk: Makkaroni, Quecksilber, Brikett, Fabrikdirektor, Baracke, Barrikade, dickfellig, Physik, Wrack, winkelig, zwicken, Makro, Akustik, Akazie, Keramik, Zwieback, Marokko, Biskuit, Likör, versickern, Akkord, Imker, Akkumulator, flackern, Akrobat, elektrisch, Nervenschock, Aktion

► ***Lösung zu Übung 58***
t oder th: Kathedrale, Optik, Thermalbad, Elisabeth, Thüringen, Katheder, Platin, Tibet, Lothringen, Fantasie, Theodor, katholisch, Kinderhort, Rhythmus, Äther, Kröte, Panther, Theke, Sympathie, Granit, Apotheke, Hyazinthe, Tragödie, Termin, Korinthen, Literatur, Königsthron, Diphtherie, Asthma, ethisch, Tresor

► ***Lösung zu Übung 60***
Fremdwörter mit der Endung -ie (die berichtigten Fehler): Gummi, Kolibri

► ***Lösung zu Übung 61***
Eigenschaftswörter als Teile von Namen: Deutsche Bundesrepublik, deutsche Briefmarken, deutsche Bundesländer, Deutsche Bank – Großer Ozean, große Ferien, Großer Wagen, großer Staatsmann – Hohe Priester, Hohe Tauern, hoher Posten, hohe See – bayerisches Bier, Bayerischer Wald, bayerischer Ministerpräsident, Bayerische Alpen, bayerische Hauptstadt – sächsische Porzellanmanufaktur, Sächsische Schweiz, sächsische Mundart

► ***Lösung zu Übung 62***
ai oder ei (die 8 Wörter mit ai): Kaiserreich, Laienspiel, Maisfeld, Maikäfer, Waisenhaus, Rainfarn, Hainbuche, Violinsaiten

► ***Lösung zu Übung 64***
ent oder end: Endrunde, entgegnen, hoffentlich, eilends, eigentlich, endgültig, rufend, Enderfolg, Entscheidung, endlos, ergreifend, Endsilbe, entführen, wöchentlich, Entschuldigung, Endergebnis, bildend, Entlastung, Fußballendspiel, wissentlich, vollends, Wochenendfahrt, wesentlich, Entstehung, Endsieg

► ***Lösung zu Übung 84***
s und z im Auslaut (die berichtigten Fehler): konkurrenzlos, abseits, Adventskranz, Finanzamt, vergebens, Malz

► ***Lösung zu Übung 87***
tz, zz oder z (die berichtigten Fehler): reizvoll, Spaziergang, ärztlich

► ***Lösung zu Übung 93***
ll oder l: Aluminium, Kristall, Walnuss, Gesellschaft, Geschwulst, Melodie, Nachtigall, Gefälligkeit, Kolonie, Alkohol, Gorilla, Alarm, Tunnel, Modell, Schellfisch, Almosen, Molkerei, grell, Politik, Helmut, Militär, Milligramm

► ***Lösung zu Übung 100***
i oder ie: Kompanie, erwidern, Wiederholung, Mediziner, Blütenstiel, Baustil, Primel, Detektiv, Vertiefung, Kamin, Gesichtsmiene, Bleistiftmine, Kaliber, Augenlid, Reptil, Fibel, Ventil, Gardine

► ***Lösung zu Übung 105***
pp oder p: Teppich, Lappland, Krepp, Tapete, Häppchen, zappelig, Appetit, Kapsel, Appell, verdoppeln, Raps, Pappel, Mops, Gerippe, üppig, Apotheke, hypnotisieren, Attrappe, Optiker, Apostel, stoppelig, Propeller, Trupp

► ***Lösung zu Übung 106***
d oder t (die berichtigten Fehler): Branntwein, todwund, wöchentlich, endgültig, unermüdlich

► ***Lösung zu Übung 109***
Schreibweisen des langen ä: während, spärlich, Mähre, Märchen, Verspätung, Kapitän, Gefährdung, Ähnlichkeit, Vermählung, hämisch, säen, auswählen, gähnen, strähnig, erwähnen, Fontäne, Lähmung, Träne, quälen

► ***Lösung zu Übung 112***
Schreibung des x-Lautes: Textilien, Häcksel, Drechsler, schnurstracks, Fixstern, Blechbüchse, Koks, existieren, Knicks, Deichsel, kraxeln, Export, glucksen, Gewächs, Lexikon, Eidechse, Achse, Axtstiel, Plexiglas, Buchsbaum, taxieren, sächsisch

► ***Lösung zu Übung 113***
ei oder ai: Kaimauer, vereidigen, Maisfelder, kaiserlich, Wegweiser, beizen, Rainfarn, Blaumeise, Violinsaite, seitwärts, Laienspielschar, keimen, aufspeichern, Froschlaich, Leichnam, Korbweide, Weizenkleie, Reisig, Vollwaise, Weissagungen, Lakai, Heidelerche, Hainbuche,

teilweise, Weidmann, Reisezeit, Bai, Weihrauch, Brotlaib, Eingeweide, Hai, Meineid, Versteigerung, Maischbottich, Rheinwein, Verteidigung, eifersüchtig, maigrün

▶ ***Lösung zu Übung 120***
Fremdwörter mit der Endung -on (Pluralformen): Luftballons, Balkons/Balkone, Waggons, Kokons, Kanons, Bonbons, Kantone, Elektronen, Patrone, Personen, Barone, Garnisonen, Kartons, Hormone, Saxofone (auch Saxophone), Pavillons

▶ ***Lösung zu Übung 126***
Erkennungsmal, Malbuch, Gastmahl, Grabmal, Mittagsmahl, Merkmal, Festmahl, Mahlwerk, Schandmal, Brandmal, Malstifte, Hochzeitsmahl

▶ ***Lösung zu Übung 128***
wieder – wider: Wiederbelebung, Widerstand, Widerhall, Wiederaufnahme, wiederholen, widerborstig, Widerhaken, wiedergeben, Widerspruch, Wiederwahl, Widerruf

▶ ***Lösung zu Übung 133***
Die Vorsilbe ent- (die berichtigten Fehler): Unendlichkeit, Endziel, Endstation

▶ ***Lösung zu Übung 137***
mm oder m: Kommode, Amboss, Trommler, Komet, Bräutigam, Versammlung, Gesamtheit, Zimt, Kommandant, Himbeere, gekrümmt, Kameradschaft, trampeln, Brombeere, Rampe, rumoren, Emigrant, Bumerang, Kumpan, schimmlig, Krempe, komponieren, Kompott

▶ ***Lösung zu Übung 144***
Die Vorsilbe ent-: Sie passt nicht zu lachen, Kampf, Station, arbeiten.

▶ ***Lösung zu Übung 148***
e oder ä: krächzen, englisch, heftig, gären, Gerte, Verhängnis, abspens-tig, Dämmerung, kentern, Sänfte, Gebärde, hartnäckig, merkwürdig, Krempel, träge, vergällen, verächtlich, Schneeschmelze, Felge, Schnürsenkel, verhärmt

▶ ***Lösung zu Übung 152***
rr oder r: Konkurrenz, beherbergen, Verwirrung, heraus, Barrikade, Baracke, Hermann, Terrasse, Zigarette, Zigarre, Karawane, Orient, Katarrh, unbeherrscht, verdorrt, Korridor, Karussell

▶ ***Lösung zu Übung 153***
v oder w: Universität, Pavian, Juwelen, eingravieren, Adventszeit, Witwe, Lawine, Veranda, Ventilator, Forsteleve, Möwe, Olivenöl, nervös, Wrack, violett, Kurve, Diwan, Vulkan, Volontär

▶ ***Lösung zu Übung 155***
Schreibweisen des langen ä (die berichtigten Fehler): Gärung, während, Haarsträhne, spärlich

▶ ***Lösung zu Übung 157***
z oder tz: Pelz, schwitzen, glitzern, Schweiz, Blitz, Arzt, Heizung, März, witzig, Kanzler, trotzig, ritzen, nützlich, Klotz, Pfefferminz, Tatze, Kerze, Kauz, zerplatzt, flitzen, Grütze, Matratze, abbeizen

▶ ***Lösung zu Übung 158***
Schreibweisen des langen e: Herzog, Problem, Zebra, Armeeführer, selig, Himbeersaft, Schiffsreeder, Rebe, Gelee, Lehrling, Schemel, Fehde, Beschwerde, Lorbeerblätter, Klischee, unbequem, predigen, Geestland, Entbehrung, Leeseite, Briefkastenleerung, Ausdehnung, Wehrdienst, scheel, Empfehlung, Sehne, Teleobjektiv

▶ ***Lösung zu Übung 159***
s oder z im Auslaut: Bestandsaufnahme, Glanz, Schmalz, nachts, bereits, Gips, Schwanz, Konsequenz, Filzhut, Sturzhelm, Arbeitstag, anfangs

▶ ***Lösung zu Übung 164***
Schreibweisen des langen a: Aasgeier, Rauchschwaden, Abendmahl, Kaplan, Portal, Saatbeet, Orkan, gefahrvoll, Holzspan, Draht, Maat, Tomate, fahl, Kran, Sklave, waagerecht, wagemutig, prahlerisch, qualvoll, Kapital, Karfreitag, Wahnsinn, haarig, ahnungslos

▶ ***Lösung zu Übung 167***
rr oder r (die berichtigten Fehler): Korrektur, Zigarette, Karabiner, Garage, Korridor

Aufsatz

■ Qualität, die überzeugt!

- **schülergerecht dargestellt und aufbereitet**
- **klarer, übersichtlicher Aufbau**
- **Randleisten mit Info-Buttons**
- **mit Übungen und Lösungen**
- **erarbeitet in Anlehnung an die gültigen Lehrpläne**
- **Lernerfolg ist garantiert!**

Eckehart Weiß
Wie schreibe ich einen Aufsatz?
5.–6. Schuljahr
Sek I / RS / Gym (HS/AHS)
216 Seiten
Best.-Nr. 1511-9
Folgende Themen werden behandelt:
Die Erzählung / Der Bericht / Der Brief / Die Beschreibung / Schilderung / Textzusammenfassung

Eckehart Weiß
Musteraufsätze – erläutert und kommentiert
5.–7. Schuljahr, Sek I / RS / Gym (HS/AHS), 150 Seiten
Best.-Nr. 1520-1

Christiane Althoff
Wie schreibe ich einen Aufsatz?
7.–8. Schuljahr
Sek I / RS / Gym (HS/AHS)
180 Seiten
Best.-Nr. 1505-8
Folgende Themen werden behandelt:
Inhaltsangabe (auch erweitert) / Bildbeschreibung / Schilderung / Protokoll / begründete Stellungnahme und Kurzvortrag

Christiane Althoff
Wie schreibe ich einen Aufsatz?
9.–10. Schuljahr
Sek I / RS / Gym (HS/AHS), 200 Seiten
Best.-Nr. 1527-0
Folgende Themen werden behandelt:
Bewerbungsschreiben mit Lebenslauf, Analyse einer Rede, Erörterung, Personencharakteristik, Umgang mit Sachtexten, Gedichte untersuchen und interpretieren, Novellen und Romane untersuchen und interpretieren

Thomas Möbius
Wie schreibe ich einen Aufsatz?
11.–13. Schuljahr – Band 1
Sek II / Gym (AHS)
188 Seiten
Best.-Nr. 1484-6
Folgende Themen werden behandelt:
Die Inhaltsangabe / Die Erörterung / Die Textanalyse / Facharbeit

Thomas Möbius
Wie schreibe ich einen Aufsatz?
11.–13. Schuljahr – Band 2
Sek II / Gym (AHS)
160 Seiten
Best.-Nr. 1485-3
Folgende Themen werden behandelt:
Die Textinterpretation / Epik / Lyrik / Drama / Textvergleich

Eckehart Weiß/Katja Schössler
Musteraufsätze – erläutert und kommentiert
8.–10. Schuljahr, Sek I / RS / Gym (HS/AHS),
248 Seiten
Best.-Nr. 1502-7

Astrid van Essenberg / Eckehart Weiß
Musteraufsätze – erläutert und kommentiert
11.–13. Schuljahr, Sek I / RS / Gym (HS/AHS),
160 Seiten
Best.-Nr. 1503-4

Bange
... leichter lernen!